历史新阅读丛书

元朝那些事儿

贰

【铁骑纵横卷】

昊天牧云 著

中国工人出版社

图书在版编目（CIP）数据

元朝那些事儿. 贰, 铁骑纵横卷 / 昊天牧云著. —北京：中国工人出版社，2019.11
ISBN 978-7-5008-7307-5

Ⅰ.①元… Ⅱ.①昊… Ⅲ.①中国历史—元代—通俗读物 Ⅳ.①K247.09

中国版本图书馆CIP数据核字（2019）第289015号

元朝那些事儿. 贰　铁骑纵横卷

出 版 人	王娇萍
责任编辑	李　倩
责任印制	黄　丽
出版发行	中国工人出版社
地　　址	北京市东城区鼓楼外大街45号　邮编：100120
网　　址	http://www.wp-china.com
电　　话	（010）62005043（总编室） （010）62005039（印制管理中心） （010）62379038（社科文艺分社）
发行热线	（010）62005049　（010）62005042（传真）
经　　销	各地书店
印　　刷	天津中印联印务有限公司
开　　本	710毫米×1000毫米　1/16
印　　张	16
字　　数	235千字
版　　次	2020年3月第1版　2024年12月第8次印刷
定　　价	45.00元

本书如有破损、缺页、装订错误，请与本社印制管理中心联系更换

目录

元朝

第一章
铁木真西征（上）

导火索

铁木真西征的借口就是，西域大国花剌子模曾经劫杀过蒙古国的商队。当时，蒙古商队与西域的交易十分频繁。这个商队的规模也十分巨大，有四百多人。花剌子模人把这个商队的人杀死之后，拿走了商队的金银珠宝。铁木真知道后，就派了一个由百人组成的代表团去跟花剌子模国的老大摩诃末交涉。摩诃末也是一个强悍的老大。

铁木真此前也跟摩诃末有过交往，对花剌子模的情况还是有所了解的。

如果按很多历史专家的话来描述，花剌子模国完全可以套用“历史悠久”这四个字来形容。据说公元前三千年以前，这里就已经进入新石器时代，居住在河边的人已经会打猎打鱼了。公元前两千年左右，他们就已经能够灌溉土地，步入了农耕时代。

当然，后来这片土地的发展并不顺利，先后被几个王朝统治。西辽在西域称霸时，花剌子模国附属于塞尔柱帝国。西辽与塞尔柱国打了一场，把塞尔柱国打败。于是，花剌子模又成了西辽的附属国。

当时，与西辽签订条约的花剌子模老大是阿尔斯兰。阿尔斯兰死后，两个儿子塔喀什和沙赫抢着当老大。塔喀什抢不过，就跑到西辽避难，求西辽为他主持公道。西辽派部队过去。沙赫打不过西辽，只得把王位交了出来。塔喀什如愿当了老大。当了老大的塔喀什很快就发现，他们跟西辽签订的条约太苛刻了，每年要向西辽进贡那么多东西，他们受不了。于是，决定跟西辽作对。

哪知，西辽看到塔喀什才当皇帝没几天，就成了白眼狼，也就在第一时间做出反应，转头又把沙赫找过来，让他去反对塔喀什，还交给他一支军队。沙赫带着这支军队，与兄弟打了一场，但打不过，只得带着这支武装去征服霍拉桑，成为霍拉桑的老大。沙赫死去后，塔喀什把霍拉桑并于自己的版图，花剌子模的领土又得以扩张。扩张没多久，塔喀什的生命就到了尽头。于是，他的儿子摩诃末继位，成为花剌子模的新老大。

摩诃末刚一上位，就跟邻国古尔王朝打了一仗。巧的是古尔王朝的那个老大也叫摩诃末。两个摩诃末一开打后，花剌子模的摩诃末被打了个大败。

古尔王朝的摩诃末并没有因为对手宣布失败了，就下撤军命令回去庆祝胜利，而是乘胜继续往花剌子模境内前进，大有占领花剌子模全境之势。

到了这个时候，花剌子模才想起自己不是有个宗主国吗？它的这个宗主国就是西辽的契丹王朝。本来，摩诃末和他老爸的战略构想是，先把周边的势力打败，让自己的势力得到增强，最后再跟西辽决战，进而取代契丹王朝成为西域的超级大国。这个理想很丰满，但现实太残酷了。伟大蓝图才画第一笔，就被人家打得一地鸡毛，如果继续败下去，只有亡国了。于是，只得又厚着脸皮叫西辽帮忙。

西辽派本国的一位大将，外加东喀剌汗国的易卜拉欣带部队去救援他。摩诃末靠着这个强大的外援，终于把古尔王朝的摩诃末打败，全面收复了花剌子模失地，然后继续追击，在巴尔赫以西再次大败古尔王朝。这样一来，花剌子模的摩诃末在那一带一枝独大，谁也惹不起他，完成了他伟大蓝图的第一步。

他的第二步是什么？

灭西辽。

当然，他并没有直接宣布跟西辽敌对。因为那个跟他同名的敌人还活着，后来那个家伙终于郁闷地死去，他再发兵过去，全部占领了古尔王朝的领土。他的疆域面积跟西辽已经差不多了。

不久，他对自己的实力作了一次盘点，发现现在的实力已经可以跟西辽对垒了。于是，他与另一个西辽的属国西喀喇汗国结成联盟，共同高举反辽旗帜，发动对辽战争，取得了一次胜利。可不久，西喀喇汗国的老大觉得摩诃末比契丹老大人品还差，就反悔起来。摩诃末毫不客气地进军，最后把西喀喇汗国全部占领，并进行了一次浩大的洗劫活动，还处死了西喀喇汗国的老大，把西喀喇汗国全部吞并。

就是这个时候，他与古出鲁克联手，把西辽末代皇帝耶律直鲁古拿下。自此花剌子模彻底摆脱了西辽的控制，正式成为一个主权国家。摩诃末很兴奋，觉得这个世界已经不在话下了。他知道东方的蒙古国很强盛，于是，他决定派人过去探听虚实。

他派了一个规模不大的访问团来到蒙古，与铁木真见面。

铁木真这时正好攻下中都，心情超级爽，很高兴地跟摩诃末的使者见了面，表达了跟花剌子模结为友邦的良好愿望。

此时，铁木真跟金国已交战多年，拿下了金国大片土地，逼得金国把首都南迁。所以，他无法再跟金国做生意了。蒙古是游牧民族，天天扛着帐篷到处放牧，除了生产马奶之类的东西之外，别的生活用品基本靠进口。南下交易的路不通了，铁木真必须开辟新的外贸通道。现在看到摩诃末主动派使者前来访问，当然很高兴，就决定把贸易重心放在西边。

铁木真在摩诃末的使者离开之后，正想派一个代表团去回访，哪知花剌子模的三个商人已经带着一批日常生活用品来到蒙古，并跟铁木真见了面。这三个商人，绝对可以称得上是奸商。

铁木真看到那些商品后，就问一下价格。那三个家伙想发一笔横财。其中一个商人一开口，直接就把价格猛提七八倍。铁木真大怒，喝道："你以为我们没见过这些东西？"他当场下令把这三个家伙带到他的仓库。仓库里堆满了这样的货物。这些货物有的是其他部落进贡过来的，有的是外国赠送的，有的是打胜仗后掳掠到的。三个商人一看就傻了眼，这才知道比起铁木真来，自己才是地地道道的乡巴佬。

铁木真下令把哄抬物价的那个商人关起来，然后问另外两个商人："你们的商品是什么价格？"

两个商人看到搭档被关了起来，哪还敢谈价格？他们抹着汗水说："大汗，我们老实说了吧，我们是奉我们国家老大的命令，拿这些东西前来送给你老人家的，不用谈价格。"

铁木真一听，原来摩诃末那小子也知道他。不过，也不能白要他们的东西，冲他们老大的情义，这些东西就多给了一倍的钱，把那个商人也放出来了。

后来，铁木真对他们说："你们会做生意。我们蒙古人缺乏经济头脑，但需要你们这些东西。所以，请你们多多来我们这里做买卖，把你们的商品卖给我们，再把我们草原的土特产品带出去，也算是互通有无吧。"

这三个商人大赚一笔回去之后，就去见摩诃末，转达了蒙古大汗铁木真希望两国建立贸易往来的良好愿望，并说以后蒙古也会派商队出来做贸易。

摩诃末当然知道铁木真的存在，知道他现在强悍得很，已经称霸东方，看谁不顺眼就可以放手打谁，因此也同意了铁木真的建议。最后，双方达成共识，搞了个商贸协定，从此两国的商队可以自由往来贸易。

于是，铁木真组织了一个近四百人的商队，专门往西域做生意。哪知，这个商队带着大量金银财宝和五百只骆驼经过讹塔剌城时，发生了一件历史性的大事件。

讹塔剌城位于今哈萨克斯坦奇姆肯特市阿雷思河和锡尔河交汇处，距离新疆的库车不到五百里，当时是花剌子模国的东方重镇。其东面是新疆天山，北面是俄罗斯的钦察大草原，这里是商人东到中原，北到伏尔加河，西到东罗马帝国的必经之路，绝对是一个交通枢纽。当时讹塔剌城的主官叫哈亦儿罕。哈亦儿罕是摩诃末老妈家族的人，是个标准的外戚。他像很多外戚一样，最拿手的本事就是善于利用外戚的优势当大官发大财。很多朝代的外戚都是一个庞大而凶狠的既得利益集团。他们在搜刮利益时，从不把国家当回事，直至国家因为他们而灭亡。大汉盛世、大唐盛世，基本都是因外戚而衰落的。

摩诃末的这个外戚的人品也不见得比汉朝和唐朝的那些外戚好到哪里去。

当蒙古国的采购团队来到他的城之后，他见蒙古人的商队居然这么庞大，带的珠宝那么多，眼就红了起来，于是他跟商队的代表见了面。这个代表是个印度人。这个印度人到处跑生意，老早就跟哈亦儿罕打过交道，算起来是老朋友了。按说他走了很多地区，应该是老江湖了。可现在他觉得自己已经不是以前那个和气生财的小老板了，而是代表伟大的成吉思汗来做外贸了。成吉思汗那么伟大，自己不装着点，就跟成吉思汗外贸代表团不匹配了，于是他就赤裸裸地直呼其名了。他觉得这么叫很爽，自己的地位立刻盖过了对方，优越感油然而生。

哈亦儿罕本来就是小人一个，平时在这个城里谁都不放在眼里，这时看到这个家伙居然在大伙面前直呼其名，心里立刻不爽起来。

更糟糕的是，这个印度人并没有发现老朋友的脸色已经变了，仍然在那里说自己这些年来，在蒙古跟铁木真成了好朋友，受到铁木真的重用。要不，铁木真能把这么个庞大的商贸团交给自己来带吗？

哈亦儿罕本来已经见财起意，正在那里开动脑筋如何把这个商贸团的财富变为已有。这时被这个印度人搞得极为不爽，不由杀机顿起。

他虽然为了发财可以不计后果，但还是知道，就是杀个一般人都需要个理由，何况要杀一个几百人的商业团队，更何况这个商业团队还是蒙古帝国的贸易代表团，所以，一定要有个借口。他连夜杜撰了一份材料，向摩诃末报告，说这个商队是蒙古国派来的探子，专门刺探他们的军事情报，请下令将他们全部杀掉。

如果摩诃末稍微想一想就会知道，他这个手下的话是不成立的——哪有探子是组团而出的？当时摩诃末刚打胜仗，心里正得意万分，接到这个报告后，也不细想一下，立刻大笔一挥，把“探子”统统杀了。

当他下这个命令的时候，绝对不会想到，这一杀，不光没有杀出他的国威来，反而成为铁木真西征的导火索，不光他的花剌子模国遭到亡国的打击，亚欧各国也因此成为蒙古铁骑的屠宰场，成千上万的人头纷纷落地，世界历史在这个片段里，一片恐怖血腥，令人不寒而栗。

哈亦儿罕捏造罪名的本事很大，但办事能力就弱到爆了。本来按他的方案，把四百多人统统抓到手之后，只等摩诃末手令一到，就立刻向“探子”们开斩。哪知，本来好好关押在监狱里的蒙古商业团，居然有个人冲破牢笼，然后跋山涉水回到蒙古，向铁木真声泪俱下地控诉了他们在讹塔剌城的遭遇。

大家一听，都跑到铁木真面前，强烈请求去把花剌子模国灭了，为商人们报仇雪恨。

铁木真比大家更愤怒，更悲伤。他跑到山顶上，脱掉帽子，跪了下去，然后把脸紧贴在地面上，呼吸着冰冷的泥土气息，向长生天祈祷，请长生天给他和蒙古人复仇的力量。

这一次他的愤怒是史无前例的，他打花剌子模国的决心也是史无前例的。他在山顶上整整祈祷了三天三夜！

在这三天三夜，他还是很理性地把这件事进行了反复的思考。最后，他决定向中原王朝学习，先礼后兵，这才是大国的格局。花剌子模国也是个大国，贸然跟他们打仗，后果如何也是不好说的。如果能和平解决也许会更好。于是，他又派出一个外交团队，要用和平对话的方式解决这个问题，要求摩诃末交出凶手、赔偿损失。

可摩诃末却不耐烦了，既然都要打仗了，还有什么对话？为了体现他们坚决不怕蒙古帝国的胆量，他果断地把代表团的团长杀了，然后把两位副团长的胡须剃光，驱逐出境。

铁木真看到两个原来满脸胡子、看起来凶狠异常的副团长，一脸光溜溜地出现在自己的面前，控诉着摩诃末的暴行。他才知道，摩诃末就是个浑蛋，果然欺负到自己的头上来了。

铁木真就这样有了一个大大的借口，完全可以大张旗鼓地对花剌子模宣战了。

他在搞定西辽之后，就把对金事宜全部交给木华黎，自己率大军西征。此时，西辽的土地已经划归蒙古的版图，花剌子模就成了与蒙古帝国山水相依的邻国了。

这个时候的花剌子模国土面积很大，拥兵近四十万，看起来很强大。其实这些年来，摩诃末到处打仗，内部建设没有取得什么成就，就连他的老妈都跟他不和。

这是讨伐花剌子模的大好时机。作为抓机会的高手，铁木真哪能放过？

继承人之争

当他决定出征时，他已经接近六十岁。也遂夫人突然提醒他：大汗，你现在年纪已经不小了，应该确立接班人了。不要老是记着打仗啊。你的儿子个个都很生猛，都有当皇帝的能力和魄力。你要是不把这事确定，以后的事就不好说了。恳请大汗在出征之前，把这件事定了，然后向全国人民宣布，让大家都放心。

铁木真一听，还真有道理。他从二十岁起家，一连打了几十年的仗，一直打到现在，有时还真觉得累了，但再怎么累，他也闲不下来。也许在外人看来，他现在仍然神采奕奕健康得很，但他知道自己远不如前了。铁木真是个伟大人物，但也怕死。在这一年的五月，他派刘仲禄去山东，面见全真教掌门丘处机，要他务必把这个全真教的老大请来，好向他请教长生不老之法。如果没有生命的危机感，他能想到丘处机吗？

丘处机离他还很远，但确立太子的事真的急在眼前，必须抓紧了。

铁木真现在有六个儿子，虽然这六个儿子都称他为爸，但也是不同的。按传统惯例，只有首席夫人的儿子才能入围接班候选人。铁木真的首席老婆就是孛儿帖皇后。孛儿帖皇后的四个儿子分别是：术赤、察合台、窝阔台、拖雷。这四个儿子不但肌肉发达，智商也不低，从身体条件来说都达标。但术赤已经被铁木真排除。原因在前面已经说过了。

铁木真采纳也遂的建议后，就把儿子们叫来开了个会，把自己的意思公开出来，说："朕也是人，也跟前面那棵大树一样，是有生命的，不知哪天会追随祖先而去。也遂建议，让我选好接班人再出征。所以，我决定听从也遂的建议，今天确立接班人。"他说过之后，对术赤说："术赤，你有什么意见？"

术赤一听，看来老爸对自己是很有期望的。他这些年来跟铁木真到处征伐，战功很多，对蒙古帝国的贡献很大，向来也很有信心。此时，看到老爸先问了自己，知道自己命运的关键时间点已到，内心无比激动，怕说错话，因此也想斟酌一下再回答。哪知，他的老弟察合台却直接就说："老爸你让术赤先说，是不是已经决定让术赤哥哥当继承人了？老爸啊，你看看，我们几兄弟才是你亲生的。术赤是篾儿乞部人啊，我们打到的天下，从今之后就交给一个篾儿乞人了？"

你一看这话，就知道这几兄弟在内心里从不认这个老大哥，这番话说得理直气壮，一点不给面子。

术赤一听，哪还按得住怒火，站了起来，抓住察合台的衣领，大叫："我是不是篾儿乞人，连老爸都从没说过，你为什么老这么说我？你以为你比我强？咱们就比一比。我们先比射箭，然后比摔跤。如果我射不过你，我就砍下我的拇指；如果我摔不过你，我从此就不再站起来。老爸，你下令吧。"

这时，察合台也抓住了大哥的衣领，只等老爸一发话，就立刻开打。

博尔术和木华黎一看，这事闹大了。再闹下去，就不好收拾了，急忙出来，一个抱住术赤，一个拉开察合台，劝两人别闹了。一切等大汗最后的决定。这事只有大汗决定才有效，不是靠射箭摔跤来决定的。

铁木真料不到两个儿子居然动起手来，一时也是坐在那里，不知说什么才好。他这才知道，在权力面前，兄弟之情等统统可以忽略。他只是看着几个儿子，阴沉着脸，一言不发。

后来，阔阔搠思站了出来，说："察合台，你为什么这么急性子？据我所知，在你们这些人中，大汗是很器重你的，你的母亲也很爱你。现在你说出这样的话来，你的母亲不伤心吗？你为什么要这样伤害你的母亲？"

铁木真这才说："术赤就是我的长子。察合台，这种话你居然也讲得出口？你以后不要再说这样的话了。"

察合台看到老爸这个神态，话讲得有气无力，看来老爸承认术赤也是很勉强的，知道老爸不会把这个汗位传给这个来历不明的大哥，就笑着松开了手，说："术赤的水平，大家都是知道的，我可不是对手。我与术赤都是大汗的儿子，都要听大汗的话，当弟弟妹妹们的表率。以后我和术赤一起跟父汗出征，谁要是怕危险而躲避，大家就一起打断他的脊梁；谁要是后退一步，我们就砍断他的腿。"他说过之后，大家都齐声叫好。术赤也以为，察合台已经服了自己，父汗也帮自己讲了话，看来下一任大汗就是自己的了。

哪知，察合台却狡猾得很，接着说："我本人表态，坚决不抢接班人之位。我个人的意见是三弟窝阔台，他聪明能干，人品又好，我们都拥护他吧。三弟，你还站着干什么？赶快过来，接受父汗的教诲吧。"

这话一说，基本就把术赤的后路堵住了。

铁木真再问术赤："术赤，你说呢？"

到了这个时候，术赤除了在肚子里拼命咒骂察合台之外，还能说什么呢？他没有想到，就因为母亲被篾儿乞部俘虏了一阵子，自己在这个家里就被打入另册。立再多的功劳，最后也只能跟博尔术、哲别他们一样。虽然生在铁木真的家里，但跟挂靠人员没什么两样。几个弟弟把自己看成是外来人员，老爸虽然口口声声说自己是他的长子，但细细品味他的话，其实勉强得要命，完全是表面文章。至于老爸的这些臣下，也没有多少人把自己当铁木真的亲生儿子看待。就是阔阔搠思刚才批评察合台的那番话，听起来好像在向察合台猛烈地拍砖，可却也是批评察合台不要说这种伤害母亲的话，而不是伤害术赤的话。所以，自己在所有人的心目中，仍然是个外来人员。这时，看到老爸又问自己，终于深刻地领会到老爸的意图：他希望自己主动站出来表态，不争这个位子。这样既给了老爸面子，也给自己面子。于是，他只得说："我也赞同察合台的意见，我们共同拥护窝阔台吧。"

铁木真这才放下心中的那一块石头，他当年容不得兄弟，现在他的儿子同样容不得兄弟。他可能想不通，为什么兄弟感情就这么容易变质？其实这个道理很简单，就是权力作怪。权力是情感最好的试金石。不管什么情感，拿到权力面前一摆，要是能够经得起权力之火的烧烤，才是真正的情感。

铁木真的意向也是窝阔台。他看到术赤表态过后，又问窝阔台："你的意见如何？"

事情发展到这里，察合台和术赤已经彻底出局，成了输家。不光继承人的位子已经跟他们无缘，还展示了自己的人品，这个很不好的印象不但被在场的人留下了，而且还留在了历史上。

两人争到现在，结果是双输。

于是，剩下两个人。

蒙古的传统与中原就是不一样。中原王朝讲究立嫡立长，蒙古规矩讲究立嫡立幼。按道理来说，铁木真的汗位传给拖雷是天经地义的。可铁木真为什么还要开这个会呢？为什么还要征求这么多人的意见？中原王朝在处理这事时，很少有谁把所有皇子叫来，一个一个问话的，全是以皇帝的诏书为唯一依据。若某个皇帝在此事上犹豫，征求别人的意见时，也都是私下里说些悄悄话。大臣们也很少提供参考意见。因为若是参考意见提得不好，往往会丢脑袋。所以，在确立太子这件事上，中原王朝都是暗箱操作的多。很多皇帝犹豫来犹豫去，直到临死的时候，才在病榻前做出决定。铁木真却开了个会，开得好像很民主。

蒙古从部落以来，在推举老大的事上，一直都搞个民主形式。这个民主形式就叫忽里台大会。铁木真当年即汗位，也是通过这个大会推举出来的，所以，现在铁木真也必须用这个形式来讨论继承人问题。当然，现在只是提名，还没有到那一步。即由铁木真提名某位皇子当继承人，等铁木真死后，这个继承人通过忽里台大会的推举后，才正式成为可汗。当然，大会也只是个形式而已，所以，蒙古人在推选太子时，在形式上要公开透明得多。现在通过这么一闹，术赤和察合台都自动退出竞争，剩下的两人，按道理应该是拖雷。据说铁木真在这些儿子中也最喜欢拖雷。现在只要他发一句话，拖雷成为继承人就会毫无争议。可他仍然不能这么做。

因为铁木真打拼过来，看到很多部落为了这个汗位打得不亦乐乎。王罕因为汗位，先是被叔叔赶了出来，后来又被弟弟踢了一脚，差点穷困而死。乃蛮部闹出兄弟分家的事，实力大减，最终为蒙古所灭。这个汗位太诱人了，诱得大家都舍命搏杀，管你父子兄弟。他深知他的这几个儿子都是猛人，个个能征善战。拖雷年纪最小，而且又比哥哥们厚道一些，闹起来，估计不是哥哥们的对手。所以，还是不把这个汗位交给他为好。

既然前面那两位都同意窝阔台上位，那就让他上位吧。而且他比前面那两个哥哥人品好多了，他当大汗，会对兄弟们好多了。

窝阔台是第三子，不管按中原王朝的规矩，还是按蒙古的习惯，都轮不到他来当可汗。他的这个排行，似乎注定了他与汗位无缘。因此，在开会时，他只是笑而不言，在旁边看兄弟们的表情。哪知，术赤和察合台一争，现在这个位子突然就像天上的馅饼一样，落到他的头上。他再看看老爸的脸上充满了期待，知道自己真的有戏了，当下不再谦虚，说：“父汗既然把重任委托给我，我还有什么理由推托呢？我只能坚定地表示，一定努力把父汗开创的蒙古事业发扬光大，并教导我们的子孙，要让我们的江山千秋万代。”

铁木真一听，大声说：“好！说得好。窝阔台的话很有远见，他以后一定是个出色的蒙古大汗。”他又对拖雷说：“拖雷，你是我的幼子，你还有什么话说？”

拖雷说：“我是老爸的小儿子，我愿意听从父汗的安排。父汗已经指定三哥当接班人，以后我永远忠于三哥，当三哥的好助手。”

铁木真又大声说：“大家听到了吧？拖雷的话最让人感到欣慰。”他接着宣布：他所有的弟弟中，每个弟弟选出一个儿子，作为其父亲的继承人。

这件事算是告一段落，虽然有些波折，差点闹成大事，但最终也只是一个小插曲，让历史多了一个精彩的细节，对铁木真的总体安排没多大的影响。

完成了指定接班人的程序，铁木真终于下令西征。

术赤也是个猛人

这是一次令后世人们谈起来仍然感到窒息的征战。

当时，铁木真也感到不寻常，他登上了不儿罕山，向神仙祈祷，请长生天保佑他能打败花剌子模。他在山顶上，摘下帽子，跪下双膝，默默无语。

这时，他已年近六旬，此次征伐，是否成为他一生当中最后的征伐？是不是他一生中最后的荣耀？

他祈祷完毕之后，回到金帐，派出使臣，到西夏面见西夏主，请他也发兵配合，一起攻打花剌子模国。这时的西夏皇帝叫李遵顼。李遵顼并不是李安全的儿子，而是李安全堂弟李颜宗的儿子。他跟李安全一样，按这个身份，也只能当个皇室成员，而不能当上皇帝的。李遵顼之前受封夏齐王。辈分比李安全低，年纪比李安全大。他小时候很努力，学习成绩十分优秀。他曾参加西夏的科举考试，在考场上大显身手，最终获得状元，是中国史上唯一的状元皇帝。如果光看这个学习成绩，大家都会认为，这个人绝对是个能安邦治国的大才。然而，李遵顼再次以自己的亲身经历，告诉世人，全国头号学霸未必能成为国家的栋梁。他读的书很多，学问很精，书法也很牛，但当皇帝很失败。因为大家都觉得他是个才子，又是皇室中的才子，因此很早就让他挑重担，让他主管军事。

李安全以为让侄儿主管军事，他就安全了。

然而后来的事实证明，只要有野心，只要是个野心家，侄儿也是不安全的。李遵顼最后利用自己手中的兵权，向李安全学习，搞了个军事政变，把李安全废掉。李安全被关了一段时间，郁闷而死。

现在西夏皇帝的传承，已经不需要皇帝指定接班人了，而是基本靠政变了。西夏的政变也跟金国一样，这些野心家搞政变搞得很坚决，也搞得很有水平，但政变成功之后，治国理政水平实在太差了。李遵顼当上皇帝后，不少人以为，他肯定比李安全强。哪知，他只是把李安全拉下马，然后继续执行李安全的政策，继续跟金国死磕到底。大臣们反复劝谏，他就是不听，只要手中有点资本就又冲去跟金国拼命。结果是越打越惨，幸亏金国被蒙古打得满地找牙，没工夫对他们猛打，否则西夏早就灭亡了。

李遵顼的外交政策很合铁木真之意。这样可以一边消耗金国的兵力，一边消耗西夏的综合国力。现在金国那里木华黎完全可以搞定，不需要西夏兵在那里牵制了，不如让他们出兵去打花剌子模。据说花剌子模是西域最强的超级大国，这些年到处打仗取得胜利，这时多一个帮手，就多一份胜利的保证。

哪知，李遵顼却不同意。

铁木真很生气，大骂起来：你们西夏算什么，居然敢不听我的话。要灭你们容易得很。只是现在我们要打花剌子模，暂时没时间跟你们玩。你们等着吧。

铁木真知道花剌子模国很大，属于西域的超级大国。打这样的超级大国必须认真对待。为此，他动员了约十五万人的部队，浩浩荡荡向西而去，沿途又有很多小部落派兵前来，使这支队伍壮大到二十万。耶律楚材描述当时的盛况是：车帐如云，将士如雨，牛马被野，兵甲辉天，远望烟火，连营万里。

铁木真在出征时，先在众多的嫔妃中选一个美女随行。他选定的是忽兰皇后。

1219 年 6 月，铁木真命令他最小的弟弟帖木格留守大本营，自己带着耶律楚材、哲别、速不台等人祭旗，宣布西征。

这时，正值夏天，本来风和日丽。可突然天降大雪。

铁木真以及众将一看，都不由傻了，夏天飞雪啊。天气突然不正常，是不是老天在警告不能出征？

这些人虽然宗教信仰不同，但都不是无神论者，都怕老天爷。夏天下雪，肯定是不好的预兆。

大家面面相觑，谁都不说话。

最后，有一个人挺身而出，大声说："大汗放心出征！"

大家转头一看，是耶律楚材。

耶律楚材说："这是杀敌取胜的预兆。大汗不用再疑虑了。上天已经预告，咱们此战必胜！"

铁木真对耶律楚材的水平向来看好，他知道耶律楚材算卦算得很准，所以十分相信他的话，因此下令耶律楚材也跟着西征。

这一次，铁木真的大军足足有二十万。

他们的第一个目标就是讹塔剌城。因为蒙古的商队就是在这座城市遭到屠杀。

讹塔剌城的守将仍然是哈亦儿罕。

到了这时，蒙古和花剌子模国正式刀兵相见。当时的蒙古帝国，东起辽东半岛，西到新疆，南抵黄河中下游，北至西伯利亚，国土面积辽阔，是一个强大的帝国。花剌子模国，同样是一个巨人，它的领土东到新疆，西到伊拉克，南到阿富汗，北到俄罗斯南部。地盘一点也不比蒙古帝国少。

摩诃末为了防备铁木真，更是动员了整整四十万大军在那里等着，军队数量整整比铁木真多一倍，而且摩诃末手下的士兵基本都是突厥人种，长得比蒙古人更高大威武更帅。但蒙古部队去的都是骑兵，灵活性远比对手强。

哈亦儿罕当时只顾杀人抢钱，一点没有意识到他抢的是谁的钱。他以为铁木真不会跑这么远的路过来跟他算账。哪知，铁木真还真的来了，而且是带着二十万大军，直接就包围了他的城市。

当他看到城外的蒙古骑兵时，他分明感受到铁木真愤怒的程度了。可人都杀了，人家也愤怒了，后悔已经来不及了。只有拼死一战，或许可以保全性命。他一面向老大摩诃末求救，一面组织城内军民做好抵抗的准备。他进行了全城动员，要求全体市民，不管男女老少，不管高矮胖瘦，都拿起武器，抗击蒙古侵略军，一时士气大振，大家守城的积极性很高。

铁木真猛攻，居然攻不下。

不久，摩诃末又派出哈拉札带一支援军出来，跟哈亦儿罕共同守城。

铁木真攻了几个月，仍然没有进展。他知道，这座城池很坚固，他再这样打下去，后果是很严重的，于是重新调整战略，拿出攻打金国的老办法：打不下这个地方，就另找地方打。花剌子模地盘这么大，总有一个适合攻打的地方。

他命察合台和窝阔台带人继续围攻讹塔剌城；术赤带着一支部队向西北方向攻打真德城；阿剌黑带着一支部队向东南，目标是别纳克忒城；他自己和拖雷率主力向东北，渡过锡尔河，直赴哈儿城，主要任务是拦截摩诃末的援军。花剌子模国有两个首都，一个是现在的首都撒马尔罕，还有一个是旧首都玉龙杰赤城。哈儿城恰恰处于几大城市之间，是几大城市的交通枢纽，拿下这个枢纽，就可以使几大城市不再联通，便于各个击破。

虽然兵分四路，但拿下讹塔剌城仍然是重点。

察合台和窝阔台继续对讹塔城不停歇地猛攻，而且一连五个月。

花剌子模人一看，蒙古兵怎么这么有耐心啊。他们到底带了多少粮草前来打这个城市？其实他们对蒙古兵太缺乏了解了。蒙古兵都是骑兵，他们常常远征。这些骑在马上的战士，基本都是以马奶牛羊肉为主食，而他们的马只要找到草场，就可以保持强壮的身体，给他们提供马奶。花剌子模国到处是草原，而且那些草长得比蒙古大草原上的还茂盛优质得多，马越来越壮、牛羊越来越肥。他们游牧民族生存能力超强，有草的地方就是他们的家乡。因此，他们一到此处，一点没有陌生感，只管围城打仗，你不倒他就不撤。生活打仗两不误。

城中的军民虽然很顽强，守城也很用心，但城池被围得铁桶一般，水泄不通，外围的援军又被蒙古其他三路大军挡住，城中的粮草已经宣告没有了。

援军老大哈拉札一看情况越来越不对了。他本来以为自己出来，就可以把蒙古兵打退，解了讹塔剌城之围，然后宣布立功，回去受奖。哪知，蒙古兵却打得这么有耐心，他这才知道，这个任务是死任务。他不愿死，所以，建议大家赶紧突围出去。

哈亦儿罕不同意。他说，城外这么多蒙古军，咱们硬冲，跟送死有什么区别？死守在城里，还可以多活几天。再说，我们都是国家的栋梁，国王的忠臣，哪能投降敌人呢？我们要是投降了，就会遭到千万人唾弃的。

哈拉札坚持认为，待在城里，是百分之百的等死，要是冲出去，至少还有活着的希望。于是，他带着亲军展开突围行动，还真的冲出一个缺口。

察合台一看，这还得了？带兵追过去。

哈拉札冲出去之后，正暗叫侥幸，哪知回头一看，蒙古大兵又追过来了。于是，拼命狂奔，仍然没有逃脱察合台的追击。

察合台问哈拉札城里的情况如何，哈拉札说："已经没有吃的了。"

他以为自己把城里的情报全盘提供，人家就给他的生命提供保障。哪知，察合台只需要情报，不需要他这个人，问到城内虚实之后，手起刀落，把他砍死。

察合台和窝阔台再对城池一阵猛攻，城上守军的斗志果然大为减弱。蒙古军很快就把城墙破坏，打出一个缺口，然后从缺口蜂拥而入。

哈亦儿罕带着最后的亲信与蒙古军巷战，再次被打败，只得退到内堡。

察合台和窝阔台指挥大军包围内堡，仍然攻不进去。双方你攻我守，居然又打了一个月。

其实，哈亦儿罕手里仍然有两万人，可他却是个笨蛋。他让部队都隐藏起来，每次派出五十人来跟蒙古人硬拼。你想想，这时本来已经敌强我弱了，还把自己的部队化整为零，只能死得更容易。如果两万人一起冲上去，虽然有可能也会全部战死，但对敌人的伤害将是可观的。这充分说明了，哈亦儿罕只会杀人越货，不会指挥打仗。

内堡已经没有粮食了，但他们仍然没有放下武器，饿着肚皮死守到底。后来，一大半守军都饿死在里面，剩下的一小半连举刀的力气也没有了，蒙古军这才冲进内堡。

哈亦儿罕无路可退，居然爬到房顶，用瓦片投掷蒙古军。

察合台和窝阔台纵马冲了过去，只见哈亦儿罕舞着双刀，乱砍乱杀，便把他拦住，用箭射倒他，然后装进笼子，押送到铁木真那里。

铁木真对这个家伙的愤怒显然史无前例，看到他后，也不搭话，只是狂吼着，你不是想要银子吗？我给你银子。

铁木真下令把生银熔成液体，然后灌进哈亦儿罕的嘴巴和耳朵。哈亦儿罕当时拼命抢别人的银两，绝对不会想到最后他居然会被灌银而死。

当然，铁木真对其他人也不仁慈。他们占领了讹塔剌城之后，除了工匠之外，把所有的男人全部杀死，把城市拆毁，内堡和城池被夷为平地，就这样，一座繁华的城市变成了一片荒原。

术赤带的部队，一路向西北。他们很快就来到撒格纳克城。术赤一看，这个城还是不小的，城墙的质量也不错，要是硬攻，是要花一定的代价的。于是，就派了个畏兀儿部的人进去，劝他们投降。这个畏兀儿部人叫哈山哈赤，老早就投奔了铁木真，负责帮铁木真当翻译、搜集一些情报，有时也当使者，出使伊斯兰国家，很得铁木真的信任。他很会做生意，一年四季满世界乱跑，说是见多识广毫不过分。铁木真四处扩张，很需要这样的人才。于是，他手下有很多这样的人。这次西征，他把这些人都带了过来，并把哈山哈赤分配给术赤使用。术赤的想法是，靠这个人进去，可以跟城里人套近乎，把城里的人说服，然后心甘情愿地举手投降。

术赤的愿望很美好。

哪知，哈山哈赤才进去，话还没说几句，对方就不耐烦了，叫来刀斧手，把他拉下去砍了。

术赤大怒，立即攻城，连续打了七天七夜。撒格纳克城的守军终于抗不住了。术赤大军冲进城中，大杀一阵。术赤此时凶性大发，下令屠城。蒙古军的规矩向来是，谁抵抗就屠杀谁，何况还杀了他们的使者。尽管很多从金国那边归降的人都劝铁木真，不要动辄大开杀戒，满城尽屠。铁木真也常常表示采纳。可在实际操作当中，他们仍然很任性，只要脾气一爆发，就全军高举屠刀，狂杀一通。可能是因为他们觉得自己兵力不够，必须以杀人来立威。但如此一来，他们遇到的抵抗就会更大，在历史上留下的骂名也更臭。

他大杀一阵之后，便命哈山哈赤的儿子当了这个城的首领，然后继续前进，一连攻下三城，直逼真德城。

真德城的守将听说蒙古大军已经滚滚而来，而且蒙古军比魔鬼还要残暴，怕跑得晚了跑不了，在术赤还在半路时，就事先打点行李，渡过锡尔河，逃到花剌子模去了。

还在半路的术赤知道这个情况后，就派一个叫成帖木儿的人赶到真德城里，做城里老百姓的思想工作。守将走后，真德城全城乱成一团。一帮头面人物聚在一起，讨论着他们将何去何从。这时，成帖木儿过来，劝他们投降。他们又继续开会，有的说我们跟蒙古人干到底吧，有人又说，守将都跑了，我们还有什么本事跟蒙古军干到底？双方在那里争论，各说各有理，最后讨论得越来越激烈，激烈到发生骚乱的地步。一些人就大喊大叫，是蒙古人造成我们这个局面，我们先杀了这个蒙古使者。

成帖木儿一看，要是处理不好，自己的脑袋就会被砍下来，他急忙叫大家静下来，听他把话说完再讨论，大家这才把声音压下来。他还真是临危不惧，向大家讲述了哈山哈赤之死的故事。说就是因为撒格纳克人杀死了哈山哈赤，这才导致蒙古人的愤怒。而他们一愤怒起来，就一定要屠城，而且一个不留。事例就是撒格纳克事件。撒格纳克城离这里不远，大家可以派人去验证。这话一说，会场更加安静了，大家的眼里多了几分恐惧。后来，他又宣传了一些蒙古政策，让他们的情绪稳定了下来。那些强硬派终于不再强硬，把他放了回去。

成帖木儿靠着自己的嘴巴，逃得性命，回来向术赤老大进行了详细的汇报。他绝对是个出色的探子，即使在人家大声嚷着要砍他脑袋的时候，他仍然留心观察城中的虚实，暗自把这些情况全部记在心里，回来后向术赤做了汇报。

术赤一听，这个城是个不愿投降的城。不投降，只有打。

术赤下令大家行动起来，填塞壕沟，架设攻城器械，准备好云梯。

城里虽然很多人都高喊着要坚决跟蒙古军死磕到底。可是大部分人是没见过打仗的。这时，他们看到城外的蒙古军忙忙碌碌地工作，都觉得很好奇，站在城头看着蒙古军的劳动。

术赤下令攻城。

抛石机往城上扔出一大片石头。城上的人这才发现，那些木架原来是可以把石头砸上来的。他们看到石块从远处飞来，砸中旁边同伴的脑袋，才知道，蒙古人一点不笨，都吓得跑下城墙。

蒙古军很快爬上了城头，简直不费吹灰之力就占领了这座城，而且还是零伤亡，花的力气还不如一场军事演习大。

术赤下令把城里的居民统统赶到城外，他看了看这群人，个个都在睁着惊恐的眼睛看着他。他没有下屠杀令。但把成帖木儿叫来，让他去指认那几个曾经嚷着砍他脑袋的人出来。然后把那几个人宣布成暴徒当场砍了。

术赤当然没有这么仁慈，他下令大军把这座城掳掠一把，然后才把部队向下一个战场开进。

他的下一个战场，就是阿剌黑正在攻打的忽毡城。

再说阿剌黑那一路，开始进展很顺利。他们来到别纳克忒城下，一阵猛打，就攻破了这座城池。阿剌黑就把城中的俘虏都集中起来，让他们在前面，去攻打忽毡城。忽毡城的城主叫帖木儿灭里，他带着一千多精兵坚守在锡尔河中心的城堡，与忽毡城互为犄角。阿剌黑下令用火箭射向敌军。帖木儿灭里早有准备，放出十二艘大船出来。这些船都涂满厚厚的泥块，完全可以抵御火箭。阿刺黑连续发动几次进攻，但除了损失一多士兵外，没有什么效果。他知道光凭自己手里的兵，是攻不破这座城池的，便派人向铁木真报告。

此时，铁木真已经收降布哈城和塔什干城，正向不花剌进军，手下的战俘很多，得到阿剌黑的报告后，便分兵两万，以及五万刚刚收编的降兵，组成援军，去帮助阿剌黑。

阿剌黑得到这几万生力军之后，把五万降兵编排好，由蒙古军官带领，到二十里以外的山地运来石块，投入河中，把河道填满，铺成一条石路，直达河中心的城堡。

帖木儿灭里看到每天几万蒙古人不断地向河里扔石头造路，工程进展很迅速，也急了，下令士兵们乘大船出来，向蒙古工程兵放箭，但反被阿剌黑射回去。帖木儿灭里突然感到束手无策，眼看蒙古兵填河造路的进度越来越快，不用多久，那条宽大的石路就会修到城堡的门口，自己只有这几个兵，哪能守得住？既然守不住，那就只有逃跑。

帖木儿灭里连夜带着他的亲信，登上小舰，准备顺河而下逃走。

哪知，阿剌黑早料到他这一招儿，事先已经在河面上横拉了一条铁链，一来可以阻止帖木儿灭里逃走，二来只要这条铁链发出被撞的声音，四面八方的蒙古兵就会冲上来，把逃跑的敌人往死里打。

帖木儿灭里的船才一碰铁链，岸两边的呼哨声就响了起来，蒙古兵都冲杀出来。帖木儿灭里大惊，下令小船猛撞，居然把铁链撞断，又向下急驶而去。

帖木儿灭里撞断铁链之后，抹着脸上的汗水，松了一口气。虽然打不过人家，但逃得性命也是万幸。哪知这口气才松下来，小船突然停住了。

因为水手们发现，前路又被挡住了。

而且不是铁链。

是一排排大船。

原来是术赤早已在此等候！

铁链你可以硬撞，可这些大船还能撞吗？你要是有胆，你就撞！

帖木儿灭里当然没有这个胆量，他弃船登岸，然后翻身上马——水路不通，就抢陆路，而逃。蒙古军猛追猛打，把帖木儿灭里的部队全部消灭。帖木儿灭里逃进了沙漠。蒙古兵这才停住追击的脚步。

帖木儿灭里先逃到花刺子模，在那里又组织了一个抗蒙游击队，跟蒙古人打了几场，结果完败。后来，他打听到摩诃末的消息，便又去寻找。可是当他将要找到的时候，摩诃末却死了。他只得独自一人跑到叙利亚那里躲着。

很多年后，过着隐姓埋名生活的帖木儿灭里经受不住对家乡的思念，便又辗转回到忽毡城。他原来是这块土地的老大，曾经在这里跟蒙古人杀得天昏地暗，但现在这里已经变成了蒙古帝国的领土。

他在这里也同样过着隐姓埋名的生活，虽然时不时在暗中感慨着，但他还是打听到一个特大好消息：蒙古人把他的领地和财产都交给了他的儿子，让儿子继承他的财产的同时，为蒙古人效忠。

他听到这个消息时，已经没有过去的雄心壮志了。他去找他的儿子，他的儿子并没有认出他。他问他的儿子："如果你见到了你的老爸，你还能认出来吗？"

他的儿子很奇怪地看着他，好久才说："我老爸当年逃跑的时候，我还在吃奶。所以，我对他没一点印象了。不过，我想我家里的下人一定还可以认得出他。"

他让儿子把家里的老奴仆叫来。

那个老奴仆一看，果然立马就认出是他回来了。

这事很快就传遍全城。窝阔台的第六个儿子合答罕听到后，有点不相信，就把他抓了起来，问他以前是怎么跟蒙古军作战的。

帖木儿灭里虽然已雄心不再，但骨气还是响当当的，面对蒙古人的拷问，一点也不害怕，大声说："我就是帖木儿灭里，我当年曾经带着部队英勇地抗击过蒙古军队。"

合答罕继续问他一些细节，帖木儿灭里很傲慢地回答着，惹得合答罕很生气，就不再啰唆了，顺手抓起一把弓箭，当场把他射死。

攻克不花刺城

铁木真率领着主力部队向不花刺城前进。

他们一路狂奔，途中要经过一个小城匝儿讷黑。这是通往不花刺的必经之地。

匝儿讷黑做梦都没有想到蒙古大军会突然光临他们这座小城。当太阳刚刚升起，匝儿讷黑进入当天的黎明之时，匝儿讷黑城的居民们突然发现，小城已经被蒙古人围得水泄不通，放眼过去，全是黑压压的骑兵，满目的旗帜在风中飘扬，猎猎之声，清晰可闻。他们立刻慌乱起来，都躲进城堡里，然后把城门紧闭。他们也知道，这个城门是挡不住蒙古大军的猛烈进攻的。

铁木真却没有下令攻城。他按照他一贯的做法，攻城之前，先派人进去宣布他的政策：你们投降吧。投降了，你们仍然做你们的良民。我们的刀不会出鞘。不投降，我们就屠城。

城里的人们本来已经怕得要命了，这时看到使者在那里发毒誓保证，只要投降，就什么事都没有。很多人都相信了他的话，说那就打开城门吧，反正抵抗也打不过他们。但仍然有些人站了出来，说为什么要听他的话？我们的力量虽然弱小，但我们的决心很大。我们一定要不怕牺牲，与来犯之敌拼到底。那些原本打算投降的人立刻闭嘴。

这些口号响彻云霄之后，有人又义愤填膺地高喊，先把这个蒙古人杀了。几个肌肉发达的人直接上来，要把使者砍死。

这个使者一看这个场面，虽然有点措手不及，但并没有彻底吓蒙。他肯定是个很优秀的外交官，看到这些人嚷杀蒙古人时，就大叫："你们现在要杀蒙古人，可我也不是蒙古人啊。"

这回轮到城里的人蒙了——这家伙套路深啊，一不小心就被他玩了。但到现在还真不好意思动手了。

使者看到大家的情绪又回落下来，接着大声说：“我也是穆斯林的儿子。我这次是奉真主的意志，接受成吉思汗的命令前来跟你们见面。目的就是想把你们从地狱里救出来。蒙古军有多少人，你们到城上看看就明白了。你们想想，你们这点人能够跟他们对抗吗？只要他们进攻，我可以说，他们完全可以在转眼之间把这座城夷为平地，把这里变成一片血海。这样的事例我见多了。我劝你们再想想吧，不要作无谓的牺牲，顺从成吉思汗的命令，不但可以保全你们的城堡，还可以保全你们的生命和财产。”

那些人都静静地听着他的这场演讲，思想很快就回到现实，最终决定打开城门，让蒙古人进来。他们派了几个代表出来，面见铁木真。

铁木真见使者去了大半天没有回来，心里已经很恼火了，现在一看那几个代表，没有一个头面人物出现，就大怒起来。那几个人吓得急忙跑回去，跟那些德高望重的贵族说：你们再不出头，全城都活不了了。

那几个贵族听说铁木真动怒了，都吓得赶快出城，向铁木真下跪认错。

铁木真看到那一群人在自己的面前战战兢兢，汗不敢出，虚荣心突然就高涨起来，又宽恕了他们。

宽恕之后就把他们都迁到郊外，然后把城堡全部夷为平地。青壮年都编入他们的队伍，跟他们去攻打哈布尔城。没有作战能力的就都回家。这些人虽然看到他们的城堡成了废墟，但他们还是幸运的。因为铁木真在这里没有开展屠城！

铁木真接着对居民们说，你们这个地方不要叫什么匝儿讷黑了，改叫忽都鲁·八里吧。这么一连串字念起来很拗口，但含义却不错——幸福城！

铁木真知道摩诃末手里的部队很多，一定要尽量节约成本，能用智力的绝对不用武力，能巧取的就尽量不蛮干。前头的城叫讷儿城，他找到了个向导。这个向导知道有一条小路可以直达讷儿城。路很窄，但很短，可以缩短一大半的行程。

铁木真大喜，先是兵不血刃地占领了一座小城，征到很多兵员，现在又找到这么一个向导，看来老天还真照顾他。

铁木真在准备来讷儿城时，又想到了个计谋，他下令部队砍了很多树做成梯子，然后让大家都扛着梯子前进。讷儿城的人一看，哇，哪来这么多人？怎么全扛着梯子？

蒙古人扛着梯子淡定前进。等到了城下，他们把梯子靠墙一放，往上爬时，讷儿城的人才突然觉悟起来，他们是蒙古攻城大部队。百忙之中，已经来不及组织抵抗了。蒙古人蜂拥冲上城头。于是，在这个黄昏的夜晚，讷儿城被蒙古军顺利占领了。讷儿城的人没有办法，只好投降。铁木真仍然没有启动屠城模式。他认为讷儿城的投降比较真诚，就连一把火也没放，让城里人继续按他们的节奏过自己的生活，原来他们向摩诃末交多少税，以后就给蒙古国也交多少税。他虽然没有帮讷儿城改名，但这个城更幸福。

铁木真一路走来，到现在没打过一场仗，就成功闯过了两道关卡。如果是派别的大将来，肯定就会是另一番血水横飞的景象了。铁木真凭自己的智商，完美地规避了这些问题。

于是，1220 年 3 月，铁木真带着他的部队胜利抵达不花剌城。

不花剌城是花剌子模国的重要城市之一，其东面是首都撒马尔罕，西面是花剌子模国曾经的首都玉龙杰赤。这样的地理位置说有多重要就有多重要。

这时，不花剌城里有两万军队，全是突厥雇佣军。带兵的军头叫阔克汗，还是个蒙古人，前些年从蒙古叛逃出来，摩诃末看到之后，觉得人才难得，就重用了他，让他当了不花剌将军。

摩诃末对阔克汗很有信心，可雇佣军却不干了。雇佣军是为钱当兵的，卖命的程度是跟报酬成正比的，给的钱多，打仗时就多努力一点，不给钱，就不出工。摩诃末这些年来到处打仗，地皮虽然不断扩大，知名度也节节攀升，但国库里的经费却越来越少。这些雇佣兵到手的钱不断地打折扣，所以很多人就不怎么积极了。再加上，他们是突厥人，不是花剌子模国人，根本没有义务为花剌子模人当炮灰。所以，还没有开战，这些雇佣军就在那里讨论着要逃跑了。

在他们讨论这个事的时候，蒙古军一支接着一支地开到，按顺序绕城扎营，没几天就把这座名城重重围住。

城内，阔克汗还在那里做动员工作，可突厥雇佣军却不干了。他们万众一心，决定弃城逃跑。

阔克汗望着这支整整两万人的队伍排着队出城，这才知道，用钱请来办事的，是最靠不住的。

突厥雇佣军们出城之后，向阿姆河方向逃跑。

他们以为逃跑了，就没他们的事了。可蒙古兵却不这样想。铁木真看到他们逃窜之后，立刻下令追击。蒙古军很快就在阿姆河岸边追上这支已经手无寸铁又没有指挥官的雇佣军，把他们消灭了。

阔克汗带着四百个不愿投降的人退到内城，誓死抵抗。

市民们就不管那么多了，看到雇佣军出逃了，将军躲到内城做最后的打算了，他们只得开城投降，免得被人家杀死。

铁木真还没有下达攻城的命令，城里的头面人物们都已经组团来到铁木真的金帐外，请求铁木真把投降的机会留给他们。现在他们恭请伟大的成吉思汗带着威武的蒙古子弟兵进城。

铁木真很高兴。他原本以为，拿下这座城市肯定要经过一番苦战，进城之后来一次大屠杀才解心头之恨。哪知，居然这样就进了这座名城。世界上的事，就是这么难料。

他跟着那些头面人物在城里走，看到一座装修得很堂皇的建筑，觉得真是太养眼了，就问，这是你们国王的宫殿吧？

不是啊。这是我们的清真寺，是真主的住所。

铁木真一听，就拉着拖雷跳到神坛上，对大家宣布，因为你们国王太霸道，杀了我们的商队，又杀了我们的使者。我们商队的成员和使者都是穆斯林，他们跟你们有共同的信仰。但你们的老大仍然把他们杀害了。所以，我现在来是为你们的同胞报仇的。只要你们不反抗我们，愿意归顺我们大蒙古帝国，我就不会伤害你们。

他说完这番话后，接着宣布，我们军队打仗是需要物资的，因此请大家有钱出钱，有力出力，给我们部队提供军粮，并请土豪们出资，慰劳我们战无不胜攻无不克的正义之师。

就这样，物资弄到手，战马有草料了，蒙古军在城里载歌载舞，大吃大喝，而那些带头投降的头面人物们都被安排去喂马，或者干其他粗活。这些人这才知道，投降派即使投降，日子也不会好过。

蒙古军在这里作威作福，任性地奴役着这些良民。但内城仍然有四百个以阔克汗为首的抵抗者。这些抵抗者让铁木真知道了什么叫骨气。

这些人是自觉跟阔克汗退守内城的，他们都知道，这么做必死无疑，但他们没有退缩。

铁木真从来不会放过任何抵抗者。他下令向内城进攻，但进攻得并不顺利。那些人虽然人数少，但战斗力却超强，白天跟你死磕，晚上还不断地出来骚扰、偷袭，让你过得一点不爽。铁木真连打多天，居然没有进展，让他伤脑筋的同时，又觉得很丢脸。

双方你攻我守，打了整整十二天，铁木真仍然没有攻破内城。

最后铁木真愤怒起来。下令广大士兵都举起火把，从城外烧到城内，凡是能点着的全烧。此城几乎所有的建筑都是木结构，这么一放火，整个不花剌城就成了一座火城。

铁木真望着冲天的大火，心想：看你们出不出来投降？

但他们还是不出来。他们还在内城死硬地守着。

铁木真这下真是恼羞成怒了，他不能再让他的部队去拼死了。他突然灵机一动，下令把不花剌城的良民都组织起来，让他们去进攻内城。

这些不花剌人做梦也没有想到铁木真居然让他们去打自己的子弟兵。但现在他们还有什么办法？他们只得拼命往内城冲。战斗异常激烈血腥。尸体越积越多，最后积累得跟城墙一样高。

最后，蒙古军在这些不花剌民兵的协助下，终于取得了胜利。当他们占领内城时，内城已是一片火海。他们都想不通，内城人凭什么能拼到现在？

他们当然想不通。但内城人却想通了。他们用生命证明自己存在的价值，然后战斗到死。

这场战斗，不花剌人总共伤亡三万多人。几乎所有的青年男子都死了，剩下的女人小孩全被当作奴隶，随蒙古军向前进。

当然，蒙古人也死了很多。这是很让铁木真恼火的事。

盛怒之下的铁木真立刻下令，把全城的居民全部赶出城，到郊外集中。然后下令大军在城里开展掳掠活动，把所有的财产全部洗劫一番。

至于那些俘虏，铁木真也不放过，把他们编成部队，准备让他们去攻打撒马尔罕城，而蒙古兵则只当督战队。

铁木真就这样带着不花剌城的物资，带着这些俘虏向花剌子模国首都浩浩荡荡地进发。

扬威撒马尔罕城

摩诃末此前为保卫首都做了大量的准备工作。加固了城墙，深挖了壕沟，把全国最精锐的十一万人集结到此。其中突厥兵六万，大食兵五万。这两个民族的士兵战斗力向来十分强悍，而且他还组织了一队象兵。这队象兵共有二十头大象。这些大象十分高大，皮肉本来就已经厚重，再披上铠甲，一般的刀箭对它们基本没有多少杀伤力了。摩诃末看着自己的部队和秘密武器，信心还是很大的。

当铁木真才到讹答剌城时，撒马尔罕城的这些准备工作已经在全国传开。几乎所有的人都认为，在这样的防御面前，蒙古军再狠，不花几年工夫也是打不破撒马尔罕城的。

所有的人都对撒马尔罕之战充满了期待。哪知，摩诃末却突然失去信心，带着部队抢先逃跑。

铁木真知道摩诃末逃跑之后就笑了，这样的对手，他的士兵再多，防御工事再坚固，还能有什么用？曹刿就说过："夫战，勇气也！"打仗靠的是勇气啊。现在连一点勇气也没有，战场还没有上就先跑了，这不等于把首都送给敌人了？

铁木真就更看低这个对手了。他派哲别和速不台率三万人去追摩诃末。他自己则带着主力开往摩诃末不敢坚守的撒马尔罕城。

1219 年 3 月，铁木真的大军黑压压地来到了撒马尔罕城下。此时，察合台和窝阔台也带兵前来，与他胜利会师。两路大军，再加上沿途收编的“签军”，队伍就显得更加庞大。撒马尔罕的守兵在城头一看，这么多敌人。

眼看城外的蒙古兵越聚越多，攻城器械不断地安装着。城内守军因为缺乏有魄力的主将进行针对性的部署，只能站在城头看着城外的蒙古兵，不断地做着攻城的前期工作。他们所做的就是等，等蒙古兵打进来，然后再跟蒙古人拼命。

城内的人都在那里情绪不稳定地守着，城外的铁木真却淡定得很。在把整个城池包围以及所有攻城的前期准备工作完成之后，他下令大家好好休息，不用做任何工作，而他自己则骑着马出来，实地察看城墙、外垒和内堡，以便更加胸有成竹。

第三天，太阳照常升起，照在撒马尔罕城内外。

仿佛是得到神的指示一样，在铁木真下令攻城的时候，城内的守将也带着勇悍的突厥兵出来厮杀。从这个动作来看，城内守将所表现的军事能力就显得太弱了——如果是名将，肯定会在蒙古兵刚开到时，乘其疲劳之际主动出击，即使不大获全胜，也可以大挫其锐气一把，以后的工作就好展开了。他们却等到铁木真气定神闲地把一切都部署完毕之后，才怒吼着冲出来。

天才军事家铁木真碰上这样的对手，想不取胜都难。

当然，突厥兵的战斗力是很可观的。双方硬拼了一整天，交战了无数回合，谁也讨不到谁的便宜。铁木真看得也有些暗叫侥幸，手下有这么强悍的士兵，却不会使用，也只能说老天爷在助我们蒙古人了。这一次硬拼，突厥兵虽然伤亡了一千多人，但也砍死了很多蒙古兵，而且还抓了一批蒙古兵进城去。

铁木真深知敌人单兵作战的能力远超于蒙古士兵，再跟他们这样蛮干着肉搏，最后是会吃亏的。蒙古兵之所以无敌于天下，是因为他们全是骑兵，机动性强，讲究的是整体战斗力，而不是单兵素质有多强。

作为世界级的军事天才，铁木真在战场上也吃过亏，但他绝对不能在战场上吃同样的亏。他迅速调整策略。他的策略很简单，就是不让突厥人出城来跟他们硬拼。当然，现在城门掌握在突厥人手里，开不开门，由他们说了算。铁木真却有他的办法。

第二天，突厥人吃了早餐，打开城门，杀声连天地举刀冲出城门时，突然发现，迎面而来的不是蒙古士兵了，而是巨大的石头和弓箭。原来铁木真早已安排射石机（石炮）和弓箭手在那里等待，只要敌人冲出城门，大家就矢石交加，都往城门那里扔。突厥兵料不到铁木真会有这一招儿，这才知道，打仗还是很需要创意的。他们一下被石块和箭头打蒙了，拼命退回去，把城门关上。

铁木真就这样把城门堵住，然后继续围城。拼不过你，就围死你。城里的食品总会有吃光的一天。

突厥人不服，再冲出来几次，最后终于相信，人体真的是拼不过飞来的箭头和石块。

到了这个时候，他们也用撒手锏了。

他们的撒手锏就是那支大象突击队。

蒙古兵从没见过这样的突击队，一下就傻了眼。如果别的指挥官，估计也会跟士兵们一样，都傻着眼看着。但铁木真看到大象出来后，士兵们被逼得一片慌乱。如果继续慌乱，整个阵脚就乱了。这仗根本不用打下去了。他下令部队有秩序地远离大象，然后用箭射大象防护不到的位置。

大象虽然皮厚，看上去很傻，但受伤了也会痛。它们一痛起来，掉头就往回跑，而且跑得毫无秩序、毫无纪律。如此一来，跟在大象后面的突厥士兵们就遭殃了。他们虽然长得彪悍，但被大象踩着，也禁受不住，一下就有很多人垫到大象的脚底。于是，大象跑，人也抢着跑。战斗队列彻底被打乱。

到了这个时候，城内的守军彻底没有办法了。他们这才知道，摩诃末大人真是英明无比，他逃得太对了。跟这样的敌人对打，真的没有办法取胜。他们的信心直线下降，觉得唯一的出路只有举白旗投降了。

但仍然有一些不怕死的人，说一定要坚守到生命的最后一刻。

双方争论。结果达成一个协议：投降派的人就出城去，不投降的人由于力量薄弱，难以守城，只得退到内堡继续战斗。

又形成了不花剌城的局面。

投降派的带头人哈的和沙亦黑带着一群本城的头面人物举着白旗，出城求见铁木真，表达了他们投降的良好愿望。

铁木真也知道这城的士兵很不好打，现在看到他们主动献城投降，当然很高兴欢迎他们的投降。

这些投降派看到投降得很顺利，心里也高兴，得到铁木真不屠城的许诺后，就屁颠屁颠地回城，向大家宣布这个大好消息。他们在祈祷之后，打开城门，把蒙古军放了进来。

铁木真进城之后，虽然没有屠杀，但却下令强拆了城墙和城外的堡垒，第二天城里的居民们醒来时，发现一夜之间，首都的城墙、堡垒都不见了，站在城里可以直接看到城外宽广的原野。曾经是全国城防工事最坚固的撒马尔罕城一下就成为一个不设防的城市。蒙古骑兵们骑着马，从城外跑到城内，狂奔而来，毫无障碍。他们不得不佩服铁木真实在够狠，拿下一个地方，不是屠杀，就是拆城，一定要让那个地方彻底丧失再反抗的能力。因为他们的兵少，他们没有别的办法在短时间内让人们服他们，他们就只好用暴力。

很多人还在那里悲观地望着被拆的城，恨蒙古人太狠。

但铁木真已经在那里下达第二个命令了。

除了哈的、沙亦黑等几个投降派的带头人外，他下令把撒马尔罕所有的人都集中起来，每一百人为一群，在蒙古骑兵的监视之下出城，在原野上暂住。谁要是躲着不出来，被他们发现，除了砍头，没有别的处理方式，然后纵兵掳掠一场。碰到有躲在地洞里的人，都就地砍杀。

大象突击队请求把他们编入战斗序列，并给他们发工资。铁木真一看，这样的突击队放到战场上，结果只会乱了自己不会乱了敌人，纯属中看不中用的东西，于是果断拒绝。

到了晚上，蒙古兵又回到原来的军营里。

内城里那些咬牙切齿要跟蒙古兵死磕到底的人，这时斗志也不断地丧失。到了夜里，驻守内城的士兵在他们老大阿勒卜汗的率领下，突然冲出包围。蒙古兵料不到他们居然还敢冲出来，一时拦截不住，让他们成功逃出，去找摩诃末。

铁木真大怒，下令猛攻内城。内城守兵力量太过单薄，被蒙古兵打得睁不开眼，便又退到清真寺里继续战斗。这时彪悍的突厥兵已经放下武器了——反正这里也不是他们的地皮，他们是从新疆西迁而来的，属于暂住人口。撒马尔罕的居民也不愿抵抗，因为撒马尔罕城也是摩诃末以武力吞并而成为花剌子模国的领土的，这些居民对摩诃末也没有什么感情，谁还会头脑发热去为他拼命？于是，就只有那几个花剌子模国士兵在那里为摩诃末争光了。

他们退到清真寺里作最后的抵抗，用火油桶和弓箭向蒙古兵射击。

铁木真大怒，不愿跟他们再玩下去了，下令放火，把清真寺彻底烧掉。于是，那些最后抵抗的士兵全部被烧死。撒马尔罕城宣告全面陷落。

那些在原野上的撒马尔罕居民，看着蒙古骑兵在城里抢夺，在城里消灭抵抗力量，无不吓得瑟瑟发抖。他们不敢看蒙古人的暴行，但蒙古人却不管他们的感受。

铁木真冷眼看过这些归顺过来的良民，心里并无一点恻隐之心。他挑选了三万俘虏的突厥人，把他们隔离起来，一夜之间，三万多曾经打开城门与他们肉搏的突厥人全部被屠杀。

这一轮大砍大杀之后，铁木真对全城进行了一轮人口普查，还有十一万人。他经过筛选，把十一万人分成三个部分。三万有手艺的工匠分配给蒙古贵族当奴隶；三万多青年成为攻打下一个城市的炮灰；剩下五万人，既没有手艺，又不能扛枪去吃粮当兵，继续留在撒马尔罕建设自己美丽的家园，每年要向蒙古国交纳二十万金币的赎金，算是购买这个自由的价格。

这次铁木真杀了多少人？没有人认真统计过。但他最崇拜的神仙丘处机在他的西游日记里记载，原来这个大城市里有十万户。现在十万户只剩下十万人——如果每户三口人，那么蒙古人就杀了二十万人，如果每户四口人，死在蒙古人刀口下的就是三十万人。

第二章
铁木真西征（下）

摩诃末之死

铁木真把这些事做完后，又把攻击的目标锁定玉龙杰赤。

玉龙杰赤是花剌子模国曾经的首都，绝对算是花剌子模国的名城，被誉为花剌子模国最美好的国土。铁木真大概年事已高，连打了几个月的仗，身体有点疲惫了，自己就在撒马尔罕休息，派察合台和窝阔台带着大队人马去围攻玉龙杰赤。

铁木真知道，玉龙杰赤虽然是旧都城，但里面仍然有大量的花剌子模国子弟兵，抵抗力量一点不能忽视。因此，他还派人叫术赤也带兵过去，务必把敌人全部消灭在玉龙杰赤。

这里是摩诃末老妈图儿汗可敦居住的地方。摩诃末的这个老妈当了太后之后，还是很迷恋权力，对摩诃末指手画脚，使内部政局一片混乱。摩诃末虽然看起来不可一世，其实有时政令也到不了河对岸。而他老妈发出的指令就比他强悍多了。据说她在签发文件时，一定要写上：世界与信仰之保护者，宇宙之女皇图儿汗。不光称汗，而且还说自己是宇宙之女。牛到这个地步的人，儿子又算什么？摩诃末在撒马尔罕当皇帝，签发文件，她又在玉龙杰赤发号施令。两个命令一起下来，大家该听谁的？

图儿汗可敦，为了巩固自己的权力，不被儿子玩政变，她还必须有自己的势力。于是，她安置自己的亲信到各个部门去当负责人。她是康里族人，于是，大量任用这些人到军队里、政府里任职。花剌子模国子弟兵里，大多是康里人，他们都支持老太后，基本不把摩诃末的命令当一回事。所以，全国虽然有四十万大军，但国王摩诃末真正能调动的却没有多少，这也是他此次大败的原因之一。摩诃末在逃跑时，还派人去劝老妈带着他的老婆赶快逃跑，晚了就来不及了，但他的老妈却一点不理。

花剌子模国被铁木真打败，几个大城市都被他轻松拿下，粗看起来，蒙古军确实太牛了，牛得超出了你的想象。但仔细一想，蒙古兵取得这么多胜利的原因不光是蒙古太牛，而且还有其他因素在里面。首先，是花剌子模国高层不团结，母子为了那个巨大的权力互不相让；其次是摩诃末军事素养太差，手里有四十万部队，硬是分兵守城，不敢集中力量把部队摆到大草原来，与蒙古兵打一场野战。而且事实已经证明，蒙古兵在跟突厥兵的硬拼中是吃亏的。后来，分兵把守，正好被铁木真各个击破，一个城市一个城市地拿下。最后，花剌子模国很多地方，都是摩诃末刚刚吞并过来的，吞并过来的人民还没有认同他的领导，还在把他当作侵略者，因此当蒙古兵打过来时，根本不去为他卖命。

但玉龙杰赤却不同。这里是花剌子模的老首都，居民都是最纯粹的花剌子模国人。他们热爱自己的祖国，甘愿牺牲生命去保卫自己的祖国，民心、军心都可用。然而，摩诃末和老太后没有一个人想到这一层，个个只急着逃跑。好像他们跑了，铁木真就追不上他们一样。

铁木真知道花剌子模的老太后以及现任皇后都在那里，就派人过去与老太后见面，对她说："你儿子太不像话了，好好的硬是得罪我。我不得不出兵来教训他。我知道玉龙杰赤是你的势力范围，因此不想出兵去攻打，请赶快派人来跟我们谈判。"

老太后一听，也不答复，直接把使者赶出城。

大家一看，以为老太后立刻会组织大家去打仗。

哪知，她却把一群妇女组织起来，打开城门，逃了出去。这位老太后原是花剌子模国康里部人氏，向来不把儿子当皇帝看。她的族人也跟她保持高度一致，从不把摩诃末的命令当一回事。而康里部在花剌子模国里又是大部落，军队里大多是康里部的人。所以，摩诃末逃到那里之后，一刻不停，直接路过而去。

当时，摩诃末的儿子札兰丁也跟着出逃，看到老爸一天到晚就知道逃，心里不服气，就对老爸说："让我去组织广大民众武装起来，跟蒙古人拼到底。现在我们要先扼住阿姆河，把蒙古兵拦住。让他们知道，我们也会反抗的。"

摩诃末当场否决了儿子的建议。

札兰丁又说，老爸既然怕死，那就让我当最高统帅，带着花剌子模军民与蒙古兵拼死一战。老爸随便跑到哪里去。

摩诃末一听，这儿子是不是想趁火打劫，抢他的权力？他脑子里最先出现的居然是这个想法，哪能任札兰丁当军事统帅？于是，又否决了这个建议。

这时，摩诃末的次子屋克丁派人过来，请老爸到他那里去。屋克丁此时镇守在花剌子模的西部，还没跟蒙古军队正面接触过，手下还有一些兵员。于是，摩诃末决定西进。这时，跟随他的士兵基本都是康里部的，这些人不想再西去，再过去离他们的根据地太远，以后他们就只得无条件服从摩诃末的命令了。他们心中只有太后，没有摩诃末父子。因此他们决定在逃跑途中举行一次军事政变，把摩诃末干掉，结束落荒而逃的生活模式。

摩诃末的警惕性超级强，硬是预先闻到政变的味道，还没有等政变人员开展行动，就先带着札兰丁逃得无影无踪。那些政变骨干分子却一点不知情，依然按计划行动。到了夜间，他们都拿着弓箭向摩诃末的帐篷密集射去，把帐篷射得像筛子一样。大家一看，箭这么密，只怕帐篷里的苍蝇都会被射死。于是，他们都满怀胜利的喜悦进入帐篷，要验收一下被射成刺猬的摩诃末。

可他们进去一看，除了成堆的箭杆之外，却连个人影也没看到。这才知道，玩这些把戏，摩诃末比他们老练多了。

摩诃末虽然安全逃过康里士兵们的那一堆利箭，安全与次子会合，但哲别和速不台却仍然紧追不放。他们追到阿姆河时，找不到船，便下令砍大树作筏，上面堆放兵器，然后系在马尾上，让马在水里游着拉过河。于是大军得以渡河。两人渡河之后，立刻兵分两路，沿途打了无数胜仗，最后直达宽田吉思海边。宽田吉思海就是现在的里海，再跨前一步，就到欧洲了。

这时，摩诃末才刚刚到他二儿子处，听说蒙古骑兵又到了，离此处只有几十里。对于骑兵来说，几十里一点不远。摩诃末只得又跑。

这一日，他逃到一个叫马三德兰的地方。这里住着另一部落的人。这个部落以前的老大被摩诃末所杀，部落的领土被他占领，所以整个部落的人都恨他。这时看到他落单了，都拿着武器过来找他报仇。这些报仇人员远远看到摩诃末的帐篷还在那里，举着刀猛冲上前，要把他砍成肉末。可帐篷中连人影都不见。摩诃末的神经系统实在太发达了，别人稍有动静，他就能察觉出来，总能在事发前得以逃脱，说是逃跑专家也毫不为过。

摩诃末很快就来到海边，转头回望着来路，蒙古骑兵铁蹄敲击地面的声音已经灌进耳里，滚滚尘烟已经越来越近。摩诃末找到了一只大船，想要逃进海里去。

这时，哲别和速不台也已合兵一处，追到海边，看到摩诃末正好登上大船。他们拍马拼命过来，但还是追赶不上，眼睁睁地看着摩诃末坐在船头，扬帆而去。蒙古兵都很不服，明明就差这么一点路程，怎么就让他逃跑了呢？

哲别带着一群士兵拈弓搭箭，向大船射过去。但大船已经远在射程之外，所有的箭杆纷纷落到水里。三个蒙古大兵表示不服，纵马向海里跃去。恰有一股巨浪狂卷而来，但闻得惊天动地一声巨响，那三骑便被巨浪吞没，瞬间消失。

哲别他们一时大为惊骇，都停在那里呆望着摩诃末的大船越来越远。但他们没有离开，死守在岸边，想看摩诃末能在海里躲到什么时候。

摩诃末在海中找到了个小岛，然后就住了下来。他曾称霸过中亚地区，威风凛凛地生活了好几年。他本以为，凭他的水平和花剌子模的国力，他和他的子孙继续嚣张地过着霸权主义生活是没有一点问题的。哪知，却碰上铁木真这么一个霸道的人，硬是为了一点生意，不远万里从东方狂奔而来打他，而且打得他毫无还手之力。自开战以来，他除了逃跑之外，没做过任何动作。更要命的是，他的手下也在算计他，一边跟着他逃跑，一边对他举行军事政变。蒙古是东方的超级大国，他统治的花剌子模是西方的超级大国，国土面积差不了多少，他军队的总数要比对方多一倍。为什么差距这么大？他越想越不通，最后居然郁闷而死。在要死的时候，他宣布让他的长子札兰丁当他的接班人，还把他的佩剑解下，交到札兰丁的手中，叫他系在腰间。摩诃末如此死去，可算是十分幸运了。如果不幸被蒙古兵活捉，下场估计不会比那个被灌银而死的手下好多少。他最后的这个动作，意思是说，我真的犯了错误，而且这个错误是颠覆性的错误。以后这个国家就交给你了。其实，现在他们还有国家吗？

当然，他们还有一个城市。这个城市就是玉龙杰赤。

血洗玉龙杰赤

札兰丁埋完老爸之后，看到哲别他们居然还守在岸边，便找了个机会潜回玉龙杰赤。

这时，玉龙杰赤仍然有六万守兵。札兰丁一看，不由大喜。他立刻现身，宣布老爸已经去世，现在他是花剌子模国的最高领导人，希望大家都服从他的领导，团结起来，与蒙古军战斗到底。他在跟他老爸逃跑时，天天做老爸的思想工作，说让他出来发个号令，就可以把全国人民动员起来，让蒙古军陷入花剌子模人民战争的汪洋大海里，不用多久，就会取得全面的胜利。可是他的老爸却坚决不同意他的做法。他在心里很不服气，常常恨他的老爸太软弱，太没志气了，在自己的国家动员自己的人民，难道就有那么难？现在他大权在握，决心立刻施展自己的抱负。现在他的身份是国家最高统治者，比以前只是太子的身份会更加有号召力。他以为，只要他登高一呼，整个玉龙杰赤城里的军民就会拥护他的领导，然后拿起武器冲出去，把蒙古兵打得有去无回。最后，自己成为世界领袖。他一路潜逃，一路丰满着自己的理想，终于来到了玉龙杰赤。哪知，他用力发出的号召却没有用，因为这里的守军全是康里的人，从不把他们父子当一回事，看到他发号召，都集体装聋。他有些傻了，不知道该怎么办才好。他这才知道，老爸的软弱不是没有根据的。

札兰丁不知道怎么办才好，而玉龙杰赤的守军们却在商量，干脆把这个新皇帝杀掉算了，免得天天在这里发号召，让人不爽。

札兰丁这些天来跟着老爸逃来逃去，那根神经也变得高度敏感，突然觉得氛围有点不对头了，于是急忙逃跑。他逃出来后，又碰到那位被阿剌黑痛扁过的帖木儿灭里。帖木儿灭里这时又召集了三个手下，保护着札兰丁向哥疾宁逃去。

此时，哲别和速不台还在海边封锁海岸，没几天就知道摩诃末已经死了，于是就清剿摩诃末在那里的残部。后来，又听说摩诃末的老妈和老婆就在伊拉耳堡躲着，便带着部队前往。

这个城堡原来是在群山之间，山高林密，路途艰险，实在不宜行军打仗。哲别也不敢轻易冒进，只是把周边封锁严密，让其与外界失联。

老太后看到自己在城堡里待着，蒙古兵不敢进来，觉得自己果然比儿子强多了。她在那里坐等蒙古兵撤军，然后自己再出来发号施令。哪知，她的想法很不错，可老天却不帮忙，居然连续几个月不下雨，城堡里立刻闹旱灾，大家渴得连眼泪都想舔。不少人忍无可忍，偷偷溜出来。当然，偷偷溜出来的结果就是被蒙古兵捉住。

刚开始时，只是几个人探头探脑地出来，后来都是组团而出，而且团队越来越大，哲别知道里面已经撑不住了，于是下令进军。哲别进到城堡里，果然不费什么力气就抓到了太后一家，然后把他们装进木槛里，送给铁木真。

铁木真宣布老太后可以赦免，但那个孙子不能留，当场杀掉，还有几个美女，都分给几个有功劳的人。

哲别觉得都追到海边了，应该回去向大汗交差了，但铁木真的命令又传来，说宽田思吉海的北面还有个钦察部。这个钦察部虽然跟蒙古国没什么交集，可他们却曾经收留过篾儿乞部的人。收留了他们敌人的人，就是他们的敌人。既然是敌人，就坚决不放过。哲别和速不台只得率军往西北讨伐钦察部。

铁木真经过一段时间的休整之后，直到秋天，才带着拖雷去攻打南方，命术赤、察合台、窝阔台三人去把玉龙杰赤打下来。

玉龙杰赤的原最高领导人老太后跑了，札兰丁又被这里的守军吓跑了，所以现在这座城里已经没有带头人，基本处于无政府状态。他们也知道，如果没有带头大哥统筹安排，他们是无法跟蒙古人打仗的。于是，他们开了个大会。大会的任务只有一个，推举出一个领头人，带领全城军民与蒙古人拼命。民主投票的结果，康里人库马尔成功当选玉龙杰赤有史以来第一个民选领导人。当然他能当选的一个重要因素也是因为有皇族身份。

术赤首先来到城下，第一步就把城外的牛马大大地掳掠一番。城里的人看到后，都冲出来与蒙古兵对打。术赤的部队假装战败，退了出来。城里的守军继续追，结果中了埋伏，大败而归。库马尔这才知道，跟蒙古人打，是不能出城追击的。于是，他下令死守，谁也不许出战。

玉龙杰赤横跨阿姆河，又是花剌子模的老首都，要想短时间内攻取，殊属不易。

第二天，蒙古军继续出工。他们赶到地点时，城门已经紧闭了。当然，紧闭也要打。他们以为昨天他们赢了一场，现在城里的守军肯定怕得要死。他们现在只需要一心一意地攻城，一直到把这座坚硬的城池打破为止。哪知，城里有一个叫斐里敦古里的猛将，硬是带着五百人在城门跟蒙古军对着打，居然打退了蒙古军的数次进攻。

术赤看了看，觉得真的不好下手，于是又派人进城去威吓一把，叫他们赶快投降。库马尔坚决不投降。

术赤大怒，不再用人力攻城了。他立刻安装了很多射石机和投掷器——此前他没有使用这些攻城器械，是因为这一带是大草原，没有石头，缺乏炮弹，所以没有用上。这时他们突然发现这里的桑木木质坚硬如石，完全可以代替石头，不用愁没有炮弹了。由于玉龙杰赤的护城河很深，实在不利于进攻，于是他们又花了十天的时间，填平了这条壕沟，从其他地方来的援军也陆续开到。

术赤下令总攻。蒙古军的射石机和郑掷器往城上猛砸桑木炮弹，把城头的守军打得不敢抬头，然后部队纷纷越过护城河，架起云梯，爬上了城墙。

库马尔一看，他手下的部队被打得一点还手之力都没有，自己再怎么厉害也打不过人家。于是，他一脸郁闷地走下了城头，带着手下战士躲到居民家中，继续袭击蒙古军。

术赤登上玉龙杰赤，竖起蒙古军大旗，大声宣布胜利了。可当他们进到城里时，却遇到了民众们的强烈抵抗。大街小巷里到处是袭击他们的零星武装。蒙古人一看，也有点头大起来。蒙古兵野战时，十分勇猛，纵马奔驰，往来冲突，无人可挡。可拿着刀在街头跟人家肉搏，就不是他们的强项了。他们不愿意在小巷里打架，就拆掉房子，让城中变得平坦起来，然后晚上又回到军营休息，第二天再出工。但这样的作战方式，让他们付出的代价实在太大了。

玉龙杰赤的军民却拼命跟他们周旋，不让他们安宁片刻，而且损失越来越大。

后来，术赤觉得这样的打法他们受不了，就另想了一个办法。他们发现，城内的人唯一的水源就是阿姆河。于是，他们决定去夺取那座桥，截断城内的水路。术赤派了三千个人去攻桥。城里的人一看，哪能让他们的阴谋得逞？在三千蒙古兵打到桥中心时，城里的军民组织了大批武装冲了出来，把三千蒙古兵全部包围起来。到了这个地步，三千蒙古兵再怎么英勇，也打不过人家。术赤正要派兵去救援，但人家已经把桥破坏掉了。援军根本过不去。术赤只能远远看着自己的三千精兵全部被人家砍死，无一生还。

取得这样的战绩，守城军民的士气连夜暴涨，打起来就更凶狠了，把蒙古兵打得伤亡惨重。

察合台大怒，说放火把这城全烧光算了。

术赤却不答应。他本来很想接过老爸的班，但因为身份问题，当成吉思汗接班人的梦想已经彻底破灭，心中就产生了一个想法，大可汗当不成，就当小可汗。以后你们在东方，我就在这里另立门户。老爸不是说过，攻下的地方，以后都归我管吗？所以，他刚进入花剌子模时，每攻下一城，就设置管理机构，任命管理人员，为以后的事业打下了基础。他在心里已经把这些地方划进了自己统治的势力范围，所以，就不想破坏这些城池，免得以后又得重建，那要花费多少人力物力，因此就否决了察合台的建议。

兄弟两人本来就不和，为这事又争吵了一番，谁也不服谁。于是，攻城的事就被搁置起来。

铁木真很快就了解了这个情况，知道这两个儿子是不能合作的，他们天天斗嘴，已经花了整整七个月的时间。他大怒，派人去把这两个家伙狠狠地批了一顿，然后下令，说窝阔台是法定大汗的继承人，以后由窝阔台当首领，大家都得听他的命令。

窝阔台便分别去找两个哥哥，做他们的思想工作。两人当然无话可说，表示服从老弟的命令。

窝阔台知道，再这样打巷战，后果很严重。现在他们手里只有五万部队，而城里有一百多万人，全民皆兵，他们能打得过人家吗？于是，他下令用油罐作武器，哪里有建筑物，就往哪里抛，先烧了再说。玉龙杰赤军民仍然奋勇作战，跟他们死磕到底。他们对蒙古人的暴行有着深刻的认识，知道现在他们就是放下武器举着白旗出来投降，蒙古人也不会放过他们，因此男女老少全都加入了最后的战斗。蒙古兵不断地向他们的堡垒投掷油罐，烧得烈火熏天。双方大战了整整七天。蒙古人烧一个地方，守城军民又退到另一个地方。最后全城只有三个地区没有遭到火灾。他们的全部人员都挤到这三个地区。他们知道，他们真的打不过蒙古人了。于是，他们派了一个叫阿老丁的老人家出来跟蒙古人谈判，说要投降。

术赤大怒，当场拒绝了玉龙杰赤人的投降，然后加倍残酷地进攻。库马尔只得带着守军继续拼命，一直打到库马尔累得举不起手，光荣牺牲后，蒙古军这才宣布取得最后的胜利。

玉龙杰赤终于沦陷，时间是 1221 年 4 月。

从术赤不准玉龙杰赤人投降来看，吃尽苦头的蒙古兵对于这座城的愤怒程度是可以想见的。自从他们进入花刺子模以来，就是在这座城下第一次被人全歼三千人。他们当然要泄愤！

他们泄愤的手段就是屠杀！虽然缺乏新意，但极其血腥恐怖。

城市已经被他们烧光，他们把所有的居民都驱赶到草原上，像往常一样，把有手艺的工匠和技术工筛选出来，另外女人和孩子也放到一边，其他人统统划入砍杀行列。

铁木真把剩下的居民分到各军中，并下了屠杀指标：每个士兵杀二十四个人。当时，参与屠杀的蒙古兵足足有五万人。我们由此可以算出，蒙古兵在这场屠杀中，整整杀了一百二十万人。这样的屠杀规模，不管放到人类哪个阶段的历史上看，都足以骇人听闻。

就是屠杀你们

在三个儿子猛攻玉龙杰赤、制造史无前例的大屠杀期间，铁木真就在撒马尔罕那里过了一段悠闲的时光。当窝阔台宣布玉龙杰赤被攻下了之后，铁木真决定休整模式结束，率大队人马向那黑沙不草原进发。

蒙古兵从大蒙古草原出来。他们一看到草原就特别兴奋，不管敌人有多厉害，他们都会信心爆棚。春天刚刚过去，夏天已经到来，草原里的草正长得无比茂盛。

那黑沙不草原的中心城市叫忒耳迷。铁木真这时底气更加足，花剌子模三大城都被他杀得血雨腥风，成为他的势力范围。这时，面对这个草原中心城市，他还有什么理由没有底气？他开到忒耳迷城下后，跟往常一样，做的第一件事就是派个使者进城，劝他们投降，而且还要求他们自觉自愿地拆除城堡。

他满以为，这个使者回来时，后面就会跟着一群脸色刷白的忒耳迷城头面人物，见到他之后，高举白旗，宣布接受这些条件。哪知，等了大半天，才看到使者回来，而且只有使者一个人灰头土脸地回来。那使者向他复命，说忒耳迷人不愿投降。

铁木真跳了起来，他们不投降，他们有什么资本不投降？

铁木真认为他们没有什么资本抵抗，但忒耳迷城人却不这样认为。他们认为，他们有坚固的城墙，而且三面环水，一半的城墙延伸到阿姆河中。有这样的防御体系，再加上有军队有武器，若不抵抗，那实在太辜负这样的城墙和大河了。他们另一个信心就是，蒙古人是蒙古高原出来的，现在要过河来打，那是很不适应的。因此，他们根本不把铁木真放在眼里，当场断然拒绝了铁木真的威胁：有本事你打过来试试。

铁木真还有什么话说？一脸盛怒地下令马上攻城，一刻钟都不能耽搁。

蒙古兵把抛石机架起来，全力向城头扔石头。城上的人向城外的蒙古兵放箭。双方都努力死战，二十四小时不停歇。一直打了十一天，城里的人终于支持不住，坚固的城墙被蒙古兵打破。忒耳迷城人这才知道，蒙古人的战斗力不是吹出来的，而是打出来的，跟他们对抗根本没有取胜的可能。

但到了这个时候才知道这些，还有什么用？

铁木真率蒙古军进军，把全城男男女女赶到城外，不该杀的都分配给军队将士当奴隶，其余的统统杀死了。

他们在疯狂砍人的过程中，有一个老妇人怕了起来，就对举着大刀的士兵说：“你不杀我，我就把一颗大珍珠献给你们。”

士兵一听，立刻就问：“大珍珠？在哪里？”

老女人说：“我吞到肚子里了。”

士兵大喜，立刻把老妇人杀了，然后剖开她的肚子，果然有大珍珠，而且还不止一颗。

这事一传开，蒙古士兵又找到了一个发财的重要渠道，知道忒耳迷人有肚里藏珠的良好习惯，于是，每杀一个人，便都来个剖腹寻珠。

铁木真没有在忒耳迷城逗留，带着部队渡过阿姆河向呼罗珊地区的中心城市巴里黑挺进。巴里黑是花剌子模国土面积最大的州，不但地大物博，还是中亚地区的圣地。

巴里黑城的人很快就知道蒙古大军杀了过来。蒙古军的英勇善战在花剌子模国早已尽人皆知，而蒙古军凶狠血腥的大屠杀行为，中亚地区的人也都有耳皆闻。巴里黑人知道，连几个首都一样大小的城市都挡不住蒙古人的进攻，他们这个城市就更不用说了。他们同时还知道，铁木真有个规矩，对投降的城市从不屠杀。于是，他们决定采取不抵抗政策，向铁木真投降。

他们投降的准备工作做得很好。蒙古军才刚刚扎下营寨，他们的头面人物就集体来到铁木真的帐前，说愿意无条件投降。

他们以为他们愿意低头纳款投降，就会平安无事，可以继续在这个美丽富饶的城里过着美好的幸福生活了。

然而，铁木真却不领情。他不相信他们的投降是真诚的。因为此时，那个札兰丁正在这一带加紧活动，天天早出晚归，到处鼓动大家出来，坚决抗击蒙古军，用生命捍卫祖国的尊严。札兰丁还是有点能量的，时不时能搞出点骚乱活动来，甚至还成功地煽动了几个已经投降过的小城，又高举起反蒙的伟大旗帜，让铁木真很郁闷。现在巴里黑城居然这么容易就来投降，天下能有这样的好事？他认为其中必有猫腻。

铁木真表面笑呵呵地宣布，接受他们的投降，但为了方便以后管理，必须清点一下人口。所以让他们都到郊外的草原上集中，好开展人口普查工作。你看到这里，当然知道又是老一套。但巴里黑人不知道，他们都积极配合，自觉自愿地到指定地点集中。

草原的夏天，风和日丽，生机盎然，确实宜于野外活动。

铁木真来了。夏天的风吹着他额前的头发。他的头发已经花白，但他的脸上仍然神威凛凛，目光如炬，杀气浓重。

他骑着马在人群前面转了圈，脸上挂上了轻蔑的笑容。

他一挥手，按过去的方针办。

蒙古兵们冲了过来，很粗暴地把很多人从人群中拉出来，按百人一组、千人一群划分。

铁木真把男女老少按比例分给军士之后，大手一挥。士兵们都拔出弯刀。

巴里黑人这才知道，他们投降真的错了。但见太阳之下，刀光闪闪，生机盎然的大草原瞬间变成了蒙古人的屠宰场。全体巴里黑人不分男女老少，全部被砍死在这个风和日丽的夏天里。他们的尸体压平了大草原上长长的青草。他们到死都不明白，他们已经投降了，为什么还要杀他们？

这个为什么，恐怕连老天爷都回答不了。

只有铁木真才能够回答。

但他会回答吗？

杀完人，不烧光，绝对不是蒙古兵的风格。杀完人后，让那些尸体成为野兽们丰盛的快餐后，蒙古兵冲进城里，执行毁灭城市的任务。直到把这座美丽的草原之城变成一堆废墟之后，他们才扬着那张挂着满足感的脸，继续他们的征服之路。

铁木真兵分两路，派拖雷带着一支去攻占呼罗珊，自己则带着主力开展剿匪工作，把附近各山寨的武装肃清。这些山寨的武装虽然看上去松松垮垮，好像没一点战斗力，但他们都深居山寨，守住险要，攻打十分困难。铁木真的蒙古铁骑在大平原地区作战，可以无敌天下，可一进到深山，麻烦就大了。他费了很大的力气，才把这些山寨搞定，而且由于山寨人数不多，因此费掉很多精力，战绩却一点不可观。再加上很多跟随他多年的老兵，一生杀敌无数，最后却死在这样的战场上。他觉得真的很不爽。

尤其在攻打塔里寒寨时，他连攻多日，居然没有一点成效。此寨四面环山，里面的守军，不但熟悉地形，而且单兵作战能力强悍，只要一跟蒙古兵打仗，无不拼命狠打，从不怕死。铁木真的士兵死伤无数。铁木真气得胡子都翘起来了，亲自督战，大家奋勇冲上去，但仍然被打退。

铁木真也没有办法，只得在山寨前扎下营寨，派人去调拖雷回来，集中精力拿下这个山寨。

马鲁城的末日

拖雷这边进展很顺利，一路清剿，基本都取得胜利。他渡过阿姆河，兵分三路向呼罗珊中西部挺进。到了 1221 年初，连下数城，向马鲁进军。这时，马鲁的守将是摩诃末的大臣抹智儿木勒克。抹智儿木勒克本来是去找摩诃末的，路过这里后被马鲁人请到城里当老大。

抹智儿木勒克比摩诃末强多了，他收罗了到处逃散而来的难民组成守军。有一支七万人的突厥兵也愿意服从他的指挥，弄得很有声势。他很有进取心。有了军队之后，他并不像其他人那样，天天在那里死守，等着蒙古兵来进攻，而是主动出击，去打了一下刚刚被蒙古军夺去的撒剌哈夕城，把那里的头目杀死。拖雷知道后，又派人过来劝他投降。但他能投降吗？他是摩诃末的死党，跟蒙古军打了这么久的交道，比谁都知道蒙古军的脾气。所以，使者才到他面前，他就已经下令挥刀斩了。

拖雷当时对他也不怎么在意，又派一支八百人的部队过去，但遭遇到一支突厥军的袭击，最后基本全军覆没。

这批突厥人的战斗力还是很强的，他们很快发现抹智儿木勒克太爱摆谱，好像这个天下除了摩诃末之外，没有人比他更牛了。因为据说他的老妈原来是摩诃末的妃子，后来摩诃末把这个美女赐给了他的老爸，以致他没事的时候，总会产生他就是皇帝儿子的幻想。所以，他比其他人更忠于摩诃末，也很看不起别人。突厥人一看，你不是逃难过来的吗？大家看在你是大臣的面子上，这才让你当一把手。现在你居然看不起我们。那好吧，我们没有本事，我们自己干。你有本事，你自己守城。于是，他们就宣布脱离抹智儿木勒克，自己出来单干，靠打砸抢维持部队的生存。

拖雷知道后，决心先把这支突厥兵搞定。他当时只带了七千人，而突厥兵有整整一万二千人，硬来只能送死。于是，他派兵过去摸清了这支突厥兵的行动规律。这支无组织无纪律的武装力量，晚上都驻扎在河边，早上起床后就出去抢劫。他们只顾到处打砸抢，没有想到拖雷会来打他们，因此对蒙古军的动静一点不了解。拖雷在他们必经之路设下埋伏。这伙突厥兵还是很勤奋的，天还没有亮就出工。大家三三两两地出来，当这支部队进入埋伏圈时，蒙古兵猛然出击。当时正处于黎明前的黑暗，他们都弄不清楚是谁在打他们。结果他们被蒙古兵毫无悬念地打败，尸体都被扔进河里。蒙古兵并没有停手，又突袭突厥人的大营，从早到晚，一口气把几万人杀掉，获得六万头牲口。这些牲口，都是突厥人这些天来抢劫的成果，现在全成了拖雷的战利品。

七万战斗力超强的突厥兵就此被全部消灭。其他力量对于拖雷而言，已经不会造成什么威胁了。

拖雷带着部队把马鲁团团围住。拖雷长期跟随老爸出征，对老爸的那一套学得很到位。他也像铁木真一样，把敌人围困之后，亲自上到第一线，对敌情进行详细的观察。他带着五百骑兵，绕城跑了一圈，花了六天时间，对敌人进行分析，得出结论：城池很坚固，里面的粮草很充足。如果是以前，蒙古军是很有耐心围城的。但他现在不能在这里待得太久，他必须用很短的时间结束这次行动。他决定强攻。当然，他强攻还是有根据的。这个根据就是里面的守军没什么战斗力。

第七天，当太阳升起时，拖雷下令发起总攻。

城里的守军也冲出城来迎战。

拖雷下了马，举着大刀冲在砍人第一线。蒙古兵士气大振，守军被打得落花流水，只得退回城里。抹智儿木勒克这才知道，自己的军事实力跟拖雷比，显得太弱了。他这时无比绝望。抹智儿木勒克经历过蒙古人的大屠杀，知道蒙古人破城之后会做出什么来，内心充满了无比的恐惧感。他首先想到的是弃城逃跑。可是他发现敌人把城围得太紧密了，根本没有一条缝给他钻出去。只剩下投降了。

绝望的抹智儿木勒克派人去见拖雷，请求拖雷批准他投降。

拖雷当然批准。

抹智儿木勒克这才带着大量的礼物去见拖雷，欢迎蒙古大军入城。

拖雷亲切接见了他，叫他把城里的情况汇报一下，然后把城里富裕的那一部分人的名单提供出来。抹智儿木勒克对这些情况掌握得很全面，只一会就把一份两百多人的名单交给拖雷。拖雷又叫他去把这些人都叫过来，他都要接见一下。

然后，蒙古大军进城。

进城之后，拖雷故技重施，按照抹智儿木勒克提供的资料，审问那些富豪，问清他们钱财藏在哪里，然后大力挖掘那些富豪埋藏的财富。拖雷看到堆积如山的钱财，脸上全是笑，差点给抹智儿木勒克写起感谢信来。

当然，拖雷没有给抹智儿木勒克写感谢信，他把不屠杀的诺言都丢到垃圾桶里了。他下令把城里的人统统赶到郊外，然后挑出四百名工匠，剩下的都分配给他手下的将领及那些签军去杀。每人的屠杀任务是四百名。这场大屠杀，一共有七十多万人死于非命。接下来就是夷平整个城市。

拖雷部离开，有一部分躲在废墟里的人又爬了出来。他们正在庆幸自己逃过了屠杀。哪知，蒙古军又有一支部队开到，把他们杀得一个不剩。

蒙古军已杀得兴起，即使在行军途中，碰到路人甲，从不问籍贯和身份，统统一刀砍过去。只要你是人，他们碰上就杀。

拖雷的部队很快就来到乃沙不耳城。

哲别和速不台曾来过这里。因为他们当时的主业是追杀摩诃末，需要赶时间，所以没有开展屠杀洗劫，所以这个城还没有受什么破坏。而且该城的主官曾向哲别投降，哲别又让他官复原职，继续在这里当一把手。哲别离开后，那家伙突然听说摩诃末没有死，而且正在组织反攻，就赶忙宣布脱离蒙古，回归花刺子模国的怀抱。哪知，这原来是个谣言。真实的情况是，蒙古军又杀过来了。先杀过来的蒙古军是哲别的后援部队，领衔的是脱哈察儿驸马。脱哈察儿以为这城的守兵会很弱，哪知才一接战，就被对方打死在战场上。

拖雷跟脱哈察儿的老婆闻报后，立刻率军前来，在城下架起抛石机，向城头猛砸，三千架弩机，三十架抛石机，火焰放射器六百。城上也部署了三千架弩机、五百架抛石机，与蒙古兵对砸。从数量上看，虽然守城兵占优，可是因为他们在城里，缺乏石头，而蒙古军在城外，可以到附近的山上开采石场，炮弹取之不尽用之不竭。双方对打三天，守城士兵们都觉得没有胜算了，就派人出来请降。但拖雷能同意吗？经过三天激战，蒙古军在城墙上打开缺口，冲进城里，对全城进行疯狂报复。

最疯狂的是大汗的公主，她带着一万人在城里左冲右突，见人就砍，一直砍了四天，这才把城里的人砍光。

天堂之国

拖雷就这样一直杀到呼罗珊的北边，才接到铁木真的诏书。他没有从原路回来，而是从宽田吉思海的东岸绕回来。宽田吉思海南边有个国家叫木乃奚国，是个回教国家。可能很多人不知木乃奚国是何许国也，但看过金庸《倚天屠龙记》的读者，都会知道有个叫“山中老人”的波斯高手。大家不要以为这个人物也像张无忌那样，是金大侠杜撰出来的，事实上史上真有其人。这个山中老人就是木乃奚国的精神领袖。只是史上这个山中老人，不是一个人，而是一个教派老大的称呼。据说这个教派的创始人叫伊斯梅尔。原来是伊斯兰教什叶派教主的长子，本来有机会接过老爸的班成为下任教主，但却被弟弟抢去。他一气之下，就自立教派，自己当了教主。这个教派就被称为伊斯梅尔派，也就是木乃奚教派。

但这个教派历来被当作是一个“异端”的教派。

这个“异端”教派发展迅速。他们没用多长时间就把今伊朗北部里海以南的一大片土地全部划成自己的势力范围。

伊斯梅尔认为自己领悟到了《古兰经》的精髓。他认为《古兰经》有表面意义，同时还有个隐秘的意义。别的人只看懂表面文章，而他则领会到了最深刻的隐秘核心。

这个隐秘的核心才是真理。

这个教派最拿手的就是开展刺杀活动。

他们在自己的势力范围里建立了一个独立的宗教国家——木乃奚。

在蒙古帝国兴起之前，这里有一个叫赛尔柱的帝国，是一个伊斯兰国家。这个国家的人基本都是突厥人，因为他们的首任老大叫赛尔柱，所以他们就改叫赛尔柱人了。赛尔柱国的版图扩张得很厉害，中亚一带几乎全是他们的土地。于是，被他们吞并掉的人当然不服。到处都在反抗。

木乃奚利用了人们这个心理，引导人们入教，很快就得到广大老百姓的支持。

赛尔柱人当然不能坐视这个邪教的壮大，派兵去镇压。可是因为那里地势实在不宜于进攻，打了几仗，赛尔柱军都被打败了。

赛尔柱军队打不过，木乃奚集团就在那里站住了脚跟。

他们看起来很像一个正式的政权，其实仍然是邪教的那些做法。他们虽然打败了赛尔柱人的进攻，但他们真正的军事能力并不强大。他们拿手的本事是实实在在的恐怖活动——刺杀！他们从不培养什么军事人才，却训练了大批刺客。

他们以阿刺模忒堡为中心，在宽田吉思海南边占有三百多座城寨。而他们的总部设在高山的顶上，俗称“鹫巢”。他们的最高领袖就住在鹫巢里面，所以被人称为山中老人。木乃奚的山中老人在山谷中建了个大花园，花园中还修建了一座无比辉煌的宫殿。据说里面的物质十分丰富，酒水、牛奶、蜜糖等都是用管子接通的，随便喝。当然，美女更不能缺，而且各国各族的美女都配备齐全，能歌善舞，腿长腰细。不要以为这些是为了让朋友们免费享受的，实际上这是为培养刺客而准备的。他们培养刺客也是从娃娃抓起。从小就开始给他们洗脑，让他们天天高喊领袖万岁，他们这辈子唯一要做的就是为领袖去死。因为，为领袖去死，就可以上天堂。天堂是什么？天堂就是花园里的宫殿。他们到二十岁时，山中老人就给他们的饭里下迷药，让他们昏昏沉沉之后，就把他们抬进花园，让他们任性地在花园里寻欢作乐，认为这就是在天堂。这些年轻人在山寨天堂里醉生梦死一番之后，又被放了迷药，然后抬回人间。

当这些青年再次醒来的时候，突然发现自己睡在那干冷的单身宿舍里，旁边的仙女已经变成平时浑身臭汗的舍友们。美酒、牛奶、蜜糖都是严格按人头分配的，不能多一点。几个人一起在臭床上，回味着天堂的幸福时光，对人间生活实在太失望了。这时，山中老人派人来把他们带过去跟他见面，告诉他们想进天堂也很容易。只要去把这个家伙杀死，就可以上天堂了。

于是，这些为了重上天堂的青年就迫不及待地接受任务，拿着刀去开展刺杀活动。这些人为了能上天堂，已经视死如归，一般刺杀工作都会做得很成功。

由于有这么一帮急着上天堂的死党，附近各国的老大对山中老人都很害怕。因此山中老人所提的要求，他们能够满足的就尽量满足，能做到的坚决做到，绝对不讨价还价。以致很多哈里发和苏丹一谈到山中老人时，都吓得脸面发白，身体发抖，一点国家元首的尊严都没有了。

他们做了无数大案要案。其中最著名的就是刺杀赛尔柱国的首席大臣莫尔克。

据说这个莫尔克是一个很有水平的政治家，能文能武，国王马克里基本都把政事交给他处理。他当政二十多年，把国家治理得国泰民安，以致国王马克里长期处于无事可做的状态，不得不天天靠打猎来锻炼身体。

当时木乃奚发展得太过迅猛，马克里便决心派兵围剿。

山中老人看到马克里的部队很多，跟他们正面对打，显然只会取得可耻的失败。所以，他们一面抵抗，一面用自己的拿手本事来对付敌人。

他们的拿手本事就是搞恐怖活动。山中老人派出刺客，居然把莫尔克也干掉了。

接着马里克又病死，这一场围剿就这样收场。

这个大案一出，大量的传说就满天乱飞。有的说，宫廷里都暗藏很多木乃奚的刺客。他们时刻都做好杀人的准备工作，只要得到山中老人的指示，立刻闪电出手，完成任务。

这个传言一出，很多官老爷都怕得要死。他们怕到什么程度？连睡觉都穿着锁子甲。你想一下，穿锁子甲睡觉会舒服吗？当然不舒服，但总比挨刀好得多。

还有一个故事，也让很多人感到无比惊悚。

赛尔柱有一个新上任的国王叫辛扎儿。他刚戴上皇冠，觉得自己很牛，才一上任就高调宣布，一定要收复木乃奚占领的那些城堡。

山中老人也有些怕了，就派人出来跟他谈判，要和平相处。但他坚决不答应。

他把山中老人的代表轰出去之后，觉得很爽，然后大吃大喝，洗洗睡觉。哪知第二天醒来，觉得好像不对头，仔细一看，原来床前居然插了一把雪亮的匕首。

他吓得跌坐在那里，盯着匕首，面如死灰。

他的脸色还没有恢复原来的光彩，山中老人的使者已经来了，直接交给他一封信。

辛扎儿读着信，再联系实际，知道山中老人的话没有多少是虚假的。至少他想取自己的性命是没有多少难度的。自己跟他较量，只怕还没有派兵就先被干掉了。于是只得老老实实地跟山中老人签订了合同，表示自己在位期间，不再把围剿木乃奚之事提上议事日程。

十字军西征时，木乃奚就专门刺杀十字军里的穆斯林，搞得很恐怖。可当他们碰到拖雷时，就悲催了。拖雷的大兵团一杀到，那些专业刺客哪里是对手？被蒙古军一阵猛打，他们逃跑都来不及，大部分直接就上了天堂。拖雷对这些城寨大掠特掠，山中老人一看，承认他们干不过蒙古。

拖雷正好接到铁木真叫他班师的命令，在满载而归之后，也就不再为难他们了，带着部队来到塔里寒山，与老爸的大军会师。

终于班师

这时，铁木真已经在那座山寨下放了七个月的长假。他们合兵之后，再次向山寨猛攻，这才把山寨打垮。铁木真下令，把这个山寨的人统统杀光。于是，只有少数骑兵逃了出去，其他人全部被砍死。

铁木真为了攻下这个山寨，前前后后居然用了七个月，他不生气他还是成吉思汗吗？

他这些天来也有些累了，再加蒙古兵对中亚一带的夏天很不适应，所以铁木真决定在这里休整一段时间，等有力气了再出去砍人。

暑期一过，秋风送爽，铁木真决定下山。恰好察合台和窝阔台也率部赶到。铁木真很快就知道札兰丁又集结了不少力量，另外他的弟弟屋克丁也还有一千多人的武装，正在合儿拉耳那里驻扎。这两个人是必须要消灭的。

铁木真派人去给正在路上的哲别下命令，叫他去打屋克丁，自己去搞定札兰丁。

屋克丁只有一千多人，对于哲别而言，那是小意思。他只派部将出马去攻打屋克丁。屋克丁一数手下士兵的人数，知道要对付比狼还猛的蒙古大兵还差得远，不等蒙古兵杀到，就先三十六计走为上，逃进苏吞阿盆堡。蒙古兵围住这个城堡，居然围攻半年才把它攻破，屋克丁最终被杀。

真正硬骨头的是札兰丁。他此时手下有五六万人，又得到另外一个部落灭里可汗的支持，势力仍然十分浩大。

札兰丁看到自己手下有这么多人，胆子也壮了起来，便放马出来跟蒙古兵决战。铁木真来到八米俺城，便又分兵两处，自己进攻八米俺城，叫他老妈的养子忽秃忽为先锋，向南进军。忽秃忽率军来到喀布尔，跟札兰丁部队相遇。双方大战，从白天打到晚上，不分胜负。

忽秃忽看到对方人数众多，自己有点寡不敌众，再硬拼下去，恐怕难以取胜，就想了个办法，叫士兵们连夜把毡子捆成人的模样，放在马背上，冒充士兵。当时蒙古兵出来征战，每个士兵都带有两到三匹马以上，以便轮换着狂奔。所以，忽秃忽手下的士兵不多，但马儿却多一倍。第二天出战时，他叫真的士兵们冲在前面，那些假冒的士兵跟在后面，从远处看，军队人数果然众多。

花刺子模士兵们一看，蒙古援军来得真快啊。昨天拼了一天，不分胜负，现在他们突然多了这么多人，能打得过吗？大家都面面相觑，有点胆怯起来，于是，都一边打一边退却。

札兰丁一看，再退下去，离兵败就没几步远了，马上冲上来，大喊大叫："敌人是在忽悠我们的。他们的士兵少得很，不用怕他们。"他重新调整部署，把部队分成三队，他自己带中军，令灭里可汗带一队为右翼，另一个部将带一队为左翼，向蒙古军包抄过去，一下就把蒙古兵全面包围。他们这才发现，后面跑上来的援军全是毡子捆成的。原来这些蒙古人一点不老实，全靠忽悠来取胜。

忽秃忽看到自己的计谋被敌人看穿，也急了起来，知道再被他们围攻下去，自己除了全军覆没之外，真没有别的路可走了。他大声对大家说："请看我的旗帜。我的旗帜指向哪里，大家就往那里冲。"

大家望着他指的方向冲过去，突然发现挡在前面的敌人硬气得很，他们连冲几次，竟然冲不出几步。这才知道，敌人的士气一提上来，还真的不好打。

札兰丁很快就发现了忽秃忽，大声下令把那个举大旗的家伙围住，并往死里打。于是，众多花刺子模士兵都冲过来围殴忽秃忽。忽秃忽突然之间觉得压力好大，知道再不突围出去，就根本不用突出去了，只得举着大旗猛冲。他身边的亲兵也拼命抢攻，这才杀出一条血路，向北拼命逃奔。札兰丁下令部队追击，蒙古兵被打了个大败，死伤无数，马匹帐篷等军用物资也被人家当成战利品了。这一仗，忽秃忽刷新了上次术赤他们的失败纪录。

忽秃忽派人向铁木真报告了失败的消息。

这时铁木真也很恼火。因为他在攻打八米俺时，他的孙子莫图根由于表现得太英勇，冲锋在前，被一支从城里飞来的箭射中，当场牺牲。铁木真这时已经六十岁，也跟很多爷爷一样，十分疼爱孙子。而在众多的孙子中，莫图根又是他最喜欢的。这时看到他就在自己的眼前死去，不由得失声痛哭。这把泪水还没有擦干，又接到忽秃忽的败报，更悲愤欲绝，一时之间老泪横飞，指着八米俺城大骂，并发誓坚决要打下此城。他亲自带兵攻城，大家看到大汗白须飘飘出来打仗，因此都更加卖力进攻。

敌人的箭从城上密集射下，蒙古军纷纷倒下，但没有人退下来。一时之间，尸积如山。后面冲上来的蒙古兵都把战友的尸体堆起来，当作梯子，向城头杀去。城上的守军终于被打败。

铁木真下令，全城男女老少统统杀光，为孙子报仇。他越想越悲愤，又做了个补充命令，连城里的牛羊马狗等都要杀绝。他觉得还不够，下令把城墙全部拆掉，把一座好好的城池变成没有人烟的废墟，使它彻底成为一个动物不能居住的地方，然后把它改名“卯危八里”，意思是“歹城”。他死了一个孙子，大发雷霆之怒，高举屠刀，尽屠全城生灵，却从没有想过，他杀死了人家无数个孙子，毁了无数家庭。据说，这座城池惨遭此次浩劫之后，数百年后都还没有人烟，说是惨绝人寰也不算过分。

铁木真自己悲伤，他更懂得察合台知道儿子死了之后会更悲伤。于是他下令封锁消息，坚决不能让察合台知道这件事。如果察合台问起这个儿子，大家就说他到前线去打仗了。

当然，铁木真也知道，这事是不能瞒察合台一辈子的。

有一天，他把几个儿子都叫到一起，然后脸色一变，大声对他们说：“我发现，你们当中有人就是不听我的话，不愿服从我的命令！”

大家一听，都急忙表态：“我们向来都听从您老人家的话，服从您老人家的命令啊。不信，你命令一下我们看看。”

铁木真摸着胡须，转头来对察合台说：“那么，你真的听我的话吗？”

察合台一听，吓得差点儿尿裤子了，老爸这么单独地问自己，到底是什么意思啊。但不管什么意思，你都得先回答这个问题，而且一定要回答坚决服从命令。他跪下发誓：“父汗，如果我敢不服从您的命令，老天就让我马上死去。”

铁木真说：“那好。我现在要告诉你一件事，但我命令你不能哭。”

察合台松了一口气，原来是这个事，看来老爸真是老糊涂了，居然要命令我不哭，把我当小孩看了。他保证不哭。

铁木真说：“这个消息就是你的儿子莫图根在前线光荣牺牲了。我命令你不许悲伤，不许哭。”

察合台这才知道，老爸没有老糊涂啊，是自己太不幸了。他当然得服从老爸的命令，没有当场哭，没有把悲伤的情绪表现出来，好像死的不是自己的儿子一样。但是有一天，他真的忍不住了，就借口有事，跑到野外放声大哭。

做完这些事之后，铁木真下令大军马不停蹄地去支援忽秃忽。当时他急到什么程度？据说，士兵们都来不及吃饭，都是一边狂奔一边嚼着东西充饥。

他们跑到途中，就与忽秃忽的部队相遇。他把忽秃忽骂了一顿之后，让忽秃忽把战斗的情形详细讲一遍。铁木真确实是个军事天才，听了忽秃忽的描述，立刻知道了对方的软肋，说，下次再相遇，就不怕他们了。

铁木真信心满满地加速前进。他这些天来老是打些小仗，敌人的规模不大，但他费的力气不小，取得胜利十分艰难，而且还牺牲了一个亲爱的孙子，这让他超级不爽。现在他只想尽快与札兰丁相遇，然后打一场上点规模的大仗。他们一路滚滚而来，很快就赶到目的地——哥疾宁。

哪知，他们到了哥疾宁，又接到情报，札兰丁已经带着他的部队向印度河方向逃跑了。

铁木真大怒，这么多天满怀悲愤地跑过来，居然扑空。他也不攻哥疾宁了，下令大军继续前进，追不到札兰丁的军队，就别想回大蒙古草原。

铁木真想不通，札兰丁是个好战分子，当年老是闹着让他爹把军权交给他，让他跟蒙古军大干一场。现在他手里有了权力，而且有六七万大军，又刚刚胜了一场，可以说是成功打破了蒙古军队不可战胜的神话。在这样的情况下，他为何主动撤退？难道他突然冷静起来，觉得自己真的打不过愤怒的铁木真，赶紧逃了？但这不是他的性格啊。

其实，他离开这个地方，还真跟铁木真无关，而是跟他的盟友灭里可汗有关。

这两个人本来意气相投，都不服铁木真，喝了几次酒之后，决定联起手来跟铁木真大干，而且还真的合作成功，把蒙古兵打得满地找牙，缴了不少战利品。这本来是天大的喜事。可就是因为这些战利品而出了问题。原来这批战利品里有一匹好马，札兰丁手下头首席大将阿格拉克觉得这匹马很好，而灭里可汗也觉得这匹马好。两人都想把这匹马划到自己的名下，就发生了争吵，争到后来，灭里可汗突然发飙，把手里的马鞭在阿格拉克的面前挥舞了一下。阿格拉克大怒，什么也不说，直接带着自己的部队离开。

札兰丁想拦也拦不住。如此一来，他手下的部队就大为缩水，军心也跟着不稳起来，听说铁木真又带着军队前来，只得长叹一声，也带着自己所部离开。灭里可汗自然不敢再待在这里等人家来打，跟在札兰丁的后面撤退。

他们一路望着印度河狂奔，眼看距大河不到一里了，正心头一喜，准备再加一把劲，跳进河后，就平安大吉了，哪知蒙古大军已经隆重开来。他们转头一看，但见后面尘烟滚滚，蒙古铁骑已经席卷而到。他们也知道他们的两条腿是跑不过蒙古骑兵的，如果他们继续狂奔，只怕还没到河边，蒙古的铁骑已经杀到。那时，他们肯定会被铁木真打得溃不成军。他们现在唯一能做的，就是列起阵仗，跟蒙古作最后的决战。

铁木真父子这些天来拼命赶路，为的就是要追上这一伙。现在看到这伙人就在前面，无不心头大喜。铁木真下令忽秃忽攻敌军右翼，自己率主力部队横扫中军，另一部分蒙古军则绕到敌人的背后，把他们全部包围起来。

札兰丁部本来军心已经涣散，全军上下一致都想渡过印度河，此时突然被蒙古大军追上，都吓得手软，看到蒙古骑兵往来冲杀，阳光之下，铁骑如虎，刀光闪闪，都是斗志归零，抢着向后退去。忽秃忽右翼紧紧咬住灭里可汗，只一会就把这家伙的人全部消灭。这个为了一匹马而闹分裂的可汗也被打死在战场上。

札兰丁的部队边打边退，眼看就要退到河边了。只要退到河边，他们就有办法了。哪知，却又有一些人杀到。原来铁木真那支绕到背后的军队正好冲过来，把他们截住。

现在只剩下札兰丁部在跟蒙古兵死磕。这一次札兰丁真是拼了，带着他的部队，以寡敌众，从早上打到中午，最后手下只剩几百人，仍然在拼死搏斗。铁木真下令，一定要活捉这个家伙，所以不许士兵们放箭。札兰丁居然得以冲出来，直奔河边，但蒙古骑兵旋即又追了过来，把他和他的保镖们围住，坚决拦住他下河的路。

最后他把马骑到山顶上，然后用力一拍，那马奋起一跃，居然连人带马跳进河中。

大家看到他像一只大鸟一样从山顶跃下，觉得他肯定会被摔死的。哪知，他的水性很好，在水下脱了军装，然后浮水而去。铁木真等人在岸上观望，都目瞪口呆。奈何大家只会骑马，不会下水，只得看着他越划越远。几个大将气不过，也想跟着跳下去追。铁木真把他们拦住，这才作罢。

铁木真转头对身边的几个儿子说：“札兰丁确实是个人物，我平生经历无数，也是头一次看到。留下他，必成后患。”铁木真向来评价别人不高，唯独对札兰丁说了这个话，很有当年曹操评价孙权的风格。

这时部将八剌说：“既然不能留下这个后患，请大汗命令我过河去把他捉回来。”

铁木真说："好！"

八剌刻不容缓，立刻伐木为筏，带着所部渡河而去。

铁木真则带着部队折回，誓言要拿下哥疾宁城。

哥疾宁城的守将看到蒙古兵连强悍的札兰丁都打败了，他们再抵抗也是白费力气，于是宣布投降。铁木真大军开到城下时，他们已经列队夹道欢迎伟大的成吉思汗的到来。

铁木真虽然打了胜仗，接着兵不血刃地拿到哥疾宁城，但心里仍然气愤不已，便密令窝阔台带着精兵，拿着大刀出城，冲进居民中，一阵狂砍。可怜满城百姓，一夜之间全被蒙古兵斩尽杀绝，只剩下一群工匠妇女。

铁木真就把大军驻扎在哥疾宁，然后继续派部队四处荡平各寨，只要遇到一点反抗，就对整个部落进行灭绝性的屠杀。据说，他这一次共杀了一百六十多万人，这才叫停了屠杀行动。这个在蒙古草原上成长起来的千古一帝，身上永远流淌着狼的凶性，他虽然信仰长生天，是萨满教的忠实信徒，但他骨子里只相信一个字：杀！

他坚定地认为，他能打下这个天下，依靠的就是屠杀。于是，蒙古骑兵所到之处，留下了大量无辜人民的尸体，人们至今谈起，依然为之胆寒。当然，也有人说，因为他并没有带倾国之兵前来，后勤等工作跟不上，所以必须大量屠城，一来立威，二来可以借此获得军需。但这些都是为他找的借口。

不久，八剌派人前来报告，他在那边虽然攻取了几个城池，但因为天气太过炎热，实在不宜打仗，所以他们已经进入休假模式。至于札兰丁，至今仍然处于失踪状态，等找到了，会在第一时间报告大汗。

铁木真一听，心里很郁闷。这个札兰丁真能逃，比他那个札木合安答水平高多了。他长叹一声："整个花剌子模国就这么一个人物。本想把他拿住，以后这边就永远安宁了，所以就硬着头皮在西域连续作战了四五年，从没回大草原一次。可现在仍然让他逃跑了。看来，咱们还得继续打下去。"

耶律楚材说："札兰丁已经逃得很远，而且身边连个工作人员都没有。

即使他还有远大理想，但也是泥鳅翻不起大浪。咱们在这里猛打猛杀了四五年，声威已经大振，应该到见好即收的地步了，请大汗还是下令班师吧。”

铁木真说：“我们一退走，他们又冲上来，我们怎么办？难道打下的这片土地又丢给他们？”

耶律楚材说：“在这里设置机构，派兵驻守险要，即使他们再闹，也不用怕。”

铁木真望着茫茫原野，终究不愿即刻班师，札兰丁已经成为他的肉中刺，不除掉实在不爽。但耶律楚材说的也有道理，出征了这么多年，现在大家都想家了，大家也都累了。他叹了口气，说：“那还是等等哲别他们的消息吧。在等哲别的时间里，我们也不能放着长假休息吧？我们顺便南下，去接应一下八剌，说不定能顺便拿下印度呢。”

耶律楚材也不便再说什么了。

大军按照铁木真的命令，向南挺进。印度在赤道以南，天气向来炎热，而此时更是盛夏时节。这些从蒙古大草原跑出来的大兵，一接触到这样的天气，难受之状可想而知。他们来到印度河边，放眼望去，但见烈日之下，滔滔河面上的水汽如团团浓雾，把太阳都挡住了。脚踩上石板，像被烙铁烙了似的。大家挥汗如雨，口渴难耐。很多士兵跑到河边，俯身去喝河水。谁知河水居然热得发烫，难以入口。大家都站在那里苦着脸，想着现在蒙古大草原虽然也是夏天，但蓝天之下，时不时大风起兮云飞扬。人们骑在马背上，纵情高歌，大风把额前那一缕头发吹来拂去，煞是畅快。现在却在这个地方受烈日的煎熬。

耶律楚材知道，再这样下去，军心将不稳了，便再向铁木真进谏，该回家了。

铁木真这时已六十多岁，突然被热带的太阳一照，也受不住了，不得不采纳耶律楚材的建议，下令班师。

第三章 双雄之死

长春子西游记

铁木真在征战中，动辄高举屠刀，疯狂杀戮，视生命如草芥。可对自己的生命却珍惜得很。他还在打金国的时候，就觉得自己有点上年纪了。估计他也多次思考过人的生命这个重大课题，思考多了，也跟很多人一样，最后细思极恐起来，就想着，要是不死那该多好啊。

他是坚定的有神论者，知道人是不能长生不老的，只有神仙才可以。可神仙在哪里啊？萨满说，在天上。只有萨满才可以跟他们对话，别的人要见？那做梦去吧。后来，他知道中原有关神仙的传说比大草原上的丰富多了。据说还有很多人都在研究神仙的学问，甚至他们可以直接跟神仙对话。他们虽然是人，但也是个半仙。因此，他在打金国的时候，到处派出探子，不光搜集军事情报，也用心去找这些研究神仙的人。

铁木真虽然喜欢大屠杀，但有几类人，他是坚决保护的。一类是妇女，一类是工匠，还有一类就是医生。他这时也知道萨满虽然可以请神仙来治病，可神仙的脾气有时很古怪，无论怎么请他，他就是不肯光临。萨满在那里汗流浃背，神仙还在半路，病人就已经抗不住了，最后神仙也回天无力。尤其是打仗时，不断有伤兵出现。那么多伤兵同时排队等着，神仙肯定忙不过来。因此，还是需要人来治一治的。可当时蒙古部落里并没有专业医生，所以，他到处搜罗这些人才。于是，手下就有了很多汉人医生，用现在的话来说，蒙古大军里的医生基本都是人才引进过来的。

这些医生中，有一个叫刘仲禄的人。他也跟很多中医一样，既精通医术，也研究神仙学问，当时是铁木真的御医。铁木真跟他讨论长生不老这个古老的命题时，问他可知中原谁跟神仙打交道最多，得到神仙教导最多？

刘仲禄说，是长春子丘处机。

于是，铁木真就派刘仲禄代表他出马，去把丘处机请来。

看过《射雕英雄传》的人都知道丘处机。这位道长在金大侠的书中，首先出场，而且是以一位大宋的爱国宗教人士形象出现的。他给郭靖和杨康取名，就是要两人雪靖康之耻。其实，这些情节跟靖哥哥和杨康一样，全是虚构出来的。

如果按出生地划分，丘处机在国籍那一栏，应该填上金国。虽然他是山东栖霞人，但山东那时在金国的统治下。

有首歌这样唱：没妈的孩子像根草。丘处机还在很小的时候，不但没妈，而且没爸，是一个连草都不如的苦孩子。他本名叫什么，连他也不知道。他的这个名字，是他师父王重阳帮他起的。

丘处机虽然没爸没妈，穷得叮当响，但从小就树立起一个常人没有的远大理想。这个理想不是修身齐家治国平天下，也不是要把皇帝拉下马然后取而代之，而是想当神仙。他在十八岁的时候开始学道，第二年就成为当时已经大大有名的王重阳的学生。

王重阳同样也被金大侠浓墨重彩描写过。金大侠说到他的武功时，基本跟神仙差不多，是当时五大高手之首，还有个绰号：中神通。其实，这也是金先生的小说家言。

但他确实是全真教的创始人。他家里很有钱。他很聪明，文武双全，参加科举时，文举、武举都被他拿下。当时，宋朝正被金国猛扁，连首都都丢了。这是一个可以出现英雄的时代。王重阳那时很想当一个民族英雄，把自己的所学施展一把，把金人赶出去，恢复大宋。哪知，大宋高层却很软弱，不敢打仗，连岳飞那样的人都被杀死了，他一个举人又能做出什么来？于是，改行学道修仙，创立了全真教。于是，他当不了民族英雄，就当了教主。

据说他决定修仙的时候，在终南山一带遇到两位相貌年纪一模一样的人。王重阳越看越觉得稀奇，就跟在他们的后面。那两个人来到一个偏僻之处，停下来。他就上前去对他们行礼致敬。那两个人看到他十分虔诚，就给他传授了一些口诀。当然，这些口诀都是神仙的口诀。他靠着这些口诀进入了修仙的快车道。一年之后，他又偶遇神仙。那位神仙交给他五篇颂歌，交代他背完之后就烧掉。王重阳得到这些天书之后，立马改变三观，回到家里，向妻子和女儿宣布，妻子可以继续留在家里，女儿赶快嫁人。老爸今天之后不回家了。

他要到哪里去呢？难道真的上天了？

后来的事实证明，他并没有上天，而是入地了。他到终南山里找了块地皮，挖了个坟墓，然后在那个坟墓上挂了块招牌：活死人墓。自己钻进墓里，还在墓里立了块牌：王害风灵位。他给自己起了个外号：疯子。

他在墓里一住就是三年。这三年中，估计就是死命攻读那几个神仙口诀，每天念来念去，睡觉念，做梦念，由浅入深地钻研，整整三年才彻底搞清楚。

他把活死人墓填了，迁到另一处，盖了个草屋，继续修炼。这时，他不是一个人在修炼，而是找到了两个道友，共同研究。又过了几年，他前往山东，收了七个徒弟，就是著名的全真七子。

丘处机就是在这个时期成为王重阳的好学生的。

全真七子的带头大哥是马钰。其实，丘处机与谭处端比马钰还先入门。

有一天，王重阳碰到马钰，两人聊起来，王重阳就劝马钰，你要是修仙，前途无限光明。马钰是一个读书人，听了王重阳那一番猛吹，不信才怪。马钰听着听着，突然觉得境界大开，立马请王老师到家里住下来，说只有这样才能天天听到老师的教诲。王老师到马钰家后，马上给这个居所题了两个字：全真！于是，全真派的名号正式挂牌。

王重阳虽然号称全国修仙最牛的道士，但最后也死掉了，而且只活了五十八岁。当然，他们不叫死掉，而是叫飞升，或者羽化。这样听起来，神多了。

王重阳准备羽化的时候，对徒弟们进行了最后一次评说：丹阳已得道，长真已知道，长春则犹未也。长春所学一听丹阳……意思是：马钰已经得道了，谭处端也基本掌握要领了。但丘处机还没有掌握秘诀。以后丘处机要好好跟马钰学习。

王重阳飞升之后，马钰成了第二代教主。

丘处机是全真教的第五任老大。他虽然比几个同学悟道晚，但他的名头比那几个人大多了，对全真教的贡献也大多了。

他还没有成为全真教掌门时，名声已经大噪。他师父王重阳死后，他和一众同门为师父守丧，期满之后，他到龙门修炼了十二年，然后回到终南山祖庭，主持全教的事务。当时全真教的掌门是刘处玄，全真教已经是北方有影响的大教，不光老百姓们迷信他们，就连皇帝也把他们当神仙看待。

金世宗就几次派人把丘处机请到皇宫里，而且把他留在中都，有空的时候就叫过来讲授道教的知识。丘处机在中都居住了半年，跟金世宗举行了三次会见，最后得到金世宗的同意后，才离开中都，回到终南山。现在你知道了吧？丘处机和他的兄弟们，其实跟金国高层关系好得要命。在金国皇帝的关照下，这个才成立不到几十年的教派，迅速发展壮大，成为北方大教。

丘处机回到祖庭两年之后，又回到老家，修了个太虚观，在山东开辟了全真教的新区，收了大量的教众。他们的影响大到什么程度呢？

当时，山东发生了杨安儿的武装暴动事件。金国派人来请丘处机帮朝廷招抚乱民。丘处机一出马，当地立马平静下来。这个形象彻底颠覆了你从《射雕英雄传》里对丘处机的认知了吧？这位道爷，原来不光不是抗金英雄，反而还帮助金人镇压抗金起义。

他的人气指数越来越高，名声越来越响，各种神的传说也越来越多。南宋的宁宗派人过来请他过去，说要跟道长喝喝茶，可丘处机不去。理由是老赵家虽然尊重道家，但有个缺点，就是失政之罪。

拒绝完赵家，金国皇帝完颜珣又给他请帖，说道长请到汴京一叙，探讨探讨长生之道。可他仍然不去。理由是，金国皇帝有“失仁之恶”。

到了这时，他敢拒绝两个皇帝的征召，是有底气的，一来全真教已经枝繁叶茂，根基牢固；二来这几个皇帝都没有什么作为，又特别迷信他，因此他大可要一下大牌，不理睬他们的征召。

当然，他拒绝这两个皇帝的理由并没有直接这么说，他要是这么说，他就不是长春子丘处机了。他的理由很高大上：我之行止，天也！

丘处机的声名继续到处流传。最后传到也希望长生不老的铁木真耳朵里。铁木真听说，丘处机已活了三百岁。他听到这个故事时，他已五十八九岁。要是能跟丘老人家讨得一个秘诀，且不说长生不老，能活三百岁，那也足够了啊。如果活三百岁，现在才是一生的五分之一。实在太有吸引力了。于是，在西征的那一年，他果断地派刘仲禄带着他的金牌跑到山东，请丘处机来跟他见面。

铁木真很霸道，但对丘处机却很尊重。他给刘仲禄的金牌上面刻着的字是这样的：“如朕亲行，便宜行事。及蒙古人二十辈，传旨敦请。”

丘处机是何等人？这些年来到处传教，手下的徒子徒孙一大群，甚至可以在皇帝面前要大牌。他的神经系统比常人更敏感。他知道，赵宋王朝、完颜氏王朝，最后都会被这个铁木真收拾。为了全真教的明天，他必须跟铁木真建立良好的个人关系。于是，他决定亲自北上，到大草原去，与成吉思汗见面。当时，他已经七十三岁。

他经过一个多月的行程，先来到中都。但这时，铁木真已经西征花剌子模，离中都太过遥远了，他就给铁木真写了一封信，说他真的太想跟大汗见面了，可是大汗已经跑到西域那里。我也很想跑到西域去，可现在年纪太大了，所以，如果大汗真的想跟贫道见面，最好移驾中都。

铁木真当然也想跑到中都，可当时跟花刺子模打得正激烈，哪能抛开战事去参加神仙大讲堂？长生不老也是很重要的，丘老道又不能不见，因此紧急派使臣拿他的信去见丘处机。

丘处机在中都整整住了八个月。这期间，刘仲禄怕老道不耐烦，就去选了几个美女送过去，被丘处机狠狠地骂了一顿。

铁木真的信是蒙古太祖十四年（1219 年）十月送到的。睥睨天下的铁木真这封信写得很谦恭，说你老人家既然能从蓬莱到中都，一定也可以到达印度。我现在离你虽然已经很远，但对于您这样的神仙来说，这些路程算什么？他的原话是："云轩既发于蓬莱，鹤驭可游于天竺。达摩东迈，元印法以传心；老氏西行，或化胡而成道。顾川途之虽阔，瞻几杖以非遥。爰答来章，可明朕意。"

丘处机一看，想不到没有文化、纵横天下的成吉思汗能把话说到这个地步，也太看得起他了，他再推托还真说不过去。而且铁木真还另外给刘仲禄一信，交代他勿使真人饥且劳，可扶持缓缓来。意思是不要让老人家受累挨饿，一路走得悠闲一点。

丘处机跟铁木真的代表商定，现在太冷了，明年春天再出发。

他带着十几个徒弟跟着刘仲禄出发。他们先来到铁木真的老营。老营留守是铁木真的小弟帖木格。帖木格当然好好接待了丘处机，为他提供了马和牛一百头。丘处机横穿蒙古大草原，由东向西，直到第二年三月初才跟铁木真帐下的头号亲信博尔术见面。然后在博尔术的保护之下，渡过阿姆河，与铁木真实现了会面。这个过程整整耗费了十四个月，共走了一万多里路。

丘处机四月初三到达铁木真的驻地，四月初五就被请到铁木真的帐中。会见一开始，铁木真就没说什么官场套话，直接就说："真人远来，有何长生之药以资朕乎？"意思是老道长啊，你跑了这么远的路，有没有带长生不老的药给我？

丘处机早有准备，望着他那充满期待的目光，说："有卫生之道，而无长生之药。"

铁木真一听，心里凉了一大截。但他仍然一脸的笑容，很是有礼貌地说，真人果然是真人，这么诚恳老实，真人的话太有用了。从明天起，只要我在这里，真人就每天来陪我吃饭吧。我一边吃一边听真人的教导。

丘处机说："贫道这种人，本来喜欢清静，但既然大汗这么安排，那就按大汗的吩咐去办吧。"

当时，铁木真说的是蒙古语，而丘处机讲的是汉话，双方的交流全靠翻译，铁木真每次都让人在旁边记录丘道长的话。铁木真虽然没有得到长生不老之药，但对丘处机的迷信程度一点不降低，每次听他论道，都"大悦"。他在跟丘处机第一次见面时，称丘处机为"真人"，之后，就直接称神仙了。

有一次，铁木真向丘处机请教上天老是打雷是什么意思。

丘处机说："贫道听说草原人民夏天不下河洗澡，也不洗衣服，更不洗毡子，野外有很多蘑菇也不准采食，原因是怕老天爷生气。其实，这才是真正不敬老天爷。天下的罪行有千万条，但最大的罪行就是不孝敬父母。上天打雷就是在警示大家的不孝。听说蒙古大草原人都不孝敬父母，这可是不对啊。大汗就应该凭大汗的影响力去禁止这些不孝和不卫生的行为。"他的原话是："山野闻国人夏不浴于河，不浣衣、不造毡，野有茧则禁其采，畏天威也，此非奉天之道也。尝闻三千之罪，莫大于不孝者，天故以是警之。今闻国俗多不孝父母，帝乘威德，可戒其众。"

铁木真又全盘采纳了，说："神仙讲的这个话太对了。"他很高兴，把儿子、孙子以及大臣们都叫过来，让他们一起牢记神仙的教导。

丘处机在西域住了整整三年，道理讲了一遍又一遍，自己都觉得没什么好讲了，便向铁木真告辞说，贫道出发时，就跟徒子徒弟孙们说，出来三年就回去了。现在三年之期已过，请大汗放贫道回家吧。

铁木真说："朕已东矣，同途可乎？"意思是我也想回家了，咱们一路同行吧，我还想听神仙的教导。

可丘处机却不同意，说自己向来低调清静，想一边走一边思考。

铁木真很舍不得，但丘神仙还是飘然而去。在这三年之中，铁木真白天打仗，晚上跟丘处机学神仙知识。丘处机多次劝铁木真停止杀人，说，得天下者，都不是以杀戮来立威的，原话是“欲一天下者，必在乎不嗜杀人。”

这些话，铁木真当然表示赞同，但在西征这些年，他仍然大杀特杀。每每事到临头，他那嗜杀的本性一发作，谁也挡不住。不过，丘处机的这些话，对他还是很有影响的。西征之后，蒙古的屠城就不再那么频繁了。

在丘处机告辞之时，铁木真虽说也要回家了，但直到神仙离开了两年之后，铁木真才宣布撤回。他实在受不了热带的天气，派人去命令八剌回来。耶律楚材都说，札兰丁已经泥鳅翻不起大浪了，咱们不用再跟他一般见识了。

八剌回师之后，便与铁木真东归。他们渡过阿姆河，来到叶密尔河时，他的孙儿忽必烈和旭烈兀前来迎接。这时，忽必烈十一岁，旭烈兀九岁。铁木真因为刚牺牲了一个最可爱的孙儿很郁闷，这时看到这两个孙儿前来叫爷爷，心中大喜。这两个孙儿年纪虽小，但都已经能骑马射箭，而且箭法很不错。铁木真带他们去打了一场猎，结果忽必烈射中一只兔子，旭烈兀射中一只鹿，献给敬爱的爷爷成吉思汗。铁木真当场下令，打开仓库，把好东西拿来，好好慰劳三军。他们一边走一边等着哲别和速不台。

哲别远征

话说哲别和速不台本来去追击摩诃末，但摩诃末却自己死了。他们以为可以回家了，就向铁木真报告：摩诃末已经死了，札兰丁也逃了。现在我们终于可以放心了。按照成吉思汗的旨意，我们可以回到蒙古了。

这个报告一送上去，铁木真就又给他们布置新的任务：可以回蒙古大草原，但必须穿越高加索山，然后从俄罗斯大草原回蒙古，那里还有一条路。

铁木真就这样在那里画了一个半圆，把半圆里的地区都划归蒙古帝国的版图，而后把这片地方送给了长子术赤。后来，在四大汗国中，术赤的国土面积最大，估计也是铁木真对这个身份有点模糊的长子的一个补偿。而术赤在西征之初，就觉得这片地方真是太好了。

接到铁木真的命令后，哲别和速不台只得率部绕过宽田吉思海，一路急行军，突然发现前头有很多部队。这些部队除了钦察部的主力外，还有阿速部和撒尔柯思部。这几个部落都是友好部落，突然发现蒙古大军，便冲上来一顿猛打。

哲别和速不台没料到会出现这个状况，来不及做好迎敌的准备，只得不停地后退，结果被逼得没有退路了。

两人一看，再这么打下去，非得全军覆没不可。但手里就这点力量，后面没一个援兵，硬打肯定不能反败为胜。两人一合计，对方肯定不知道咱们这次出征的目的，何不忽悠一把他们。速不台说，咱派人去跟他们说，咱们都是同族人，从来没有想要跟他们打仗的想法。咱们在西征时，听说这个地方有好多同族同胞，所以就特地跑来看一看，顺便跟大家搞好关系。

这几个部落从来没跟蒙古帝国打过交道，听了使者的话，也就信了。于是，带着部队退走。

哲别和速不台爬上山顶一看，这些人果然很天真，各率所部撤走了。

两人大喜，立即下令全军出动，向阿速部发动攻击。

阿速部突然听到背后马蹄声起，觉得不大对劲，知道上当了。可现在才知道上当，还有什么用？蒙古铁骑快如闪电，未等他们转身迎敌，大刀长矛都已经招呼过去。前队听得后队已经与别人交战，急忙要调整姿势，准备进入战斗模式。哪知，蒙古兵砍完后队，早已跃马而来，接着大砍。于是，前队仍然无法应战，最后只得四散而逃。

这一下，只能用迅雷不及掩耳之势来形容了。阿速部被消灭之后，接下来就是钦察部。

此时，钦察部听到战斗的声音，觉得很奇怪：阿速部的同胞啊，难道一边走一边玩军事演习？都什么时候了，还闹成这个样子，太没有正规军的范儿了。但后来觉得这个样子又不像是在玩军事演习，就派人过去看看，到底怎么回事。钦察部的老大叫玉里吉，他派他的儿子过去看。

他的儿子带着几个骑兵跑了过来，还没跑几步，就与猛冲过来的蒙古军前部相遇。他正要开口发问，蒙古兵却根本不给他开口的时间，直接一枪刺来，把他挑落马下。其他几个骑兵更不能幸免，统统当场被杀。

玉里吉还在那里坐等消息。他左顾右盼，正埋怨着，突然听得马蹄声传来，以为是儿子回来了，转头过去一看，正想开口问，可话才到舌根下，突然发现，冲过来的根本不是自己的儿子，而是一群满脸横肉的蒙古大兵。这才知道，刚才的那些声音不是阿速部在搞军事演习，而是蒙古大兵在搞突然袭击，看样子阿速部已经彻底完了。

是的，阿速部已经彻底完了。

可现在你做好准备了吗？

蒙古人能让你做好准备吗？

在玉里吉还傻乎乎地没有反应过来时，哲别大军已经掩杀过来，首先把玉里吉杀死。其他的人看到老大已经死了，他们还有什么戏可唱，都是丢下兵器，到处逃命。蒙古军在战场上纵横冲杀，不一会就把钦察部的士兵杀了一大半，取得了胜利。这一战，对于哲别来说，本来是极其凶险的。如果钦察部的人脑子再好用一点，警惕性再提高一点，局面会是另一个模样。

哲别和速不台这一仗打得很过瘾，但一清点手下兵员，人数确实不够。如果人数多一点，哪能被那几个人逼得差点走投无路？幸亏他们都是老江湖，最后凭着那个计谋扳回一局。如果光靠这点兵力再进军，不幸碰上其他部族的大军，恐怕会被人家生猛地吃掉，因此便派人去向术赤报告，请他再增点兵力。

术赤这时驻扎在宽田吉思海东部已经没事可干，就把自己的一大半兵力全派给哲别和速不台两人。

哲别得到这支生力军，来到里海边。此时正值冬天，水面全部结冰。

于是他带领部队直接踏冰而过，到达对岸后，立刻纵兵进行烧杀活动。大家正搞得轰轰烈烈，突然探子过来报：钦察部的另一个老大已经率部前来，要跟咱大打一场了。

这个钦察的老大是前面提到的玉里吉的哥哥，叫忽滩汗。他听说弟弟被人家打死了，自然悲愤不已，立刻进行战斗动员，举全部之力前来为弟弟报仇。

哲别说："很好啊。免得咱还得到处找他们。"两人在一起合计一番，决定派个部将前去迎战，他们则带着主力设了个埋伏圈，接战部队装着被打败，然后把他们引进埋伏圈。

这个计谋其实很简单。但很多简单的东西才是最实用的。很多经典战役都靠这个计谋来取胜。

忽滩汗来得很快，真是说到就到。他们很快就发现了蒙古兵的接战部队，立刻杀过来。蒙古兵假装抵抗一下，便一声呼哨，往后退了。忽滩汗看到蒙古军原来也就是这个战斗力，完全可以套用"一触即溃"这个成语，当下命令大伙奋力追击。

于是，钦察部最后的主力就这样高呼大叫着冲进了哲别他们布下的埋伏圈。

哲别看他们果然中计，一声令下，伏兵四出。忽滩汗看到中了埋伏，居然也不惊慌，跟速不台部对打。可蒙古军越杀越多，他这才觉得不妙，只得拼命杀出。当他杀开一条血路冲出来时，身边的士兵已经少了六七成。他来的时候雄赳赳，现在全变成残兵败将，要多难看有多难看，这才知道，蒙古军真的不好打。他回到大本营，怕哲别再打过来，便一咬牙，带着部众向俄罗斯去了。那里有个大部落，重要的是那个大部落的老大是他的女婿，叫姆斯基拉夫，是加里宁大公。要报仇，还得靠女婿。据说，那个女婿精通军事，跟周边部落打仗时，基本都取得胜利。

忽滩汗在做女婿的思想工作前，先送了很多财物，让女婿眉开眼笑，然后才对蒙古军进行了控诉，最后还搭上一句：他们先占了我们的地皮，明天就来抢你们的地皮，打他们其实是救你们自己。

姆斯基拉夫虽然知道岳父大人一大半话是在忽悠自己出兵去为他报仇，但看在那么多财物的面上，又想到唇亡齿寒的道理，就对岳父说："岳父大人少安毋躁，不就是几个蒙古骑兵吗？等我们把他们打败，全部活捉归案，任由你来处置。"

忽滩汗说："千万不要小看他们啊。我也是吃了轻敌的亏。这群蒙古骑兵不但机动性强，一打起来，基本都是闪电战，而且还诡计多端，善于设埋伏。"

姆斯基拉夫哈哈大笑："虽然他们很会打，头脑也好用，但到底是一支孤军，没有后援，我这里到处是友军。只要我出面约请，盟军就会从四面八方赶来助阵，还怕他什么？现在我只怕他不敢来呢。"姆斯基拉夫虽然善于吹牛，但工作效率还是不错的，立刻派人去通知周边的部落，请大家一起来打蒙古人。他在信里着重强调了一点：要是我们俄罗斯人不帮钦察人，钦察人就会投降蒙古。蒙古的势力就会大涨，势力大涨了的蒙古人就会接着打俄罗斯人。

这些部落首领一接到通知，知道这小子的话还真有道理，于是都带着部队，带着粮草来到基辅，与姆斯基拉夫会师。

只几天时间，就有八万多部队前来向姆斯基拉夫报到，然后开到钦察部严阵以待，只要蒙古军一出现，就把他们杀个片甲不留，让他们知道俄罗斯人也会团结一致，打败任何敌人。

哲别他们一看，俄罗斯联军还真多，不由有些心虚起来。哲别和速不台又开了个会，不管怎么想，都觉得胜算太低了。可是走到这一步，又不能一走了之。于是，他们又来个故技重施，派出一个十人的代表团跑到俄罗斯联军总部，说："钦察部因为专门接纳我们的叛徒，我们这才出来打他们。否则谁原意跑这么大老远到这里打仗？我们跟你们真的没有任何瓜葛。而且，我们算起来是同种同源，有着做朋友的坚实基础啊，还是让我们共同携起手来，打倒钦察部吧。"

一看这个计谋，没一点新意，而且讲的这些挑拨的话，更是找错了对象。人家是什么关系？人家是翁婿关系啊，是仅次于父子关系的关系，哪能听你的话，去携手打倒岳父大人？

姆斯基拉夫还没有开口，老丈人就出来大声说：“前些天，我弟弟就信了他们这些鬼话，然后被他们杀了。女婿千万不要再上当了。”

姆斯基拉夫大吼起来，当场把八个人拉下去砍头，留下两人回去报告哲别，有本事战场上见。

哲别一听，知道忽悠不了这些人了，又派那两个人过去，说：“你们的素质实在太低了，连两国交战不斩来使的规矩都不知道。你们杀了我们的使者，上天必不保佑你们。请你们定好决战日期，写好你们的遗书，然后等我们去打败你们。但我们仍然希望你们不要上钦察人的当，跟他们一起打我们。我们从来没有为难你们的想法。”

忽滩汗一见，就恼火了，大叫着要把这两个人也砍了。

但姆斯基拉夫却说：“杀这两个人也没什么用，让他们回去向他们的老大报个战期吧，免得我们再派人。”于是，喝令两人回去叫他们主将快快前来受死。

他打发完这两个人后，就宣布进军。

1223 年 4 月，俄罗斯几个公国组成的联军开到第伯摄河右岸集结。不过，不是所有的俄罗斯国家都出动军队前来参战，比如弗拉基米尔公国，就不想惹这个麻烦，接到信之后，一点回声也没有。

这时，正有几十个蒙古骑兵沿河巡视，俄罗斯大军突然冲上来，还没来得及抵抗，就被人家乱刀砍死，夺得了几匹马。

哲别闻报后，下令全军向东撤。

姆斯基拉夫看到蒙古兵撤走了，不由哈哈大笑。本来，俄罗斯是几个部落组成联军，一起来群殴哲别。现在姆斯基拉夫看到哲别逃跑了，也不等盟军前来会师，自己就跟岳父大人带着所部前去追击。哲别再退，他再追。双方你追我赶，玩了整整十二天。最终来到钦察大草原。

哲别一看，来得太好了。你们要是几个部落组团出来，我还真打不了。现在就你出来，我决定不撤了，跟你好好干一仗。

俄罗斯联军本来还有几个部落也到了河边，如果打个招呼，完全可以同时出战。可姆斯基拉夫求战心切，一秒钟都不愿耽误，自己跟岳父大人带着部队快速渡河，直扑蒙古军阵地。

姆斯基拉夫方面的军队八万，而哲别手下只有两万。如果光从数量对比看，翁婿联军完胜。但打仗不是玩小学算术，更不是下军棋，左右胜败的因素太多。

此时，大家都跑了十多天，按道理来说，都应该累了。可是蒙古兵不累。因为他们每人都有几匹马，而俄罗斯军每人只有一匹马。所以，累的只有俄罗斯兵。

姆斯基拉夫只记得半个月前那场小战斗，觉得蒙古兵就是那个战斗力，却没有去想今天的形势和那天的局面是不可同日而语的，那天他碰上的只是几个蒙古兵的先头部队，他天真地认为，只要蒙古兵被他追上，那天的胜利就会重演。哪知，此时他碰上的是蒙古兵的主力，而且他们的兵马比蒙古兵累得多了。当双方宣布开打后，居然打了个旗鼓相当，谁也没便宜可占。

姆斯基拉夫有点恼火，而哲别和速不台也有点着急了，要是继续这样下去，蒙古军肯定会吃亏。因为俄罗斯联军还有一大半在河对岸等着，如果他们加入战斗，后果就不堪设想了。

速不台说，不能再这样打下去了。他冷静地看了一下战场形势，立马知道，现在敌人的主力是俄罗斯军，而忽滩汗带领的钦察军却只夹在中间，出工不出力，显然被前次那场战斗打怕了，现在恐惧还没有消退。

速不台大喜，终于抓到敌人的软肋了。他带着自己的部队，纵深向钦察部杀去。不管忽滩汗跑到哪里，他都死命地追。钦察军看到蒙古军现在专拣自己来杀，就怕上加怕。他们根本没有看清战场的形势，只顾到处躲着蒙古军的追杀，然后逃来逃去，逃到后来，没有乱了敌人，先把自己的阵脚冲乱了。

姆斯基拉夫一看，赶忙出来喝令岳父大人的队伍要镇静，说现在是什么状况？大家虽然打得旗鼓相当，但我们人数明显占优。只要再加把劲，就可以把他们打败了。但他能叫得住那一帮已经脑子错乱的人吗？

姆斯基拉夫终于发现自己这一番大喊大叫白费力了。钦察军只顾着逃跑，最后把自己的阵脚全部打乱。他接着发现自己的部队也乱了起来，到处乱跑。他知道如果再不跑，最后只会剩自己一人在这里面对凶狠的蒙古骑兵了。他停止叫喊，跑到河边，以最快的速度上了船，向河西划去。

其他人看到他带头逃跑了，都跟着挤过来，抢着上船。蒙古兵则从后面大砍特砍，来不及渡河的俄罗斯士兵和钦察兵统统都被砍死在岸上。

哲别还没有消停，下令大军渡河追击。

哲别死了

当时俄罗斯联军的几个部落还在西岸扎营，他们也知道姆斯基拉夫和他的岳父大人已经渡河去单挑蒙古军了，打得好像很激烈，不知是哪方占上风，但这一切好像不关他们的事一样。他们只是坐在帐篷里等消息，没有哪个人出来组织一下，带领大家也渡河过去，帮自己人打蒙古兵一下。更搞笑的是，直到姆斯基拉夫渡河逃回来了，他们却还不知道剧情到底发展到哪个环节了。

哲别大军可不管这么多，他们看到这些俄罗斯军都处于事不关己、高高挂起的状态，正是全面进攻的最佳时机。于是，蒙古铁骑一阵横扫，不管是哪个部落的，见到当兵的就杀，见到营盘就先四面围住，然后往中心地带冲。

那些俄罗斯联军这才知道，蒙古军真是无敌。

当然，在这个过程中，哲别他们还是碰到了硬骨头。虽然姆斯基拉夫显得牛，但他的手下并不是最多的。俄罗斯联军中，力量最雄厚的是基辅大公的部队。但基辅大公也是个蠢材，眼睁睁地看姆斯基拉夫在河对面跟敌人打仗，他也跟其他大公一样，无聊地当观众。蒙古兵冲过来，把其他部队杀败之后，把他包围在小山包上，然后四面围攻。基辅大公这才指挥自己的士兵英勇抗击。哲别打了三天三夜，毫无进展。

哲别的部队人数本来就不多，从来不打消耗战，眼看部队伤亡惨重，就派人去对基辅大公说，只要不再抵抗，他们就撤围。

基辅大公相信了。

他读完信之后，就乖乖地下令大家都放下武器，然后带着大家空手下山。

等他们都下山，速不台一声令下，蒙古骑兵突然满脸横肉地举刀杀了过来。俄罗斯军队这才知道，在战场上轻信敌人的话，就是找死。但现在他们没有了武器，就只有任人宰杀了。

这一次大战，本来俄罗斯军队的实力远大于哲别部，而且连哲别和速不台都已经没有了信心。哪知这个联盟的首脑们，虽然高喊着团结一致打败蒙古军的口号隆重前来，可才一碰到敌人，就全变成单干，最后失败得毫无理由。

哲别和速不台没有想到居然能取得这么大的胜利，而且来得这么容易，无不欣喜若狂，举行了一次盛大的庆功酒会。这个酒会的凳子很特殊。他们把俄罗斯各部的高层都绑起来，然后用木板压在他们的身上当凳子坐下来，放开海量大喝特喝。蒙古人本来就长得高大威猛，而且长期食肉，这么坐下来，胡吃海喝，摇来晃去，那些被压在屁股下的俄罗斯俘虏哪受得住？结果，哲别他们醉了，屁股下的人死了，只有一个还勉强活着。最后哲别让人押着这个俘虏送到术赤那里报功。术赤什么也不说，下令砍了。这个倒霉鬼虽然挺得过哲别那个巨大屁股的碾压，但却躲不过术赤的大刀。

据说，这一次大战，俄罗斯共有六位大公被杀，百分之九十的士兵被消灭。

当时俄罗斯联军还有一个部落动作较慢，正派一支部队赶过来参加会战，才到半路，就知道前面几路友军已经全部被歼灭，哪还敢自行前来送死，立马打道回府。俄罗斯全境为之震动。

那么多大公都死了，但加里宁大公姆斯基拉夫却没有死。他为了帮岳父报仇，请大家组成联军来打蒙古兵，可是没几天又带头把事情搞砸，被蒙古兵打得满地找牙，其他大公基本被杀，他却能率着剩下的残兵逃了回来。这一次，他真的被打怕了，渡过第伯聂河之后，第一个动作就是烧掉船只，防止哲别追来。

可是哲别让他很失望。因为哲别和速不台根本没有追来，让他白白烧了这一把火。

哲别和速不台虽然打了一个大胜仗，但这一场大仗是在野外展开的，完事之后，基本没有多少战利品。这对于蒙古军来说，实在是一桩划不来的生意。于是他们又去找一些城市来洗劫。

离他们最近的就是速答黑城。

速答黑城里没什么守军，居民们听说蒙古大兵开来了，都吓得四散而逃。

蒙古军顺利入城，又顺利地找到了该城的金库。他们把金库里的金子全部运走，然后再把城里能带走的财物全部带走。

哲别和速不台听说附近有个国家叫不里阿耳城，是个很富裕的地方。他们就又想到那里去。可他们到那里之后，发现那里不但很富裕，士兵也很顽强。他们围攻那里很多天，却攻不下来。而且不里阿耳城的人比较狡猾，居然还派兵绕到蒙古兵的背面，实施偷袭，杀了很多蒙古兵。哲别和速不台立马就觉得不好玩了，宣布放过不里阿耳城。

哲别还想再纵兵大扫荡一圈。哪知，他的信心很足，但身体却支持不住了。这个决心才一下，一场大病就把他击倒，在很短的时间，这位蒙古帝国著名的神箭手就倒在床上。一腔雄心壮志空在肚里打转，而嘴里却气喘吁吁，脸色越来越蜡黄。他遥望着俄罗斯那片宽广的土地，只得无声地叹息。他知道，只要他的部队向前一冲，这片全世界最宽广的土地上，就会轻而易举地挂上蒙古帝国的旗帜，也会永远打上哲别的记号。但他也只能用无力的眼睛无力地投向那片北风萧萧的土地。他不服。他的不服，是一个英雄的不服。

在这天地之间，再大的英雄也是渺小的，英雄也会走到末路的那一刻。

他不甘心那一刻在这个时候到来。

恰在这时，铁木真的使者来到，下令他班师了。

当接到这个命令时，他突然觉得，看来大汗那颗雄心也磨损了不少，也想回家了。看来大家都累了。

他终于下令，班师！

铁木真没有想到，他给哲别下的这个命令居然是他跟哲别最后的招呼。

而哲别肯定已经想到，他自己下的这个班师命令，将是自己最后的命令。这位神箭手先是铁木真的敌人，对铁木真射人还射马，几乎把铁木真一箭射死。但最后却成为铁木真手下最牛的大将之一。铁木真手下几员大将，第一方阵号称四杰，第二方阵叫四狗，哲别是四狗之一。我想，如果他跟博尔术他们同时成为铁木真首义人员，那他应该是处于"杰"字方阵。在铁木真手下的诸将中，他和木华黎都能独当一面。在铁木真南伐的时候，都是他充当先锋，攻击所有险要的前线指挥。而西征的时候，他也单独领军，深入敌境，几乎一仗未败。这位从亚洲打欧洲的大将，就在他即将走向更高的巅峰时，他的生命之火却熄灭了。

他签完班师命令之后，就一路抱病而回，终于回到宽田吉思海的东岸，把兵权交给了术赤。他想尽快回到铁木真的身边，再看大汗一眼。现在大汗也六十几岁了，比他还老。可是他没有等到这一刻，在中途就死了。

铁木真接报后非常伤心。因为，此前他的另一个更牛的大将木华黎也死了。在同一时间，两员能独当一面的大将同时陨落，这对于一个领袖而言，其悲痛之情，可想而知。是的，他自出兵以来，攻无不克，战无不胜，而且不管跑多远，不管那个战场如何的人生地不熟，他都能一举拿下，创造了战争史上的奇迹。但他也知道，这靠的不仅是他个人的生猛，而且有手下这一批牛人的拼命，尤其是木华黎和哲别。他常常让这两人独领一军去作战，只要这两个人领兵出征，他向来不用担心。这两个人当中，他又更看好木华黎。哲别基本都是先锋官，主要是攻坚开路，木华黎更是个难得的帅才。当他西征之时，封木华黎为国王，代他在金国经略政事。其实，完全可以这么说，后来我们称之为“元朝”的土地，一半是木华黎打下来的。

当时，木华黎手下汉人、契丹人还是很多的，为后来元朝的管理层网罗到了很多人才。这时，他手下有几个汉族的猛人。

张柔也很猛

第一个叫张柔。

也许你对张柔不怎么熟悉，但你对张弘范一定很熟悉。告诉你，张柔就是张弘范的亲爸。

张柔年少时，因为性格豪爽，慷慨仗义，而且骑射功夫很突出。只要他一出现，大家的面前就屹立着一个豪侠之士的光辉形象。因此，名声一直高居当地人气榜的前茅。这样的人不成大器，那就太没有道理了。后来，他的家乡河北地区土匪特别多，官府根本管不过来，张柔就高举剿匪大旗，把当地的几个望族组织起来，保卫自己的家乡。他选拔了一大批肌肉发达的壮士，建立了一支打匪防匪武装。土匪们看到他的武装真强悍，也不敢去他那里开展打砸抢活动。

当时，有一个他同宗的人叫张信，知道张柔的名声，就拿来消费了一把。他看到一个流民的女儿长得很养眼，就骗人家说他就是张柔。这事很快就成为当地最劲爆的新闻，立刻传到张柔的耳朵里。

张柔自然会大怒，在第一时间抓到张信，不由分说，将他打了一百棍，然后把那位美女交还回去，让大家知道，他张柔绝对不干这种事。

张信当然很气愤，摸着被打烂的屁股，发誓一定要报仇，多次设套要搞定张柔。但张柔能这么容易被他搞定吗？他不但搞不定张柔，反而自己先犯事，被抓了个现行，要从严从重处决。张柔知道后，觉得这小子就犯这点事，实在离杀头之罪还很遥远，就出面来帮他，让他又活了下来。

此事传出，张柔的人气不上涨才怪。大家看到他实在太够义气，就都来投奔他，一下让他的力量急剧壮大。后来，蒙古兵南下，把金国政府军打得四处逃窜，连皇帝都夹着尾巴迁都汴京。

张柔有的只是个地方武装，也被称为土豪武装，当然不能跟皇帝跑到南方去，只得继续壮大自己人的力量，结寨自保，等蒙古军杀过来时，跟他们拼命。

大金帝国高层虽然忙着逃跑保命，但还是发现了张柔这支武装力量。于是，就任命张柔为定兴令，让他来管这个地方，由他来跟蒙古兵拼一拼，后来，又任他为中都留守兼知大兴事。此时，中都已不在金国手中。

他的主管上司是金国中都经略使苗道润。苗道润很看好张柔，不断地把张柔提拔来提拔去。没几天，就让他当了元帅左都监、行元帅府事。他的官位不断提高，手下的力量却仍然是原来的那些人马，但他仍然很感激苗道润先生。

张柔很感激苗道润，但苗道润跟他的副手贾瑀的关系很紧张。两人的矛盾越来越严重，最后闹到不可调和的地步。金国高层多次调解，都宣布无效。两人也发生过冲突。后来，贾瑀派人去跟苗道润请求和解。

苗道润当然同意，就接受了贾瑀的邀请，带了几个骑兵去跟贾瑀握手言和。苗道润骑在马上，心情很不错。哪知，路边突然跳出一群人，个个拈弓搭箭，向他和卫兵密集射来。他被射落马下，躺在地上，挣扎了好久，最终死去。

案发后，所有的人都知道是贾瑀干的。

苗道润手下的人都高喊为大帅报仇的口号。

贾瑀也知道要是这些人都找到他的头上，他的生命就真的没有保障了。他把苗道润手下那些人的力量估算了一下，知道实力最雄厚的就是张柔。张柔是土豪武装，土豪武装的士兵基本都是自愿参加的，战斗力十分强悍。所以，贾瑀就想办法做张柔的思想工作。贾瑀的想法不错，可在实行时太没水平。他居然派人对张柔说：“我之所以能成功除掉苗道润，就是因为你不出兵来救援的原因。”他以为自己这样一来，就可以把张柔跟他一起捆绑起来。但张柔能吃他这一套吗？张柔让使者回去转达他的话：“贾瑀这个奸贼杀了我的大帅，我恨不得吃掉他的肉。想不到他居然还敢对我说这种话。”他马上召集苗道润的其他手下，开了个大会，向大家宣布了这个不幸的消息。

大家一听，当然都很愤怒，然后公推他为带头大哥，去找贾瑀报仇。张柔带着报仇大军浩浩荡荡向中山开去。

哪知，还没有碰到贾瑀，却先碰到南下的蒙古兵。双方在狼牙岭偶遇，大打一场。结果张柔的部队打不过蒙古兵，他自己也翻身落马，被人家活捉。当时，蒙古军的领衔大将是明安。当士兵们把他押进明安的大帐时，叫他下跪，他大声说：“他是主帅，我也是主帅。要杀就杀，何必啰唆。告诉你们，就是让我下跪然后不杀我，我也不下跪。”

如果是别的蒙古将领，估计他说完这句话后，就会被拉下去砍头了。但他碰到的是明安。明安跟他的名字一样，比较文明。他曾多次劝过铁木真和木华黎不要杀人太多，因此听了张柔这话之后，就当场宣布放了他，说：“我就是佩服这样的人。”如果，他这一刀咔嚓下去，以后就不会有那个张弘范了。没有了张弘范，崖山也许就是另一幅画面了。

明安让他召集旧部，然后把他的双亲叫来，说是照顾，其实是当人质，然后上报蒙古高层。明安推荐的人，铁木真向来都认可。对于从金国投降来的人，铁木真一般不搞什么千户万户，而是从金国官制里找到某个职务来任命。张柔在金国的职务是行元帅事，那就让他当个都元帅。于是，张柔就成了蒙古国河北都元帅。都元帅叫起来比千户之类的有文化多了。

张柔角色转换得很快，他刚穿上蒙古国的军装，便立刻作为蒙古兵的先锋过来打金国。他原来金国的同僚们纷纷成为他的手下败将。他一口气攻克雄、易、保、安四个州。当然，他给自己的任务不是打下这四个州，而是拿下贾瑀。当时，贾瑀还守在孔山台上。

张柔当然不放过他，带着部队迅速包围了孔山台，几次攻山，都没有攻下来。但他不撤兵。

贾瑀守在台上，虽然站得高望得远，也易守难攻，可是台上却没有水源，他必须派人下山挑水，才能解决大家的喝水问题。张柔下令断绝台上的水源。贾瑀兵士个个口干舌燥，终于彻底失望，不愿打仗了。贾瑀只得宣布投降。

张柔放过其他人，但绝对不放过贾瑀，下令把苗大帅的灵位摆出来，然后挖出贾瑀的心脏来当祭品，供奉在灵位前。

做完这件事后，张柔在满城驻扎。金国的武仙带着几万部队前来攻打张柔。武仙也跟张柔一样，是河北的汉人，也是自己拉起的队伍，蒙古兵南下后，金国高层立即任命他为威州刺史。他也和很多土豪武装一样，为金国抗蒙比女真族还要坚决，也很有水平。金国那些根正苗红的贵族将领都已经逃跑时，他还率着自己的部队前来收复失地，为贾瑀报仇。

这时，张柔的主力部队已出征，在满城的战斗人员只有几百人。而武仙的部队有数万之众，是实实在在的以一当百。如果是别人，此时肯定急着逃命，而且能逃出去都已经算是奇迹了。但张柔却没有逃跑的想法。他在金国待过，前几天还是金国的高级将领，深知金兵现在的水平。因此，他没有逃，而是进行全城动员，让全城的男女老少，不管年纪多大，只要还能动的，都到城上去充数，表示守城人还是众多的。然后自己就带着那几百个战斗人员快速绕道到金国的背后，把金国的攻城器械全部销毁。完成这个任务之后，他并没有撤走，而是又冲进金兵的阵地，呼喊着大砍大杀。金兵这些天被蒙古兵打败已成常态，早就产生了严重的畏蒙心理，一看到蒙古骑兵杀了进来，也不数数杀过来的骑兵有多少，便都一哄而散。武仙带来的部队跟张柔一接触，就大败了一次。

当然，武仙还没有退走。

张柔更不能就此住手。他要是就此住手，接下来他就会成为悲剧人物。因此，他趁机派人到附近的山上插满旗帜，然后叫一批人骑马拉着树枝满世界跑，弄得烟尘滚滚，制造大军前来的假象，自己则猛擂战鼓，带着仅有的几百战士向前猛冲。

武仙的部队继续被打得大败。

张柔乘胜追击，一路砍杀，直到武仙部队的腿都软下来，张柔砍杀的手都软了，还没有住手。据当时目击者的描述，方圆数十里内，都是金国子弟兵的尸体。于是，金国的完州也完了，被张柔顺利拿下。几百个人，居然能把几万人打得一败再败，最后居然能攻下一座城池，附近的祁阳、曲阳等地的金国武装觉得金国真没前途了，再不投降，就没有投降的机会了。

张柔的部队一下又壮大了起来。他带着这支刚刚从金国士兵变成蒙古兵的部队，向中山发起攻击。

武仙一点也不服气，他再派葛铁枪去对抗张柔。

葛铁枪名字看起来很铁血，实际也很能打。他带着部队与张柔大打了一场。双方搏杀得很激烈。张柔的脸上被射中一箭。幸亏只是射中脸面的下半部，射落了几颗牙齿。他把箭杆拔出来，继续指挥战斗，又把葛铁枪打了个大败，几千人被就地歼灭。

武仙再派刘成出马。刘成比葛铁枪差，才一接触就完败逃跑了。张柔一路前进，鼓城、深泽、晋宁等周边三十多个城的守将觉得葛铁枪打不过张柔，刘成也打不过张柔，看来自己更打不过张柔，于是都向张柔递交了投降申请书，全部成了张柔的手下。张柔成为蒙古汉人中最猛的牛人。

金国难阻败势

在张柔猛虐河北金兵的时候，金国却继续去跟南宋死磕，硬是打不过孟宗政，最后反而丢了九个州四十个县。

金国的国土面积急剧缩小。

到了这时，金国高层也急了起来。

完颜珣有一次突然长叹：大金国就坏在术虎高琪和高汝砺这两个人手上。以前，很多人都劝完颜珣拿下术虎高琪这个奸臣，但他就不愿拿下，然后让他掌握最高权力。张行信常常劝他远离这些危害国家的人，他反而把张行信调离权力中心，下放到地方，还直接把张行信批评了一通：“以前，朕听大臣们都说你是个人才，这才不断地破格提拔你，让你进入决策层。可你到了权力中心之后，从来不支持正确的意见，天天跟几个同事唱反调。本职工作没有做好，专门去挑同事的毛病。这不是宰相的职责啊。看来你是不想在这个位子上了，那你去当彰化节度使吧。”于是，金国少有的敢于直言的高级官员，就被他远离了。

远离了张行信这样的人，就只能亲近术虎高琪那样的人了。

术虎高琪这样的人，处理自己人很有办法，但对蒙古兵却一点没有办法。眼看蒙古兵不断地把金国的地皮划归自己的版图，完颜珣也急了起来，到处征求意见。

那几个高层看到老大的目光盯向他们。他们也没有办法，但不得不说话，必须提出办法。

他们提出了个一办法，向宋朝学习，给地方的牛人开个空头支票，如宋朝就给李全一个虚名，李全就把自己抢占的山东地皮全盘贡献给了宋朝，简直是不费一枪一弹。所以，如果能收到这样的效果，咱们给那些地方牛人当个三公，也是值得的。

完颜珣说：“可是地方上有那么多的土豪武装，要是全封三公，以后天下太平了，这些公府不就显得太多了吗？”

他确实很想有所作为。国家被几面夹攻，天天收到败报，地皮越来越少，居然还想到以后国家太平了不好处理这些三公的事。

完颜伯嘉后来找了个理由说：“如果等到国家安定的那一天，就派这些三公去当中央的派出机构，管理藩镇。这样总可以了吧？”

完颜珣一听，有理。于是，当场列出了九个人的名单。其中就有那个刚获几连败的武仙。武仙是恒山公。这九个人史称“九公”。这九公兼当地的宣抚使，不但可以带领本部的兵马，辖区内行政的事，也都由他们说了算。而且，不但现在他们控制的辖区属于他们管理，而且以后他们打到的地方，也都划归他们的名下。说得简单一点，就是只要他们打下的地方，都归他们管，都是他们的独立王国。

但这些人仍然挡不住木华黎的进攻。木华黎在这段时间里不断出击，吞掉金国的大片土地。金国高层这才知道，九公也解决不了问题，然后又想再次向宋朝学习，想派人去找木华黎，表示可以放下上国架子，向成吉思汗称弟皇帝。但铁木真不答应。

不久，木华黎来到了满城。他听说金国封了九公，就派部将移剌布哈带着三千骑兵出兵，找武仙打一仗。当时，武仙很想拿下台州，哪知，葛铁枪还没跟台州发生关系，就先碰到移剌布哈。

两下一打，葛铁枪就宣布失败。

武仙一看，看来这个三公也不能止住连败的局面。看到木华黎都亲自到场了，自己再怎么硬着头皮也混不下去了。既然葛铁枪都宣布失败了，那我也就宣布投降了。

金国那几个高层封武仙三公的初衷是想让他去打蒙古或者宋朝，把土地赚回来。哪知，那张委任状墨汁未干，武仙的地盘就交给了蒙古。

木华黎那双眼睛一看，凶光又暴露了出来，又准备要大开杀戒。但被一个人劝阻了。你是知道的，一般出言劝阻屠杀的，基本都不是蒙古人，而是契丹人或者是汉人。这一次，是一个汉人。

于是，木华黎手下的第二个汉族牛人出场。

这个牛人就是史天倪。史天倪的出身也跟张柔差不多。不过，张柔是全靠自己拼出来的，而史天倪却是靠他爹打下基础。

话说嘉定六年（1213 年），木华黎南征时，把金国军队杀得大败，攻占了大片土地，所到之处，基本严格执行三光政策。当时史天倪的老爸史秉直知道后，也怕蒙古人把他们家乡的人全杀了，就把大家组织起来，说："现在这个天下乱得不成样子了。蒙古人到处杀人。咱们家几百口人，如何才能躲过这场浩劫？"

大家一听，你都没办法了，我们能有什么办法？

大家都没有办法，就只好等。

最后终于等到一个消息，蒙古人宣布：只要主动投降，就坚决不杀。

史秉直一听，立刻抓住机会，带着全乡几千人直奔涿州，向木华黎投降。

木华黎目光很毒，一看就知道史秉直不一般，直接任命他为自己手下的高管——当时蒙古正需要这些有文化的汉族人。可史秉直却说，自己老了，还是让儿子来吧。于是把位子让出来，给了他的儿子史天倪。木华黎看到史天倪也不错，就让他当了个万户，带着史家的那些人屯守霸州。

虽然史天倪不是军人出身，但却敢于打仗。他受命屯于此地并没有偷懒，而是从手下选了一批肌肉发达的青年，编成战斗部队，而且人数达到一万之众。他把这支军队称为清乐军，派他的堂哥为先锋，在三河、蓟州一带纵横，结果是"诸寨望风款服"。铁木真知道后，也抽出时间来接见了他。据说，在这次接见活动中，史天倪向成吉思汗提出了很多观点新颖的建议，而且"所陈皆奇谋至计"，铁木真听得连连点头认可，当场任命他为"马步军都统，管领二十四万户"，把他分配在木华黎的手下。

后来，木华黎任史天倪为右副都元帅，改赐金虎符，率军南伐，拿下平州，接着向真定进军，先把真定周边的附属州县搞定，使真定变成一个孤城。当时金国的真定老大就是武仙。武仙这次守得很努力，史天倪多次攻击，居然打不下来。他马上又运用铁木真的战法，先去打大名府。手下的人一听，说真定都拿不下，大名府更不好打啊，还是找更软点的干吧。

史天倪却不同意，稍有点硬就退缩，这算什么打仗？这跟游而不击有什么区别？他下令进攻。大批敢死队冲到西南角，多次冲上城头，却多次被人家打回来。史天倪就恼了，操起兵器亲自冲锋，第一个冲上城头，一阵狠杀，把守城的敌兵打退，其他人跟着冲了上去，直接破了大名府。

此时，木华黎带着部队来到燕京之南，哪知青州的监军王守约和平州的合达突然发动叛乱，带着部队想从海路逃到金国。木华黎急忙派史天倪过来平定这个叛乱。

史天倪带着他的部队冲过来，在乐安追上这支叛军，大败叛军，叛军的带头大哥王守约连同一万叛乱的士兵被砍死在战场上。

史天倪虽然不是正规军出身，带的部队也是由民兵改编过来的，但纪律却很严明。他是蒙古国阵营里第一个严禁抢劫、滥杀的将领，正义之师的形象突然间屹立在大家的面前。于是，远近各州都向他投降。

木华黎攻打绛州时，发现城墙都是以石块垒成的，坚固异常，反复攻击，都没有效果。木华黎把史天倪叫来，让他想办法拿下来。

史天倪查看了一下，知道这个城是不能硬攻的。他下令在城楼边挖个大洞，城楼上的守军还在那里坚守，突然发现城楼摇晃着塌了下来，这才知道史天倪竟然连这个办法都想得出来，都惊慌失措起来。木华黎指挥大军顺利攻入城中。木华黎高兴得直跳，当场赏给史天倪很多东西。

木华黎还军真定，一战而把武仙打垮。武仙投降。木华黎又想屠城，在他正要发布命令时，史天倪说:“现在中原还没有彻底平定，我们要是还到处乱砍乱杀，还算什么吊民伐罪？大王现在是奉天子之命带着正义之师，到中原大地来，喊的口号是为天下除暴。如果我们动辄杀掠，这不是更加残暴吗？”木华黎一听，知道自己的野蛮性情又发作了，赶紧承认错误，说:“你的建议很正确！”当场下令:“敢有剽虏者，以军法从事！”

木华黎看到，这个军令一下，军纪立刻肃然，军队的面貌焕然一新。蒙古军开始由野蛮之师慢慢向所谓的“仁义之师”靠拢。

其实，金国被木华黎打到现在，很多武将已经对祖国丧失了信心，只是怕投降之后会被蒙古人马刀砍头，所以，都还在拼命抵抗。而蒙古部队人数不多，很多地方刚打下来，又被金国乘虚占领，反反复复，搞得双方都很不爽。这时大家看到木华黎的部队突然变得文明起来，于是都带着部队前来向蒙古兵投降。

木华黎的最后一战

木华黎派一支骑兵向济南进军，才到城下，济南城的第一把手严实就已经在那里夹道欢迎蒙古大军的到来。

当时，严实的辖区有二府六州，三十万户，规模很大。他手下的大将李信觉得要入伙或者投降，是必须要一份投名状的。现在去哪要投名状呢？他看到严实正好出去，就过去把严实的家属全杀了，准备拿着这一堆脑袋去当投名状。严实马上就知道了。他顿时大怒，带着部队打上来。李信看到领导的部队杀过来，哪能抵挡得住？他被严实打了个落花流水，最后连脑袋也丢了。

金国看到木华黎近来仗也不用打，就拿下那么多地皮，心里很不服。当时，金国在黄陵冈还有二十万部队。他们就派其中的二万人去打木华黎。

木华黎一看，还有人敢于主动出击，便带着部队接招，结果把这二万人打败。木华黎胜了这一场，并没有停住，而是又向黄陵冈进军。

这一次，金兵没有跑，而是在黄河南岸摆下大阵，要与蒙古决一死战。

木华黎的骑兵终于开到，看到敌人已经做好准备，便令骑兵们全部下马，冲进对方的阵地，与金军对砍。

金兵虽然人多势众，但人多势众有时并不代表战斗力强悍。双方开打之后，金兵居然直接进入劣势，纷纷逃跑。很多士兵都逃进了黄河，最后虽然免除了蒙古兵的砍杀，却死于黄河的滚滚浊浪之中。

木华黎轻松地拿下黄陵冈之后，并没有休息一下，就带兵去攻打东平。当时，木华黎还是很看重严实的。他仿金国的体制，设置了个行省，让严实代领尚书省事，帮他处理所有的政务。

金国东平的守兵还是很能守的，而且城墙坚固，不易攻陷。因此，木华黎也不愿硬攻，决定把东平围住，要围到金兵不能守住为止。他对严实说：“我们这么包围，东平城里的粮草吃完之后，他们就会逃走。到时，由你进去，对他们进行安抚。不要因为其他州县的困难而坏了安抚东平的大事。”然后就留下部队包围东平，自己回北方。

东平的守兵被围困了几个月，还在坚守着。当时主持东平保卫战的是蒙古纲。他当然也知道，东平再这样守下去，不用多久，里面的大金子弟兵就会饿死。于是，他给中央上了一个奏章，要求中央下令他带着部队转移到河南，先保住这支武装力量再说。

完颜珣接到报告后，就开了个会，讨论到底该不该让蒙古纲转移？

你想想，连皇帝都拿不了主意，这个问题一摆到面上供大家讨论，肯定就会有支持有反对。支持的人说，东平城池是很坚固的，但也需要人来守。没吃没喝了，人还能守城吗？等到失守的那一天，老百姓和军队就全部损失了。所以，还是先让他们转移到河南，便于集中力量防守。

反对的人说，这个做法是错误的。我们迁都汴京，是因为有黄河作天险。而东平又是黄河的屏障，守住东平就等于守住黄河，守住黄河就等于守住首都。所以，无论如何不能放弃东平。现在看来，蒙古纲守城的决心已经动摇，不能让他再当东平第一把手了。我们现在应该讨论换人，讨论换谁去。

可谁去呢？

没人去。

完颜珣看到大家讨论起来很热烈，各有各的道理。可到派谁去的时候，却找不到人了。于是，开完会之后，此事就不了了之。

可会议可以不了了之，蒙古兵能不了了之吗？

金国枢密院看到局势越来越困难，就搞了个折中的建议，不说要转移，而是建议蒙古纲把行省内迁。内迁两个字笔画跟转移两个字差得很大，其实内涵是一样的，只是玩一下文字游戏而已。

蒙古纲这才把部队集中起来，向南转移。可时机已经过去了。他才转移到半路，就被蒙古兵拦截，被打得灰头土脸，最后所带的部队全部转移到蒙古兵的俘虏营中，他自己只带了几百人冲出包围逃跑了。

严实进入东平，按照木华黎的既定方针，出面安抚东平以北诸州。从此，山东一带全部脱离金国的控制，成为蒙古国的地皮了。

木华黎留严实平定山东，他自己带着部队经略西边。当时，西夏的皇帝李遵顼听说木华黎率大军来到了，很害怕。他这些天来虽然也不时向金国出击，一会儿跟宋朝联手，一会儿跟蒙古同时出手，但仍然怕蒙古国乘机搞定自己。他也知道，目前自己这个实力，攻打金国还是可以的，即使打了败仗，金国也不可能出兵来灭掉自己。如果蒙古国生气了，要打败他，那是很容易的。因此，他听说木华黎的大军已经来了，只得赶紧派人过来，在黄河边上摆了个丰盛的宴会，给木华黎接风，而且还派五万部队过来，转交给木华黎，说从此之后，这五万西夏子弟兵都听木华黎的指挥。

当地的金国守将看到蒙古和西夏会师了，都感到很害怕，不等联军出动就已经先逃跑了。木华黎轻松拿下了葭州，接着带兵向绥德进发。西夏继续派玛尔布带兵过来与木华黎会合。

玛尔布准备跟木华黎见面时，突然想到了个问题：见到木华黎大王之后，应该用什么礼节？他不好意思向别人请教，就直接派人去问木华黎，应该用什么级别的礼数。

他不问倒还好，木华黎见他一问，想都不想，说："你参见你们老大用什么礼数，就用什么礼数来见我。"

哪知，玛尔布也很有性格，得到这个傲慢的回复之后，也傲慢地回复："我没有接到我们老大的这个命令。既然这样，就不去见你了。"居然带着自己的部队离开了。

木华黎也很生气，当然现在他还不能把玛尔布怎么样。他现在的任务是打金国，而不是既打金国又打西夏。他没有理会玛尔布，而是带着部队去攻打延安。

玛尔布离开之后，又觉得这个做法可能会导致严重的后果，便又带着马匹前来拜见木华黎。木华黎看这个耍完性子又放下身段的西夏将军，心里笑了。

金国延安守将的第一把手叫完颜合达，第二把手叫纳迈珠。

这两个人抵抗蒙古的决心很大，听说木华黎大兵前来，就带着三万部队在城东摆开，来个严阵以待。

如果是蒙古国别的将领，估计看到敌人的阵地，直接就会跟他们蛮打一场。可木华黎这些年来，用兵已经脱离了蛮干的初级阶段。他不能跟这些人硬拼而是想了一个计策。

其实这个计策仍然是很简单的计策。但就是这个简单的计策，在战争史上，多次使用多次获得成功。套用一句话：大道至简！

他把部队分成两个部分。第一个部分三千人，由移剌布哈带领，负责去冲击敌人，然后假装打败；第二部分是主力，由他带领，悄悄地来到城东南的山谷埋伏，等移剌布哈把敌人带进来，然后猛打。

第二天，移剌布哈带着三千人去冲击敌人。金兵果然打得很用心。移剌布哈打了一阵，就假装打不过，不断往后退，还不断地把一些财物丢到地上。如果金国的将领稍有点经验，就知道蒙古兵的这个失败是假的，万万不能上当。但他们现在太需要一场胜仗了。好不容易看到蒙古兵在他们的痛扁之下出现了丢盔弃甲的场面，不继续打下去，他们还算是大金国子弟兵吗？于是他们根本不去考虑一下这个问题，上下一致，全面追击移剌布哈。就这样，他们被移剌布哈带进了木华黎的埋伏圈。

木华黎看到金兵蜂拥而来，全进了埋伏圈，一声令下，伏兵四出。金兵这才知道，原来中了埋伏。

金兵突然陷于重围，四周全是战鼓如雷，响彻云霄，无不乱成一团。木华黎大杀一阵，斩杀敌人七千多人。

完颜合达夺路而逃，进了延安城。他知道，真不能跟蒙古兵打野战。于是，就抱定死守的决心，不管对方怎么挑战，他就是挂免战牌，坚守在城里。

木华黎知道延安是个老城，坚固异常，一时难以攻下，便又用老办法，派一部分人继续包围，自己带着其他部队去攻打鄜州和坊州。

鄜州的节度使完颜禄锦和都统赫舍哩鹤寿等守将全部战死。当时，蒙古兵还活捉了一个叫张铁枪的将领。张铁枪很有骨气，见到木华黎时，虽然全身被五花大绑，但仍然昂着那颗头，不正视木华黎。

木华黎指着他大吼：“你为什么不投降？”

张铁枪冷冷一笑：“大金政府养我，是要我来保家卫国的，不是投降的，现在愿以死来报答国家。”

木华黎一听，这家伙有性格、有忠心，是个人才，于是就有了爱才之心，下了座位，要上前为他松绑。哪知，他手下的将领，个个粗着嗓门说，一定要杀他。大家一边嚷嚷，一边把他推出去砍了。木华黎居然也只能眼睁睁地看着，没有办法。

木华黎近来虽然打了很多胜仗，但在攻打大城时，基本都不成功。他也有些想不通，便找了个高人，向他请教。这个高人叫乔静，据说是个隐士，能看懂天象。他对木华黎说："近来天象在告诉我，老大不宜打仗了。"

当时，蒙古军都信这些八卦。铁木真每次开战，都要耶律楚材去算一卦，如果耶律楚材说这可以打，铁木真就坚决去打，不惜代价地打。如果耶律楚材说，不好打，铁木真就按兵不动。

木华黎却不信邪，说："成吉思汗命令我经略中原，现在河北虽然已经拿下，但河南、秦、巩等地还是没有打下来。要是等天象同意了才进兵，那要到什么时候？"于是，果断向凤翔进军。他就不信打不下一个大城池。

这次，木华黎打凤翔的决心很大，调集大量的部队，从东边的扶风、岐山到西边的汧陇之间，连营几百里。

金国高层看到这个架势，知道凤翔守兵力量单薄，又是孤城一座，实在太难守了，急忙派平西节度使特嘉喀齐喀去增援。木华黎越打越猛。

金国再派离斌进入凤翔，主持那里的军事活动。

离斌的名字远不如其他金国将领那么复杂，但头脑一点不简单。他在凤翔连守了四十个月，硬是没让木华黎得到一丝便宜。有一天，离斌跟喀齐喀出去视察。喀齐喀突然发现有个蒙古兵坐在胡床上，很悠闲。他知道郭将军的箭法十分了得，就对郭斌说："你能把那个蒙古兵射死吗？"

郭斌看了一眼，笑着说："没问题！"

郭斌射人时有个习惯，就是等别人抬起手臂、暴露腋下无甲之处时才放箭，以保证将敌人射死。他把箭搭到弓上，瞄准那人。那个坐在胡床上的人，哪知道现在金国第一神箭手正瞄准他，抬了下手臂。但闻得弓弦一响，郭斌的箭直射而去，正中那人的腋下。

蒙古人一见，不由大吃一惊。想不到金国居然有这样的神箭手。蒙古的神箭手很多，但能这么射死人的，却没见过。

喀齐喀大喜，立刻提拔郭斌为节度使。

木华黎看到自己猛攻了这么多天还没有攻下，士气越来越低落了，只得把诸将召来，发着感慨:“吾奉命专征，不数年取辽西、辽东、山东、河北，不劳余力；前攻天平、延安，今攻凤翔皆不下，岂吾命将尽耶！”他近期以来，攻击稍大一点的城池，基本都是不克，不由想起当初他刚南下伐金时，几乎是所向披靡，谁都挡不住他。那时，金国还是超级大国，国力之雄厚，比周边势力，都有过之而无不及，就是南边的宋朝，在跟他们的对决中，基本也都是处于被虐状态，最后把自己跟金国的关系弄成了伯侄关系。现在的金国是什么状态？跟宋朝打也越打越吃力，连西夏那样腐而不朽的势力，都可以出来欺负一下，而木华黎更是掌握了金国北方的大片土地和人口。以他现有的实力，说是全世界最强悍的势力，都不算是吹牛的。可就是这么一个情况，打得居然是越来越不顺手。难道真的是老了？真的像那个隐士说的那样，自己不宜再征战了？

木华黎感到很郁闷，这是一个英雄的郁闷，而更郁闷的消息又传来。

这个郁闷的消息就是石天应之死。

石天应同样是木华黎手下的汉族牛人。

石天应的出身跟那个张柔差不多，也是因为在木华黎南下时，组织民兵投靠过来，成为木华黎手下的得力干将。他武力指数很高，而且不怕死，常常大喊大叫着冲在最前头，很得木华黎赏识，不断提拔他，一直提到陕西河东路行台兵马都元帅的职位，成为独当一面的将领。

嘉定十五年（1222 年），木华黎拿下河中地区之后，觉得这个地方是个战略要地，就对石天应说:“这里很重要。我经过反复选择，觉得还是把它交给你守才可以放心。”木华黎当时下令，平阳、太原等州的第一把手都得听石天应的指挥。

石天应接到任务后，立即回去召集诸将，说:“我们现在负责屯驻河中。河中的东西两面都是平原地带，很利于攻打夺取关陕。这是立功的大好机会。”

但他的部下提醒他:“这个地方虽然是个用兵的好地方，但南面是潼关，西面是京兆，现在都是金国大军在驻扎。何况我们才刚拿下这些地皮，民心还没有转变过来，要守住这个地方，实在太困难了。”

石天应不听，摆了一大堆理由，从战略角度到自己的雄心壮志，足足说了大半天，然后斩钉截铁地说：“吾年垂六十，老耄将至，一旦卧病床笫，闻后生辈立功名，死不瞑目矣。男儿要当死战阵以报国，是吾志也！”大家听到老人家都说到这个地步了，哪个还敢反对？

他说完这番话之后，就把目光锁定陕西，下令大家架起浮桥，以便通往陕西。金国的侯小叔看到石天应天天架桥，也知道了他的战略意图，当然不能坐等人家的桥架到家门口才着急，而是采取积极措施，带着自己的部队向河中发动袭击。

石天应立刻带兵迎敌。

石天应的战术意图是，让吴泽领兵五百，埋伏在山谷两边，等敌人通过一半时，突然杀出。他正面冲击，吴泽背后杀过来，就可以把侯小叔打败。这个部署很正确，但他用的人却很不正确。吴泽的武力指数很高，作战也很勇敢，但跟所有张飞式的武将有一个共同的爱好，就是爱喝酒，经常出现贪杯误事的现象。张飞时刻被刘备和诸葛亮提醒，最后都还因为喝高了被人家砍走脑袋。而石天应明知这个手下打仗未必比得张飞，但热爱酒的程度却一点不比张飞差，在这个生死存亡的关头，只是反复强调自己的作战意图，而没有提醒他别喝酒。

吴泽领了部队，很快就进入指定位置——山谷那片茂密的森林中。他把埋伏圈布好之后，就吩咐手下，拿酒来，待洒家喝完这几壶之后，再去杀敌。于是，他喝了大半夜，然后醉得不省人事。侯小叔对地形十分熟悉，从小路绕来，加快速度，直抵城下，用兵器猛剁城墙。

石天应这才知道，吴泽误事了。当时，城上守卫的基本都是新兵，士气低得要命，看到金兵冲了过来，便都一哄而散。石天应只得率部前来迎敌，但身边也就只有四十个死党了。这些死党都大骂吴泽误事，然后劝石天应渡河逃走，日后再卷土重来。金国都失败这么多次了，他们才偶然搞砸了一次，也不是什么丢脸的事。

石天应却不听，说：“以前大家劝我南迁，我一直坚持留守这里。现在因为失败就逃走，这不是自己打脸吗？即使太师不处分我，我也不能原谅我自己。今天，我要死战到底。”他年纪已经很大了，被四面八方冲过来的金兵群殴，一直坚持到中午，最终光荣牺牲。

侯小叔立即下令，把浮桥全部烧掉。

侯小叔以为烧完了浮桥，就可以解决问题了。但木华黎能答应吗？

木华黎本来已经郁闷了，现在河中重镇丢掉，自己的得力干将战死，他能不愤怒吗？他发十万大军围攻河中。

这时，金国河中守将仍然是侯小叔。大家都知道侯小叔现在是金国少有的能打的将领。同时也知道，他再怎么能打，也打不过蒙古十万大军。于是，金国派孙昌和李仁智各带几千人去增援侯小叔。

侯小叔仍然很有信心，制定了一套作战方案，与两路援兵约定，等到半夜，他发出暗号，大家来个内外夹攻，就可以把蒙古兵的包围打破。孙昌和李仁智都爽快地答应了。

到了半夜，侯小叔在发出夹攻的信号后，自己带着部队冲了出来。

哪知，孙昌和李仁智却不敢出来夹攻。于是，就只有侯小叔一个人在战斗了。他要是一个人能打胜，早就把木华黎的大军打败了。他打了很久，外围一点动静都没有，知道又遇上蠢队友了，只得又退回城里死守。

木华黎这次攻得很猛，从不停歇。侯小叔手下的人都知道，再这样死守下去，其实就是守着等死，都劝侯小叔趁着现在还有力气，抓紧时间逃跑。但侯小叔却不逃跑，依然积极地坚守。他派人急奔汴京，请中央赶快派部队前来支援。可中央还没有做出决定，木华黎已经攻了进来。金国近来还算能打的大将侯小叔战死。

木华黎对于石天应的死十分惋惜，看到那些被石天应烧了的浮桥遗址，下令重新修建，然后直接向河西那些堡寨攻击，一口气攻下十多处。

木华黎做完这些工作之后，突然觉得真的累了。

他到达闻喜之后就病了，而且越来越严重。他终于预感到自己真的活不了很久了，把他的弟弟带逊叫来，交代了后事，然后就逝世了。

木华黎算是铁木真举事时就参加革命的老前辈，是真正的从奴隶到国王的人。当年他老爸把他送给铁木真当奴隶，从此他就成为铁木真的铁杆。铁木真从起事以来，除西征之外，几乎所有的战役，他都是主要参与者。他与博尔术他们一起被称为铁木真手下四杰，在开国功臣中是排在第一梯队的四杰里唯一有帅才的人。他的名字虽然没有排在第一位，但他的功劳以及对蒙古帝国的贡献，绝对是第一的。也正因为如此，他被铁木真封为王，代自己在金国的土地上发号施令。这个权力和荣耀是别人所没有的。

在铁木真手下的战将中，哲别是可以独带一支部队冲锋的将才，而木华黎则是完全可以独当一面的帅才。

第四章
成吉思汗之死

换届

哲别死了，木华黎也死了。铁木真手下最能打的战将就是这两个人。铁木真仰望着苍天，他们都才五十多岁，为什么一个跟着一个死去？

铁木真一腔悲愤，无处发泄。人终是要死的，虽然他那么迷信丘处机，但他跟丘处机那么长的时间，最终也没有得到一句长生不老的口诀，只得到止杀之类的劝谏。如果还在早年，他一听到丘处机说那些不要杀人的话，估计他会先杀了丘处机。但丘处机是在他晚年对他说这些话的。晚年的铁木真虽然还在到处杀人，但他自己也觉得生命越来越脆弱了，内心世界装满了对死亡的恐惧感。于是，他宁愿相信丘处机是神仙，也不愿打消长生不老的幻想。

他现在除了怀念已经离他而去，单独回中原的丘处机外，还记着对西夏的仇恨。本来他对西夏是很看不起的，当年他西征时，叫李遵顼派兵跟他出征，李遵顼不干，他就已经很生气。更让他恼火的是，前段时间，西夏居然派人到处组织抗蒙古联盟，想趁着蒙古主力还在西域的时候，抓住时机把蒙古打败。这个策略好像很大气磅礴，可是当时西夏联络到的几乎都是漠北一带的部落，没多少实力，而且活动才展开，就被蒙古知道了。当时铁木真还在西域，就派勃鲁带兵去教训西夏。勃鲁带兵攻下银州，一口气屠杀西夏几万人，掳掠了十万头牲口。西夏又慌了，说我们不跟金国结盟了，改跟蒙古国结盟了。谈判的结果是，西夏必须派个皇子级别的人到蒙古国当人质。蒙古国这才把大军撤回。

可他们撤军后，西夏的人质却没有来。

铁木真当然更恼火了。一个已经没有一点战斗力的小国，居然也敢忽悠他！

也遂夫人对他说："大汗，你刚刚征西回来。你这次连续打了这么多年的仗，也该停歇一会了。你看看你现在有多大年纪了？而且，即使大汗天生神武，不怕苦不怕累，但士兵们也累了啊。"

铁木真摸着自己的胡子，说："我当大汗已经二十年，西北一带已经平定，只有南方这几个国家还不服。所以，必须打他们。即使现在不能出征，等过了这个冬天，我也一定要出发。"

也遂没有办法，只得说："明年大汗南征，请让我也跟随。"

铁木真说："好啊！这么多人当中，只有你敢跟我说不同意见。明年你就随我去吧。"

其实，不光铁木真身体有些老，其他国家的老大也是在近期完成交接班手续的。

读史的人都知道，中国古代皇帝换届，平民是基本不用去想谁当皇帝会对他们有利的。只有权力中心的人才有资格讨论这个问题。平民只能看看，皇帝宣誓就职之后，到底是谁冲上权力顶峰，哪位大臣甚至是皇族会倒大霉。

最先宣布换届的是西夏。

西夏本来的最高元首是李遵顼。他也是靠政变夺到皇帝位子的。他虽然武力推翻了堂叔李安全，把李安全说成是祸国殃民的皇帝，可他成功地当上皇帝后，并没有改变李安全的政策，而是继续联蒙抗金，大搞祸国殃民的外交政策，天天带着部队与金国死磕，在为蒙古国消耗金国精兵的同时，也把自己的精兵消耗得差不多了，国库也已经空虚得不用防盗了。就连他的太子李德仁都公开反对他的这个政策。但他仍然不理。就在嘉定十六年（1224 年）的冬天，他仍然下令太子去打金国。但李德仁不干，说金国仍然很有实力，我们打不过他们。要是硬去打，我们只有又失败。我们应该改变这个错误的政策了。

怎么改变？

就是与金国结盟，共同抗击蒙古。

李遵顼一听，我坚持联盟抗打金这么多年，都坚持到六十多岁了，你还反对？原来你们都在反对我，难怪我都没有取得胜利。你到底去不去打金国？

李德仁说:“我宁愿把头发剃光去当和尚，也不会去执行这个错误的政策。”

李遵顼一听，就发火了，你还只是个太子，我还精神抖擞地活着，你就敢于反对我，而且反对得这么坚决，我还要你当接班人做什么？于是，他下令把李德仁关起来。后来，有几个大臣都劝李遵顼，把太子放出来，让他恢复太子身份，但李遵顼就是不听。大臣们仍然天天背地里议论他，说他这样下去，除了亡国，没有第二条路可走。

李遵顼想不到大臣们都在反对他的这个政策，每天上朝，看到的都是大臣们冷冷的目光，突然觉得害怕起来。原来自己这个皇帝居然没有一个铁杆，如果还硬着头皮赖在这个位子上，只怕哪天人家又搞政变，自己就遭殃了。西夏是近年来政变最多的国家。他深刻地知道，要是被政变了，下场是很惨的。于是，他决定在别人搞政变之前，先主动让位。他就这样把另一个儿子立为太子。这个儿子就是李德旺。

同一年的十二月，金国也宣布换届。

其实这件事早在前几个月，耶律楚材就准确地算出来了。他看到彗星在东方氐宿出现，就跑过来对铁木真说："女真将易主矣！"

铁木真当然信。

而几个月后，这个预言还真的实现了。

完颜珣性格很弱，身体也不怎么样，这些年来被折腾得很累。朝中没有得力的大臣，倒有几个权臣。这些权臣善于打击有水平的同僚，但对于蒙古大军的不断南侵，从来没有贡献过一个有用的金点子。他看在眼里，急在心上，却因为性格原因，一直没法扳回局面。他天天过着提心吊胆的生活，终于病倒了。他这一病，立马知道，宣布自己驾崩的最后时刻已近在眼前。当时，他躺在床上，病得几乎连抬手的力气都没有了。

当时，已经是夜晚，皇宫外，月黑风高；病榻前，明烛摇晃。

他看了看周边，那些近臣都已经离开了，只有郑氏还在。他对郑氏很放心，说："你赶快把太子叫过来，料理我的后事。"如果是其他人的后事，什么也不用担心，但这是皇帝的后事，如果处理不好，麻烦就大了。很多宫廷乱事，都是在这个时候发生的。郑氏是宫中的资深人员，对这个道理知道得比谁都清楚。她还没有答应完颜珣的话，完颜珣就死了。

郑夫人并没有放声大哭，而是像往常一样，脸不变色心不跳。这时，皇后和庞贵妃照例前来问安。郑夫人知道，要是这两个美女知道皇帝死了，乱子就会立刻发生。特别是庞贵妃，生了个儿子，仗着皇帝宠幸自己，老是想让自己的儿子完颜守纯当接班人。此刻要是让她知道这事，估计太子就危险了。于是，她对两个前来问安的美女说："皇帝陛下正在更衣。你们到那边等吧。他出来后，我会通知你们的。"

这两个女人进了休息室之后，她立刻把那间房子锁了起来，然后在第一时间里给太子和大臣们发通知，说是皇帝陛下请他们都到宫中来。

大臣们进来之后，她把完颜珣的遗诏告诉了大家。太子这时还在半路，而完颜守纯已来到宫中。太子立刻派东宫卫兵首长带着三万部队到东华门驻扎，然后叫四个侍卫过去，把完颜守纯看管起来。

太子当晚直接在他的老爸的灵柩前宣布继位。虽然这个政权已经摇摇欲坠，随时都可能被蒙古国灭亡，但如果晚了一步，兄弟们仍然会抢权。

如果哪位兄弟先抢到，最先倒霉的就是他这个太子。

大宋君臣

第二年，也就是嘉定十七年（1224 年），宋朝也跟着换皇帝。宋宁宗赵扩算起来是南宋第四位皇帝。他当上皇帝也很意外，居然因为他的老爸跟他爷爷闹矛盾而提前成为皇帝。他成为皇帝，不是他争取得来的，是靠赵汝愚和韩侂胄以及他的奶奶搞了个类似政变的行动，强迫他老爸让位给他的。他的性格也很软弱。他当上皇帝之后，先是把权力交给赵汝愚，但后来又被韩侂胄反复忽悠，最终把赵汝愚拿下。于是，韩侂胄成为唯一大权在握的人。赵扩当了多年的皇帝，其实都是在当权臣的傀儡。韩侂胄当权时，他完全同意韩侂胄跟金国死磕到底的强硬主张，搞了个著名的开禧北伐，结果是个彻底的失败。韩侂胄被史弥远和杨皇后联手搞定后，他又把大权过渡到史弥远的手里。史弥远是个彻头彻尾的投降派，他又完全支持史弥远的投降政策。

赵扩的身体也不怎么强健，一共生了九个儿子。按说接班人选很丰富。可这九个儿子的存活率为零，最后不得不从皇族里选个赵家的子孙来当继承人。当时，他选的是赵与愿，据说是赵德昭的九世孙。赵德昭是谁，请参看杨家将的故事。赵与愿进入皇宫时，已经六岁，改名赵曮。他到十三岁时，大家一看，都长这么大了，估计可以健康成长了，就宣布他的身份是皇子，第二年提拔为皇太子。还要改名，先改为赵恃，然后再改赵询。改了名的赵询，似乎还很健康，而且生龙活虎到了二十八岁。但到二十九岁就不再生龙活虎了，于嘉定十三年（1220 年）的八月去世。

大家只得又去选。

这次选中的是人叫赵贵和。赵贵和先是赵希瞿的儿子，后来赵抦因为没有后代，就问赵希瞿要过去当自己的养子，改名赵均，不久又改名贵和。皇太子死了，大家又把他推出来，让他先当皇子，做当皇太子的准备。当然，还是要改一下名的。皇帝改名，不叫改名，而叫赐名。这时，他的新爸爸赵扩赐给他的名是竑。于是，他就叫赵竑，先任命其为宁武军节度节，封祁国公，接着提拔为检校少保，封济国公。皇帝继承人的选定，都还要一步一步地来，一级一级地加封，可见程序还真的很重要。

到了这个地步，全国人民都知道，赵竑就是下一任大宋帝国的国家元首。

当然，其他人知道了也就知道了，谁当皇帝关老百姓什么事？但对于史弥远这样的人来说，下一任皇帝决定着他后半生的生死荣辱。他当了这么多年的权臣，宋宁宗是一个可以贴上昏庸标签的皇帝，连批奏章都感到吃力，上朝听政的时候，唯一能做到的就是耐心把大家的话听完，然后就什么都不说。一个权臣碰上这样的皇帝，实在是非常幸运的。他在专权时，根本不用考虑皇帝对他的威胁。所以，他们最怕的是这个皇帝死去，下一任皇帝上来。历史上很多事例都在告诉史弥远，大部分权臣悲惨的下场，都是由下一任皇帝造成的。因此，他必须了解赵竑，看看他是一个怎么样的人，看看他对自己到底有什么看法。

史弥远对金国的侵略没有办法，但对付自己人是一套连着一套，每个套路都很深。

他当然不能直接傻乎乎地去问赵竑，而是搞了个美人计。

他先打探，赵竑有没有爱好。得到回答，有！而且这个爱好还是高雅的爱好——弹琴！

史弥远不动声色，去找了个美女，然后请来名师，专门教她弹琴。然后，把她送给了赵竑。

大家都知道伯牙和钟子期的故事吧？你想想，能弹一手好琴，是多么需要知音。现在赵竑突然得到这么一个知音，而且还是个美女，当然笑得脸都歪了。也不想想，这个美女是谁送过来的。史弥远老早就给这个美女布置了任务，就是打探赵竑对自己的真实看法。

赵竑见这个美女不但弹得一手好琴，而且还知书达礼，是个难得的知性美女，立刻就宠爱起来。美女虽然天天跟赵竑一起弹琴，聊读书心得，可却从没有忘记史大人布置的任务。她很快就知道，赵竑对史弥远很生气。赵竑不但生史弥远的气，对杨皇后也很生气。有时，想到这两个人，就气得咬牙切齿，恨不得立刻拿刀去砍了他们。当然，如果他只是在心里生气，那就什么事也没有了。可他硬是怒气侧漏，拿起桌上的那支大毛笔，大大地写上一行字：弥远当决配八千里。意思是史弥远应当发配到八千里以外的荒山野岭里。然后，他转身面向墙上的地图，用手指着地图上的海南岛说，对，就是发配到这个地方。再然后，他还给史弥远一个新的称呼：新恩。你一看这两个字，绝对是褒义词。可史弥远却知道，这两个字对于他而言，是大大的不妙。因为这两个字是两个地名组合后的简称。新是新州，恩是恩州。意思是以后史弥远不是去新州，就是去恩州。全是边远得足以让马跑断腿的地方啊。

这些言行，被那个很有才艺的美女全部详细地告诉了史弥远。史弥远很怕。他还想巴结一下赵竑，于是，在七月七日，借着过节的名义，拿了很多贵重的礼品送给赵竑。赵竑虽然收下了，但后来却借着醉意，把这些贵重的礼品全都砸烂在地上。史弥远知道，这小子已不可巴结。

赵竑微眯着醉眼，看着史弥远那个越来越长的脸，心里很得意。可是却忘记了他现在面对的不是一般的人，而是一个史上有名的权臣。他更没有意识到自己的短板。他虽然是目前唯一的皇子，但还不是皇太子，也就是说，他目前只是个处于考察期的皇子。另外一个短板，更是短得不得了。他虽然是皇子，却不是皇帝亲生的，只是过继而来的。而现任皇帝又是个蠢货，即使他喜欢你，但在史弥远和杨皇后面前，他能有什么发言权？

赵竑太低估了史弥远的能量，又忽略了自己的短板，后果就很严重。

史弥远知道，只要赵竑上台，他的下场绝对不止“八千里”，而是会死路一条。因此，必须全力阻击，坚决不能让这家伙当皇帝。

当赵竑一边跟美女弹琴一边气愤地骂史弥远时，史弥远已经开展他的秘密活动了。

当然，立皇太子都还讲那么多程序，再找一个皇子也必须是一步一步地来。史弥远决定私下物色一个皇子。他很快就看中了宁宗弟弟沂王的儿子赵贵诚。

有一天，他到净慈寺做法事，正好碰上郑清之。两人就登上了慧日阁。史弥远把其他人都赶到门外，然后把自己的想法告诉了郑清之。

史弥远说："现在这个皇子太不成材了，以后一定会辜负皇帝和全国人民的期望。所以，我们必须想办法换人。听说沂王的儿子是个可造之才。你一定要好好教导他，把他培养成皇帝的接班人。这话今天就说到这里了，你千万不能再跟第二个人说了。要是说出去，你我全族就会被全部灭亡了。"

郑清之一听，知道史弥远权力巨大，要换个太子那是小菜一碟，自己要是参与了，对于新皇帝来说，自己可是拥立之功啊，说不定以后史弥远死了，那个权力就会落到自己的手中，所以，当场表示赞同。

史弥远立即让郑清之当赵贵诚的老师。郑清之找来大量宋高宗赵构的书法作品，让赵贵诚学习，然后把赵贵诚的作品送给史弥远看。两人不管在哪个场合，都对赵贵诚赞不绝口，为赵贵诚大造政治舆论。有一次，史弥远问郑清之："赵贵诚到底真实水平如何？"

郑清之说："两个字：不凡！"

史弥远大喜，这个老师可以。

然后史弥远不时到宋宁宗面前说，皇子目前的口碑不大好啊。沂王的儿子才有水平。

他看到宋宁宗果然没多少反应，于是，就把工作深入开展，说考虑换皇子吧。赵扩当然没有多少意见，在那里显出一脸事不关己的神态。

史弥远虽然做得比较隐秘，但仍然被真德秀察觉了，他劝赵竑要争取得到杨皇后的支持，但赵竑不听。后来，他发现史弥远天天到赵扩面前挑拨，知道赵竑的后果会很严重，如果自己还当赵竑的老师，后果也会很严重，于是就坚决辞去这个职务。他临走的时候，再次告诫赵竑，但赵竑仍然当耳边风。

于是，双方都在那里等赵扩死去。

不久，也就是嘉定十七年（1224 年）八月，赵扩果然如双方所愿，生起了病。

如果按惯例，赵扩一生病，第一时间就会请皇子赵竑前来。但这时赵竑一点不知情，还在那里跟美女弹琴，而史弥远他们很忙。他派郑清之马上去沂王府找赵贵诚，对赵贵诚说："告诉你一个好消息。皇帝病危了。"

赵贵诚一听，这算什么好消息？

当然是好消息。因为皇帝和史大人决定让你接班。

赵贵诚沉默不语。他从出生到现在，从没有想到过他会成为皇帝。这时突然听说皇帝想让他接班，他也蒙了。因为他也知道，现在公开的接班人是赵竑。人家已经是皇子了，自己还是沂王。肯定是发生变故了。他是皇家的人，最知道这个变故发生自己身上，弄得好了，就是天下第一人，弄不好明天马上就会人头落地。所以，他不敢表态。

郑清之说："你还犹豫什么？告诉你，因为史丞相跟我交往很久，感情很深，完全是看在我的面子上，才力挺你的。现在你什么都不说，让我怎么去给丞相交差？"

赵贵诚这才扭扭捏捏地说："我的老妈还在绍兴。"

史弥远一听，这小子是个会感恩的人啊，看来真找对了。

几天后，赵扩的病情加重。史弥远抓紧时间，做好前期工作，对外宣布册立赵贵诚为皇子，改赐名昀，授武泰军节度使，封成国公，让他的资格与赵竑一样。

没几天，赵扩死了。

史弥远早有准备，杨皇后的侄子杨谷跑去做杨皇后的思想工作。这是传统制度，皇帝死后，一般都由皇后来主持大局，由她来宣布继承人继位。史弥远此前的所有工作，基本都是秘密进行的，连杨皇后都没有告诉。杨皇后此时的第一反应就是赵竑接位。如果这个侄子晚来一点，她肯定会把赵竑叫来。当她听到侄子说要废掉赵竑，让赵昀继位时，她也有点傻了，怎么能这样啊？赵竑继位不是早就定了吗？这可不是开玩笑的事。

杨谷没有办法，只得跑去向史大人汇报。可史大人不同意，到了这个时候，史大人要是放弃，他还是史大人吗？他叫杨谷继续进宫。

杨皇后仍然不答应。杨谷只得又跑。这一夜，杨谷在史弥远和杨皇后之间，前前后后跑了七次。最后人累得哭了，跪在地板上，对杨皇后说："现在朝廷内外的人都说只有让赵昀当皇帝，我们的祖国才有希望。如果不让他当皇帝，只怕，只怕就要发生重大的群体事件。到时，只怕我们杨家就完了。"

杨皇后沉默了片刻，知道这一切其实已经掌控在史弥远那里了，只得说："现在赵昀在哪里？"

史弥远听到这话，这才松了口气，急忙派人去叫赵昀，并对派去的人反复强调："不是那个住在万岁巷的皇子，而是那个住在沂王府里的皇子。你要是叫错了，我把你们全砍头。"

这时，赵竑也知道他的皇帝继父已经死了。按道理而言，宫中会在第一时间通知他。他也做好了准备，不再弹琴，而是坐等宫中的使者来叫他。可是他等了很久，却没有人前来敲门。他又不好意思跑到门前看望，就从墙缝里向外偷看。他看到了宫中的使者骑着快马出来，但过了他的家门，根本没有停下来，而是继续往前跑。他有点生气，可却见那群人已簇拥着一个人从他的门前经过，向宫中急忙赶去。因为是夜里，那个人是谁，他也看不清。

当然，你已经知道，那个人就是赵昀。

赵昀到了宫中，见到了杨皇后。杨皇后摸着他的后背说："从现在开始，你就是我的儿子。"

这话就等于宣布赵昀继任皇帝。

史弥远到这时，才真正松一口气。他带着赵昀来到赵扩灵柩前，举行了一次哀悼仪式，然后才派人去叫赵竑。

赵竑在家等得花都谢了，这才看到宫中的人过来叫他，当然立刻动身前往宫中。他进入宫中之后，每过一道门，门卫都把他的随从拦下来。最后，只有他一个人进入宫中。史弥远早在那里等他。史弥远看到他进来后，同样带着他到赵扩的灵柩前完成了哀悼仪式，然后把他带到幔帐外，叫人把他看住，再把群臣叫来。到了这时，史弥远已牢牢地控制了局面。

大臣们来了之后，按班排列。

赵竑以为，等这些大臣们列班之后，他就可以被请到位子上坐好，然后这些大臣就高呼万岁了。

哪知，史弥远过来，把他也带到班列之中，又站在原来的位子上。他觉得有些奇怪，便忍不住问：“今天，我还站在这里，不合适吧？”

负责看管的夏震说：“在没有宣读遗诏之前，你还应该在这里。只有宣读遗诏之后，你才可以即位的。”

赵竑一听，觉得也对。

他站好后，便向大殿上看过去。那里烛光很亮，皇帝的位子上好像已经有个人坐了。他这才知道，自己原来被人家耍了。就在此前，赵昀已经提前坐在那里了。

这时，诏书宣读完毕，负责招呼群臣的合门宣赞大声呼叫百官进来跪拜，祝贺新皇帝即位！

赵竑很生气，不想跟着大家一起跪下。但夏震却按着他的头，逼他跪了下去。

赵竑还在那里生气，人家已经又宣读遗诏，任他为开府仪同三司，册封为济阳郡王，判宁国府。

南宋就在史弥远的主导下，完成了这一次换届。赵昀的智商虽然远比赵扩高，但现在的权力实际上牢牢掌握在史弥远的手中。

鞭指西夏

三个国家在这个时候换届，对蒙古而言，可以说是形势一片大好。因为三个国家的元首都不是强势人物，毫无振奋的迹象。

这些消息传到蒙古大草原后，铁木真又松了一口气。尤其是金国皇帝换届，他们国内肯定会照例进行一场权力的重新洗牌。他可以放心地攻打西夏了。抓住这个时机，会让他灭西夏的成本降低很多。

李德旺当上皇帝后，觉得老爸以及老爸的前任执行的政策实在是亡国的政策，明明知道蒙古比金国更可怕，为什么一定要采取什么联蒙灭金的政策？现在联蒙了，蒙古把他们放在眼里吗？除了不断地派人前来催他们出兵配合去打仗之外，几乎没有得到别的实惠。这些年来，这两任皇帝一个推翻一个，一个否定一个，但这个亡国政策却坚持了十多年不动摇。结果是，年年跟金国开战，除了打死了全国的精兵之外，没有其他一点收获。他想不通，为什么这么一个浅显的道理，他的老爸就不明白？

他马上修正过来，派使者到汴京去，开展两国外交的破冰之旅，把两国的外交关系变成全天候战略伙伴关系，终极目标就是共同抗击蒙古。金国觉得这个建议很赞。可金国现在处于危急关头，高层人士个个处于焦头烂额的状态当中，哪能顾得上李德旺？他的建议很正确，但金国已经无力去实施了。

李德旺这才知道，好的点子，还必须碰上好的时机。现在他们的时机已经完全失去了。但他仍然不甘心，又四处派人去联络北方的部落，希望他们汲取那些国家的教训，一定要死命地联合起来，跟蒙古国抗战到底，但仍然成效不大，反而又让铁木真抓了个征伐的口实。

铁木真这次依然亲征。他带着他的也遂夫人出征。

他宣布亲征之后，办完一切手续，然后跨上战马，在文武众臣的簇拥下，带着大军南下。

到了郊外，他下令先在这里开展一次围猎活动，算是亲征的热身运动。

他很快就追上一只野猪。他像往常一样，在马上拈弓搭箭，然后向野猪射去。那只野猪中箭死去。铁木真心里暗暗高兴，看来还没有太老，还能一箭射死野猪。他正在得意，那匹坐骑却突然昂起头来，然后四蹄乱跳，把得意的成吉思汗掀翻下来。铁木真在草原上长大，老爸是草原勇士，他更是草原大英雄，从没有发生过被马掀翻的事。

大家看到大汗居然落马了，都急忙上前来扶。

铁木真站了起来，换了一匹马，骑上去后，觉得有点头脑发晕，很不舒服，就宣布不打猎了，先回军营休息。

当天，铁木真就觉得龙体“违和”起来，忽冷忽热。

也遂夫人出来跟诸将商讨，说大汗身体欠安，实在不宜打仗了，咱们还是一致决定回去吧。

大家一听，既然也遂夫人都说不打了，那就不打了。反正大汗突然落马，大家都觉得是不祥之兆。这些人都是坚定的有神论者，谁也不愿在眼前出现不祥之兆的情况下去打仗。

也遂夫人就进去跟铁木真汇报了，说大家的意见跟她的意见一样，回去吧。

铁木真这时不管身体还是心情都超级郁闷，才刚刚出发，还没有打到一个敌人，自己就先被马掀下来，肯定是不好的兆头。何况现在身上冷热交加，病得没有什么力气了，这样的身体和心情能上战场吗？但他是老江湖了，他知道自己高调宣布御驾亲征，一定要把西夏从地球上抹去，可才出兵到半路，便又打道回府，这会给人家什么印象？首先是他怕了，其次就是蒙古帝国内部发生什么大事了。这对于蒙古国会造成负面影响。

但他确实又不能这样上战场，最后也只是想了一个不丢面子的办法，对也遂夫人说：“西夏人如果看到我回去，肯定会说我怕他们。所以，我还是不能回去，先在这里养病，然后派人去责问李德旺，为什么不把儿子送给我们做人质？还收留我们逃过去的叛徒。”

铁木真的使者很快就见到李德旺。李德旺虽然当了皇帝，但脑子并不比老爸强大多少，看到蒙古国使者的大声问责，就在那里犹豫不决，不知道该怎么回答，只是用那双眼睛不断地看着群臣。

右丞相看到皇上的眼睛锁定自己，知道不发言不行了，就说：“我看两国相交，还是要讲点诚信吧，而且他们比我们强大了无数倍，我们根本没有惹恼他们的资本。还是找个皇家后代，封他为王，然后让他去蒙古当人质。可以缓一缓这个局势。”

李德旺一听，这也太没骨气了吧？我们刚刚跟金国结成联盟，说好一起抗击蒙古。现在给蒙古派人质，以后就被他捆绑住了手脚，不好办吧？

枢密使李元吉说：“我同意高丞相的意见。蒙古现在打谁谁完，金国现在连自己都顾不上，哪还管得了我们？还是先答应蒙古的条件吧。”

李德旺摇摇头，难道真的没有人有点胆气吗？

还是有的。

阿沙敢钵站了出来，指着蒙古国使者，大声说：“我们就是不派人质。你们想找人打仗，就请到贺兰山来，我接招。如果想要金银财宝，你就到西凉来。别的话，就不必多说了。”

铁木真本来是想吓他们一下，让他们表示怕了，让自己的撤兵有点面子。哪知，使者威风凛凛去了这么多天，带回的居然是这几句话。他当场在病床上坐了起来，喘了几口气之后，才大叫：“进军，进军！”

大家看到大汗气得差点喘不过气，动作已经很困难了，哪还能进军，都过来劝他，说等龙体康复了，再进军不迟。何必跟西夏这样的蕞尔小国一般见识？这样的国家值得生这么大的气吗？

但铁木真却就是咽不下这口气，他带着病，上了马，挥着长鞭，大声命令，向贺兰山进军，看看他们如何接招。

不日，大军开到了贺山兰下。

西夏军队果然已经在那里驻扎，坐等蒙古大军的到来，带兵大将正是阿沙敢钵。

阿沙敢钵胆气很足，看到蒙古兵来到，便带着部队冲过来。铁木真冷笑着下令大家一齐放箭。西夏兵被箭射了回去。

阿沙敢钵不懂得一鼓作气，再而衰，三而竭的道理。他连续冲了三次，被射回三次，士兵们都叫苦连天，明明知道蒙古人的箭很多很厉害，为什么老是冲上去送死？于是，都不愿冲了。

阿沙敢钵这才知道，在老大面前可以吹牛，可在强大的敌人面前是不能吹牛的。

铁木真是天生的军事家，不用去学也知道这个道理。看到敌人连冲了三次之后，精准地估计到对方的士气已经挫折到底了，便下令冲击敌人。蒙古铁骑从大营中冲出，一时之间，千军万马，如潮水般地向西夏军冲锋。

西夏军硬拼了一会之后，都纷纷向山上逃去。蒙古军紧追不舍，冲进西夏军的山寨里，大砍大杀。阿沙敢钵最后只带着几个随从，逃得性命。

阿沙敢钵吹得很有气势，可连打仗的基本常识都没有学好就上前线，使本来就没有多少本钱的西夏又丢了这么多人马。西夏的国防力量就更单薄了。

铁木真虽然还在病着，但他下令继续前进。

蒙古大军很快就直指黑水城。黑水城的抵抗更软弱无力，只是象征性地打了一下，就宣布全城沦陷。由于天气转热，铁木真已经受不住，就跑到珲楚山避暑。直到天气转凉，再拖着病体带兵攻打西凉府一带，最后夺取黄河九度，包围灵州。

很多人对灵州也许不熟悉，但李德旺却吓了一跳了。因为灵州是李继迁的发迹之地。

你一定知道西夏的开国君主叫李元昊吧？告诉你，李继迁就是李元昊的祖父。大家都知道，西夏的李家是党项族。他们原来的姓不是李姓，而是鲜卑后裔的拓跋氏。他们后来挂靠了唐朝，被唐太宗赐姓李。

唐朝灭亡后，他们先后挂靠过后唐、后晋、后周。中原越来越乱，他们的势力越来越大。到李继迁时，他们的实力已经很强悍了。当时与李继迁势力演对手戏的已经是大宋帝国了。

大宋帝国虽然很软弱，但他们也跟很多朝代一样，开国的那些年还是很能打的。

李继迁只是看到自己已经很强大了，却没有想到宋朝更加强大。他在银川宣布起兵，要打倒宋朝，结果反而被宋太宗打了个满地找牙，几个部将全部光荣牺牲，不得不从银川退走。

李继迁知道，再这样下去，他马上就会完蛋，于是就投靠了辽国，让辽国当自己的保护伞。

宋太宗让李继迁的族兄李继捧当党项族的首领，并赐姓赵。当然这个领导人的职责就是领导党项族全体人民与李继迁作对。然后宋朝人民在边上看，不管哪边胜利，宋朝人都是胜利。于是，两兄弟大战。结果，李继迁大胜，宋朝急忙派出援兵，但仍然打不过李继迁。李继迁占领了银州和绥州。李继迁这时知道，要想成大事业，是不能蛮来的，于是又宣布，跟宋朝和好。赵宋这时正跟辽国有冲突，对辽国很头疼，因此就顺着这个台阶，任命李继迁为银州观察使，还给他赐了个姓名叫赵保吉。但李继迁一边笑纳，一边继续当辽国的二层机构。当时，宋辽两国正聚精会神地对垒着，没人有能力抽出手来对付李继迁。于是，李继迁的骑墙政策取得了成功。他看到宋辽在争斗中，辽国居于攻势，于是就跟着辽国不断地蚕食宋朝的土地。

他在与宋的反复作战中，夺得了不少土地。当他拿下灵州之后，便决定把灵州定为党项族的政治中心。后来，他的孙子李元昊宣布成立大夏国，但李氏王朝一直把他当成西夏的太祖。因此，灵州对于西夏而言，就跟金国的辽东一样，是最神圣之地。别的地方可以不救，贺兰山丢了就丢了，黑水城丢了也可以不管。可灵州被困了，李德旺还是坐不住的。他派出了援军。

当时，援军的带头人是嵬名令公。嵬名令公此前曾被铁木真俘虏过，后来被放出来，一直被誉为西夏第一名将。

双方对峙的时间是十一月。

北国天寒地冻。

嵬名令公是有准备的，他在黄河边上布置了重重防线。由于黄河水面已经结冰，天险在天气面前，变成无险可守。北风呼啸之中，蒙古铁骑踏着黄河光滑的冰面不断地向西夏兵发起冲锋。

由于此战关系到西夏的存亡，再加上嵬名令公也会打仗，因此，虽然铁木真多次冲锋，但仍然被嵬名令公打退。

黄河冰面上血流成河。双方都杀红了眼。

铁木真更是怒气冲天，誓言将嵬名令公打败在此。他深知嵬名令公是西夏最后的战将，也是西夏最后的希望，打仗还是有一套的。只要把他打败，就等于把西夏最后的希望打破。西夏诸将则不足为虑。

铁木真连番猛打，嵬名令公虽然顽强，但手下的士兵不多，而且外援也断绝，越打越是寡不敌众。最后，阵地终于被铁木真冲破，阵形大乱，士兵立刻溃散。蒙古大军冲进敌阵，展开屠杀活动。西夏最后十万精锐全部被杀死在战场上。而蒙古军在这次大战中，也伤亡惨重，据说是史上损失最大的战斗。

十万援军，变成黄河边上的十万白骨，令灵州守军为之胆寒。

蒙古不费多少力气，拿下了灵州城，接着再渡黄河，破了临洮府和西宁，向德顺州赶来。

当时，驻守德顺州的西夏大将是马肩龙，也是西夏的名将。

马肩龙虽然听说嵬名令公失败了，但看到蒙古大军前来，却带着部队打开城门，与蒙古军进行对抗赛。双方打了三日，居然不分胜负。

铁木真有些生气，而马肩龙也呆了。他这才知道，蒙古兵真的能打，嵬名令公失败，并不是无能所致，于是，也急忙派人去向李德旺请求援兵。

李德旺看到自己领导的国家不断失败，阿沙敢钵禁不住人家打一场，就全面失败；嵬名令公名震全国，虽然浴血奋战，打得日月无光，最后也免不了失败的下场。现在马肩龙也说抗不住了，请派援兵过来，否则，首都的屏障就完了。

李德旺当然想救这个屏障，可按这个局势发展下去，他能救得了吗？他这才明白，老爸为什么把这个皇帝的宝座让给自己，然后去当太上皇。他想了又想，越想越怕，最后居然一口气转不过来，当场死掉。

西夏前几任皇帝都抢着当老大，但到了这时，谁也不愿出来当带头大哥了。于是，大家就把李德旺的侄子李晛隆重推出。关于李晛的生年，史上没有记载，只是说他当这个困难重重的老大时，年纪还很小，被推到这个位子上，根本无计可施。

此时，西夏决策圈里的那些核心人物，都知道西夏不久就会被蒙古铁骑全面打垮，觉得自己再怎么努力也救不了这个国家。救不了国家，那就先为自己着想吧。于是，他们在立了新皇帝之后，不去那里讨论国家大事，而是都想着办法把自己多年腐败得来的财产藏起来。这些人对国家的危亡没什么办法，但藏财产的水平很高，有的居然去凿开山谷，挖成隧道来藏金银财宝。至于马肩龙的告急文书，谁也不管，还留在秘书阁那里。

马肩龙等了很多天，没有等到一个援兵，甚至连中央的其他信息也等不到，知道自己这个告急文书是白写了。虽然他知道失败了，就等于首都也完了，但中央那些人却不这样想啊。这就是他的无奈。

无奈的马肩龙很快就成了绝望的马肩龙。他把诸将叫来，说："我们没有其他办法了。唯一可做的，就是城亡与亡。"

几天之后，马肩龙看到蒙古军不住地猛攻，知道自己无论如何也守不住了，与其这样窝囊地守着，不如趁着大家还有点力气冲出去，多杀几个蒙古军，然后死去，要壮烈得多了。于是，他带着大家冲出城来，与蒙古军对打了一场。蒙古兵看到马肩龙这么拼命，便下令放箭。马肩龙身中几箭，终于大叫着吐血而亡。

德顺州城头插上蒙古战旗。

铁木真料想不到，西夏跟金兵打了这么多年的消耗战，居然还能有这么强大的抵抗力。灵州和德顺州一路啃下来，居然都是硬骨头，如果西夏有个好皇帝，能够整合资源，全盘统筹，要灭他们还真费劲。

攻下德顺州之后，又到了夏天。

蒙古军不怕冰冻河面，而是怕炎热的夏天。而且，铁木真现在的病体并没有一点好转，打了一场又一场，虽然最终都胜利了，但他的病反而是更加重了。

于是，他没有再继续进兵，而是开到六盘山避暑，然后派骑兵到西夏的首都乱窜，如果有机会就大掠一把。这一招儿，以前铁木真曾在金国的中都玩过，把金国中央玩得胆战心惊，日夜不安。

李晛赶忙派人去把大家召来开会，研究当前的形势。哪知，那些大臣基本都忙把财产搬到隧洞里。而且有些干脆跟着财产一起躲进土洞里。李晛发出会议通知后，等了大半天，居然没来几个大臣。

那些大臣以为自己跟着财产躲进洞里很安全。哪知，蒙古骑兵到处乱窜，居然在无意之中找到了这些洞穴，不但把里面的财宝抢走，还顺便把躲在里面的人全部砍死。

这些腐败的大臣被砍得白骨遍野，死无葬身之地后，李睍更没有办法了。

不过，还有一个大臣前来与李睍共患难。

这个大臣叫高良惠，是右丞相。李睍几乎哭着对高良惠说："国家就交给你老人家了。"

高良惠带着大家坚守首都，从冬到夏，几乎天天加班，还亲自到城头巡逻。大家看到老人家走路时脚都抬不起来了，就劝他要省点力，不要再这么累了。再累下去，身体会垮掉的。但他却大声说："我世受国恩，不能芟除祸乱，使寇深若此，何用生为。"意思是高家世世代代享受着国家之恩，却不能让国家免除祸乱，让蒙古侵略军打到首都，我活着还有什么用？

他说这话不久之后就死了，是累死的。

李睍三次到他的灵前痛哭。中兴府里的百姓听说老丞相死了，无不失声痛哭。

铁木真又派人去见李睍，命令他投降。李睍虽然已经绝望，但他还是不投降。

李睍很有骨气，可中兴府却没骨气。在李睍发誓继续坚守的时候，首都突然天摇地动，房屋成片倒塌。原来是发生了大地震。

此时，中兴府已经被铁木真围困半年之久，孤立无援。现在发生大规模的自然灾害，一点得不到援助。而且，跟所有的自然灾害一样，大灾之后就会有次生灾害出现。中兴府大地震后，瘟疫紧跟着流行起来。

李睍知道，首都已经完全失去了抵抗能力，是真的到山穷水尽的地步了。

于是，他派人出城去，向铁木真表示了投降的愿望。当然，还要送礼物。他送的是李家的传家之宝——一尊金佛，外加很多金银财宝和一群男男女女。

铁木真看到这小子终于投降了，他也不想再打了。但他仍然摆起大汗的谱来，说：“这些东西我笑纳了，但必须由你们的皇帝亲自出来举行投降仪式。”

李晛还有什么办法？什么叫弱国无外交，这就是弱国无外交。

李晛到宗庙里哭拜之后，说自己对不起列祖列宗，要去向蒙古投降，祖宗的基业毁在自己的手里了。其实，大家都知道，祖宗基业并不是毁在他手里的。

不过，他仍然向铁木真提出一个要求，请成吉思汗宽限他一个月，让他做好一切投降的准备工作，以便“备贡物，迁民户而后亲自来朝谒。”现在宫中一穷二白，什么也没有，所以让我们准备一下，再找点好东西带过去，我们有面子，大汗也有面子。

铁木真批准了这个要求。

成吉思汗之死

西夏就这样进入了亡国模式，可铁木真觉得自己的身体比现在的西夏还要糟糕。他分明感到自己的身体已经越来越不好了，便到西江养病。

铁木真到了西江之后，也知道自己要走到生命的尽头了。他为了这个身体，曾不惜把丘处机请来，向丘神仙请教长生不老的口诀，可丘处机自己都已经老得满头白发，反复以身体原因推托西域之行，最后为了全真教的发展，也为了让铁木真止杀，这才勉强赴西域一趟，哪有什么口诀传给铁木真？但铁木真到现在仍然相信丘处机。他相信丘处机是神仙，他现在看到自己已经站在死亡的边缘，并没有怪丘处机，而是认为自己的福分不够，神仙不愿帮忙而已。

铁木真是成吉思汗，他必须为他死后作一番交代。

此时，他的病床前只有也遂夫人。

也遂夫人分明感到他那双眼睛，已深陷在眼眶里，完全是一个病危老人那种无助的眼神。也遂夫人跟他征战多年，知道铁木真那颗脑袋里，时时都在想着打仗，想着屠杀。他打了四十多年的仗，屠杀了无数的男男女女，强悍得不可一世，但现在，那股强悍之气已经灰飞烟灭，睡在她眼前的只是一个被病痛折磨得奄奄一息的老人。

铁木真看到也遂夫人的眼睛也泛着泪花，他现在已经不再去猜这个后宫美女中最敢于说话的美女在想什么了。他也没有时间去想什么了。

他伸出他的手。他的这双手几十年来，总是拿着大刀和弓箭这些杀人的武器。他的这双手，杀过他的亲弟弟，杀过无数敌人。此前，这双手一挥，就会有成千上万的人头落地。但现在这双曾经比魔鬼的手还可怕的手却软弱无力。他几乎用尽力气，才把手抬起，抓着也遂夫人的手，说："你是我最放心的人，没做过错事，但说了很多好的建议，比很多功臣都还有眼光。这两年来，你又随我西征，吃了很多苦。我本来想灭了西夏之后，咱们回大草原，我会好好地陪你，跟你一起过几年幸福生活，享受一下真正的荣华富贵。可现在我却病成这个样子了，估计什么药也救不回我的生命了。我死后，你回去告诉皇后们，不要悲伤。悲伤是没有用的。好了，你去把大臣们都叫来吧。"

也遂哭着把大臣们叫了进来。

大臣们陆续进来之后，铁木真对他们无力地说："我的身体看来是真的不行了。只可惜我的孩子们都不在身边。我的长子术赤已经死在西域。我派察合台去主持丧事还没有回来。窝阔台又被我派去打金国，问他们要岁贡。拖雷在草原监国，脱不开身。现在只有你们在我的身边。不过，你们当中很多人跟随我已经几十年了，是一家人了。所以，我死后，后事就拜托你们处理了。幸亏窝阔台已经被我提名为接班人。他性格比我温厚多了，一定是个好大汗。现在他一时没有办法回到首都即位，你们可以代我传达口谕，叫拖雷继续监国，等窝阔台回首都后，再办理即位手续。"

这些人长期跟随铁木真征战，从蒙古大草原南下打金国，又向西灭西辽，打花剌子模，再回来攻西夏，战斗行程空前绝后。以往，他们面对的铁木真，是威风凛凛的成吉思汗，是战无不胜的成吉思汗，是把人杀得血流成河的成吉思汗。但此刻，他们伟大的成吉思汗却躺在这个简易的病榻上，形容枯槁，脸如死灰，说话上气不接下气，口气无比悲伤，他们不由都目瞪口呆，不知如何是好。人生无常，一至于斯！

铁木真接着指着也遂夫人，对大家说："这是也遂夫人，你们都知道的。她这次随我征西夏，又侍我于大病之中，吃了很多苦。我也没有什么报答她。所以，等西夏灭了之后，你们多分一些西夏的战利品给她，也算是报答她了。"

大家当然都答应。反正这些战利品就是他们家的。

铁木真继续说："还有一件大事，是军国大事。你们回去告诉窝阔台，以后工作的重中之重当然是灭金。西夏灭亡后，金国将更加孤立。但你们一定要知道，金国的孤立跟西夏的孤立不一样。他们的国家很大，综合国力很强，兵力也很足很精。而且，他们西有潼关，南面又连着山，北有黄河天险。这些因素综合起来，就是一句话，灭金不易。关于灭金之计，我考虑了很久，认为只有跟宋朝联起手来，借道从宋那里向他们进攻。金宋是世仇，这些年来，两国之战基本是年年打、月月打。所以，只要我们提出假道的要求，宋朝肯定同意。到时，我们就从唐州和邓州那里进攻，直捣大梁。他们首都被围，必然会把潼关那里的守军召回来保卫首都。但潼关那么远，路又难走，必然远水救不得急火。即使他们跑得快，连续长跑千里，到城下之后，还能作战吗？按照这个办法，灭金不是难事。"

看到他说这些话时，大家又看到他的眼里光芒万丈，充满了征服世界的雄心壮志。

但这个光芒很快就像被大水浇灭的火焰一样，迅速熄灭。大家再看时，只见他的脸上已被冷汗全面覆盖，皮肉更加苍白，两只眼睛慢慢地、不情愿地闭上，再也没有睁开。他多么想再看一眼他打下的江山，更想看一眼他的那几个英雄的儿子。可随着这一闭，他再也看不到这些了。

永别了，他的无限江山！

永别了，他的那几个能征善战的儿子！

永别了，他的那一群美女皇后……

铁木真是真正的战斗的一生。他从小就被迫参加战斗，几次被逼得走投无路，最后靠自己的勇敢和智慧以及运气，不但活了下来，而且把蒙古事业不断做强做大，把一个草原上的部落打造成世界史上最强大的帝国，让后世的人说到他时，无不为之色变，为之胆战心惊。他这辈子基本都是在战斗中度过的。即使在他临死时，还是在灭西夏战斗的前线，他虽然已经意识到他离死无限接近了，但他仍然在做着攻打金国的计划，而且还要求他的儿子们去完成他的这个计划。

铁木真在这个夏天死去，当时是蒙古太祖二十二年，也就是1227年的八月下旬。铁木真一共在汗位上坐了二十二年，当然，这是战争的二十二年，是人类最不幸的二十二年。他打下大半个金国，灭掉四十个国家，横扫亚欧无敌手。这些战绩的取得，固然跟当时的时势有关：金国只顾与南宋大打出手，对草原一带的事很少过问，从不去估算草原的势力，直至铁木真做强做大后才猛然惊醒，但由于跟宋朝打了多年，国力已弱，再加上连续几任皇帝，基本都可以划归昏君之列，手下偶尔有几个拿得出手的大臣，偏偏又敌不过那一伙奸臣，使得国力更加衰落下去，给铁木真制造了从胜利走向胜利的外部条件。当然，铁木真也是个天才。他能任用人才，那些在金国不得意的大臣，一到他手下，立刻脱颖而出，成为可以完胜金国任何一个大将的人才。另外，他能从东打到西，一路不停歇地大打出手，也是跟他的骑兵有关。

他的部队都是骑兵，从小就精于骑射，而且每个士兵都配备三四匹马，可以交替使用，全天候奔跑，他撤退时，你追不过他；你逃跑时，逃不过他的追击。更要命的是，他可以不带军粮，全靠马奶维持生活，紧要关头，甚至是刺马出血，靠饮马血渡过难关，其机动性，无与伦比。

这些主客观因素加在一起，成就了世界的征服者成吉思汗。因此，铁木真之后，再没有成吉思汗！

我们不知道铁木真是不是知道他的成就是史无前例的强大，但他仍然死不瞑目。一是没有亲自拿下金国，二是连西夏都还没有办理正式投降手续。

铁木真死的时候还是很清醒的，他最后发出的军政命令就是，他死后，不要让西夏人知道他已经驾崩了，要秘不发丧。

果然不出所料，李晛一个月后带着文武大臣出来投降。

蒙古兵开进城中，开展大规模的掳掠活动，不管是谁，都大抢特抢，只有耶律楚材没有参与抢劫。他像当年的萧何一样，跑到图书馆里，整理了大量的文件，还有很多大黄。不久，军中出现瘟疫，蒙古军靠这些大黄，救活了一万多人。

不久，李晛也被杀死。西夏被宣告彻底亡国。

这次蒙古兵在开展打砸抢杀时，规模巨大，手段极端，不但宫殿房屋全部毁坏，好好一座中兴府也全部被夷灭，就连贺兰山的行宫及陵墓也被全部毁掉，党项族的人都怕得要命，纷纷逃跑，改掉民族成分，把一个好端端的本来已经形成自己独特文化的党项族全部毁掉。自此之后，党项族这三个字只在书里看到，从现实社会中彻底消失。

西夏的灭亡，也使金国的一面屏障彻底消失。

铁木真的几个儿子很快就来到行在，主持老爸的丧事。

据说铁木真死后，大家把他装在金棺里，用马车拉回去。他的故乡在草原。

有一天，他们来到一个叫木枘忽格合黎的地方，车轮陷进泥潭里，怎么也拉不出来，最后运用了五匹骏马也没有用，于是大家就唱起歌来，大意是说，大汗啊，你是老天派来的圣主，现在你撒手而上天堂。你占领的万里河山、你的皇后皇子们，以及美丽的大草原，都在等你回去呢。当然，还有你那些数不清的属国、辉煌的宫殿、勤劳的人民，以及广阔的田野，都在等着你呢。你的孛儿帖皇后以及美丽的忽兰皇后，以及你那些战友，都还在遥远的地方等着你。难道因为西夏美女众多，百姓众多，山河壮丽，你就不想回去了？你就忘记你的蒙古大草原了？

大家唱着唱着，最后居然真的把车拉出了泥潭。

后来，他们终于顺利地把铁木真的遗体拉到墓地安葬。据说他就被埋在不儿罕山——这是铁木真封过的神山。他要与他的神永远在一起。当然又有人说，他的陵墓是在肯特山南、克鲁伦河以北的地方；还有一种说法是位于内蒙古鄂尔多斯市鄂托克旗境内；甚至还有人说是在六盘山一带。但不管哪种说法，似乎都不靠谱，因为至今没有找到确切的墓址。据说，根据他的遗言，在他下葬之后，就用万马踏平墓地，永远不让人们知道他的尸体埋在哪里。这让很多考古学家郁闷，也让那些以盗墓为业的人伤心。这些人会很恨蒙古人的这个风俗，居然规定皇家实行秘葬制度。

可是怎么祭祀呢？

要知道，蒙古大草原辽阔无边，马踏之后，第二年草一长，你就找不到地方了。但他们仍然有办法。他们在完成所有工程之后，把一只小骆驼牵来，然后杀在墓地上。第二年就把小骆驼的老妈牵来。母骆驼一到场地，立刻就会跑到小骆驼死的地方，哀鸣不已。于是，大家就跑到那里去摆供品，进行祭祀。当然，这个也是很有风险的。如果那个母骆驼提前死去，就不好办了。

埋完了铁木真，接下来要解决的就是汗位的确立问题。

此时，窝阔台仍然没能够成为合法的最高领导人。他必须经过那个叫“忽里勒台大会”的确认后才能当上大汗。于是，仍然是拖雷监国。

大家知道，虽然铁木真把窝阔台指定为接班人，但他最喜欢的仍然是拖雷。他把汗位交给了窝阔台，但把自己名下的势力却交给了拖雷。当时，蒙古国虽然很强大，强大到令人窒息的地步，但他们的建制却还很原始。他把四个儿子分封去当可汗，各占一块地皮，而蒙古故国的地皮和军队属于他个人。至于皇帝虽然很大，但只是名义上的大汗，而四个属国却各行其政，大汗很难干涉。当时，铁木真分封了四个汗国，一个是术赤汗国，一个察合台汗国，一个是窝阔台汗国，还有一个是拖雷汗国。四个汗国合起来，是蒙古帝国，跟现在的联合国差不多。如果说有差别，那就是联合国由很多本来不相干的国家组成，而蒙古四大汗国的国家元首都是铁木真的儿子，是四个亲兄弟。当然，关于四大汗国的说法有很多。

一种就是上面说的由铁木真四个儿子统治的地盘。另一种说法叫钦察汗国、察合台汗国、窝阔台汗国、伊儿汗国。史学家们各执一端，各有各的道理。

蒙古帝国几乎所有的皇亲国戚都赶到首都，参加“忽里勒台大会”。因为这是一次权力的再分配，谁都不愿落后。

据说大会开了三十多天。花了这么多天时间讨论这个问题，可见窝阔台的汗位其实来得真不容易。他当时已经得到铁木真的认可，也曾经得到大家的认同。按说就是开个会，走一走程序就宣布圆满成功，哪用得着三十多天？

很多历史学家认为，这三十多天，是不平凡的三十多天，是很麻烦的三十多天。这个麻烦其实是由蒙古的规矩引起的。蒙古的规矩是由幼子继承。按这个规矩，汗位交给拖雷天经地义，没有一点疑问。可是铁木真却没有交给拖雷。为什么不交给拖雷。有人说，是因为拖雷的性格较为温和，怕他最后搞不过三个哥哥。铁木真为了保护这个幼子，就不让他当大汗，但却把自己的势力范围也就是蒙古国的中心地带交给了拖雷，算是给拖雷的补偿。而在他出征时，却让拖雷监国，监国的权力是很大的。更要命的是，铁木真还给几个儿子进行了分工：术赤管狩猎，察合台管法令，窝阔台管朝政，拖雷管武装力量。一看这个分工，就知道铁木真对拖雷是另眼相看的。铁木真打了一辈子的仗，恐怕比谁都知道武装力量的重要性。

据说，拖雷虽然性格宽厚，但在几兄弟当中，他跟术赤的关系是很好的。因此，窝阔台和察合台对他肯定是有所警惕的。在这样的情势之下，拖雷在高层就比较孤立了。他当了两年的监国，也一定会扩大自己的势力。在推选大会上，即使他不说话，也肯定会有他手下的人为他争取，最后导致争吵，吵了一个多月。当然，最后是以拖雷让步而告终的。

于是，蒙古国进入了窝阔台的时代。

第五章
山东局势

李全的崛起

成吉思汗虽然在临终时说，以后可以假道宋朝灭金，其理由是现在宋金交兵多年，已成世仇，而他们跟宋朝没有接壤，关系不冷不热，可以利用一下。其实，就在他死的前一年，蒙古国在山东的部队就跟宋朝发生了冲突。

当时，蒙古在山东一带的第一把手是孛鲁。

孛鲁就是木华黎的儿子。

木华黎死后，孛鲁就负责对金事务。当时，山东形势比较复杂，金、蒙、宋的势力在那里交错，想不发生冲突都难。

当时，赵宋势力在山东有个牛人叫李全。

李全也是草根出身。如果按当时的国籍来说，他是金国人。他虽然出身草根，但喜欢舞枪弄棒，弓马娴熟，据说枪法很牛，还得了个“李铁枪”的称号。

当年金国出了杨安儿的武装暴动。这事本来也跟李全无关。

但不久金国被铁木真打得怕了，连首都都往南迁。蒙古兵紧追南下，进入山东。蒙古兵在山东滥杀无辜，于是，李全的老妈和长兄都死于蒙古兵的刀下。李全很愤怒，咬牙切齿发誓为家人报仇。可他一个草根人士，那杆铁枪再怎么厉害，也打不过蒙古骑兵。于是，他跟他的二哥李福一起，组织了一批人来个揭竿而起，响应杨安儿，一起去攻打益都。当时，这些义军都穿红袄，故又被称为红袄军。

李全虽然不是首义人员，但打仗很有水平，队伍发展很快，势力一下就跟杨安儿和刘二祖不相上下，被称为红袄军的三大主力。

后来，金国派兵镇压。杨安儿被打败，退到海上去。当时，金国悬赏千金拿下杨安儿的人头。有个水手觉得出卖杨安儿就可以拿到千金，实在是个发大财的好门路，他家摇了几辈子的船，到现在都没几个钱，一千金向来是他们家传说的数字，现在只要告密，就可以成为千万富翁。于是，他抓住机会，带着金兵去攻打杨安儿。杨安儿被打得落水而死。杨安儿有个妹妹叫杨妙真，绝对是个女汉子。老哥死后，她又接过大旗，带着老哥的旧部继续革命。不久，刘二祖也支撑不下去了，再次成为遇害的义军领袖。李全也险些成为金兵的俘虏。

红袄军事业进入低潮。

李全知道，再这么跟金兵硬拼下去，最后也会“遇害”，就退到东海。而杨妙真和她的舅舅刘全也带着残余力量过来，与李全会合。

会合后，双方总结教训，觉得老是这么单干下去，会被敌人各个击破的，不如联合起来，拧成一股绳。李全和杨妙真为了让合作充满诚意，决定用最牢固的联合方式——结为夫妇。都成了夫妻，还能分裂吗？夫妻比安答的关系铁多了。

不久，刘二祖的残余也过来跟他们会合。

于是，李全就成了红袄军的唯一领导人。

后来，宋朝决定伐金，搞了个统战政策，只要是跟金国作对的武装力量，都可以收编过来，成为大宋人民的子弟兵。李全跟金国死磕了这么多年，知道凭自己这些穿红袄的兄弟，仍然干不过金国，于是决定投奔宋朝，成为宋朝打击金国的先锋。

当时李全他们活动的地盘属于楚州辖区。时任楚州知州的是应纯之。李全那时抢到的钱财珠宝堆成山，可是却没有粮食。他缺粮缺到人吃人的地步。李全眼睁睁地看着一堆财宝，而士兵们却纷纷倒下，再这样下去他也会跟着倒地。

正在这时，有一个叫沈铎的人逃到那里，还引来了米商。李全他们看到米商之后，立刻开出高于市场几十倍的价格收购粮食。最后连楚州知州应纯之都得用玉器来买米。沈铎就劝应纯之顺势与李全结交。正好，沈铎手下有一个叫季先的人，向来跟李全他们有交往。应纯之就请季先去转达他招安红袄军的良好愿望。

而红袄军也正好有这个想法，于是就一拍即合，成为宋朝的子弟兵。当然，史弥远还给他们起了一个很好听的名字：忠义军！

李全他们易帜之后，率自己的部队攻破了莒县，他的二哥李福也拿下青州。

宋朝高层觉得李全还真有两下，就给他发了个委任状，任他为武翼大夫兼京东副总管，成了一个小牛人。之后，他跟金国不断打仗，有胜有败。其他红袄军的带头大哥看到李全投宋，也都带着自己的部队投奔大宋，跟金国干到底。当时著名的有时青、夏全等人领导的队伍。

嘉定十二年（1219 年），金国南侵大宋，宋朝各路军马都接连战败，金军的前锋居然抵达采石的杨林渡，弄得建康震动。当时，李全的上级领导是楚州老大贾涉。贾涉看到首都有些危险了，就急忙命令李全去切断金兵的后路，并跨境调集其他各路民兵全面出击，阻击金兵。李全带着自己的部队一路冲杀，居然连战皆捷，俘虏了大批金兵，最后与金国的驸马阿海相遇，双方大战，不但斩杀金将多人，连阿海的金牌都成为他的战利品。金国的南侵宣告失败。

宋朝把李全提拔为领达州刺史衔，他的夫人杨妙真被封为令人。

当时，山东还有一个草根牛人叫张林。

先是蒙古军攻打益都，金国的益都守将逃跑了。蒙古兵由于兵不多，攻破益都之后，并不派兵驻守，而是撤到其他地方去打仗了。益都就成了一个无政府之城。张林一看，这可是机会啊。于是，就占了益都，然后设置管理机构，而且还打着金国的旗号。金国任命张林为治中，但派田琢为知府。田琢也是个人品差没水平的家伙，才上任没几天，全城群众就都骂他不得好死。张林本来就不服他，就带着一支军队，找到田琢说，想活，就请离开这里。田琢当即脸色煞白地跑了。

张林这个动作搞得有声有色。可他也知道，赶走朝廷命官，罪名就是造反。自己是不能再在金国混下去了。当时山东一带有金国的势力，也有蒙古国的势力，还有宋朝的势力。按说，最安全的做法是投靠最能打的蒙古。可蒙古兵机动性太强，天天骑着马到处打仗，根本守不住一个地方。投靠这样的势力会很累的。于是，他很想投靠宋朝。

李全很快就知道了这件事，在第一时间里派人去找张林，说服他来投奔。张林还是有些担心，你这个保证有用吗？

李全就带着几个人来面见张林，跟他大吃大喝一顿之后，两人就结为兄弟。张林二话不说，便把自己的势力都归进了宋朝的版图。据统计，张林献上的地皮是整个齐地的七十城。宋廷任张林为武翼大夫、京东安抚使兼总管。正好，贾涉搞了个政策，杀死金太子者，可封节度使；杀死亲王的，可赏官承宣使；杀死一个驸马的，可当观察使。李全一看，就拿出阿海的那块金牌，贾涉拿来一验证，这块金牌果然是真的，于是就立刻兑现诺言，把李全提拔为广州观察使、京东总管，驻在楚州。

李全就这样一步一步地成为宋朝的牛人。他这时也确实为宋朝立了大功。只是宋廷目前皇帝不英明、大臣也都是主和派，从上到下，基本不思进取，没有抓住机会，发展自己。他们不但不善于利用这些北方归顺过来的牛人，反而对李全他们猜疑不已，称他们为“北军”，划归另册，而且还明确规定，北军不能南下。

于是，不能南下的北军们，为了保命，不得不在努力奋斗的同时紧密团结，形成了一个相对独立的势力。

他们必须不断地打仗，扩张自己的势力。

嘉定十三年（1220年），李全和张林联合，袭击金国东平府，但蒙古纲却高挂免战牌，李全求战不得，就跟张林在汶水两岸扎一营寨。他们只顾去袭击别人，却没有想到别人也会来袭击他们。当他们还在那里骂蒙古纲胆小如鼠时，突然发现有一队金兵杀了过来。李全也不怕，带着自己帐前骑士迎战。金兵败退，他们追击。当他们追到山谷时，突然从前头出现大队金兵。李全这才知道坏事了，只得奋力死战，差点光荣牺牲。后来众将拼死相救，这才活着冲了出来，不得不退回楚州。

而这时，贾涉还在忙着开展分化北军的工作。李全很快就看透了宋廷的意思。他决定利用一下宋廷的这个心态。当时，另一个红袄军的首领季先刚刚宣布失败，他手下还有一大批兵员。贾涉正想把这些人员全面收编。但他们不服贾涉，又推举石珪为领头人，继续高举独立自主的大旗。

李全一看，就对贾涉说："老大，让我去打石珪吧。"

贾涉一看，可以啊。让红袄军打红袄军，不管谁输，朝廷都是赢家啊。于是，爽快地批准了李全的要求。

李全准备出马时，石珪一咬牙，带着兄弟们投奔蒙古人了。

石珪离开后，还有很多没有来得及离开的士兵就没有了组织。李全乘机过来，把他们全部收编。

李全收编这些士兵后，贾涉很不爽，但他也没有办法不同意。

李全的实力大涨。他很快就有了经验：与其去跟金国死磕来扩张势力，不如利用朝廷的错误政策，把战友们的力量划到自己的势力范围里要划算得多。因为金国的那几个守将还是很会打仗的，朝廷里的这几个家伙脑袋里装的全是糨糊。

李全变得越来越贪，他的二哥李福更贪。本来，李全跟张林是结拜兄弟，李张两家看在这层关系上，应当客气一点才对。哪知，在利益面前，兄弟根本不算什么。

当时李全知道胶西是个好地方，交通发达，商业也发达，让别人守，他不放心，就让他的二哥李福去守。李全虽然没有学过经济学，但很有生意头脑，他来个招商引资，把商人们引到山东，然后用船运送商品，所得的利润一分为二，他和商人们各得一半。后来，他又准备车辆来运送，利润分成也是平分。几趟生意下来，李氏兄弟就大赚特赚。于是，就不断地催张林为他们组织车夫，以便把生意更加做大做强。张林当时靠六个盐场发财，钱袋子也很丰满。李福知道后，觉得张林能有今天，全靠他的老弟李全，现在你发了大财，也该给兄弟分点红吧？当然，如果只分一点，也许张林就认了。可这家伙却来个狮子大开口，叫张林把三个盐场划给他。理由嘛，很简单，其他商人都是交一半的。你是兄弟，当然也不例外。

张林不同意，只答应可以在任意一个盐场取盐。

李福立刻大怒起来，直接就说："你敢于这么忘恩负义，我就敢叫李全过来取你的脑袋。"

张林一听，知道这小子的话绝对不是空话，就害怕起来，不知道如何是好。他的手下李马儿说："老大，他们这么对待你，动不动就要取你的脑袋。这样的人还能当兄弟吗？不如投靠蒙古人算了。"

张林觉得对。既然李全已经不放过自己，为什么不另找出路？现在横在他面前有两条路，一条是投金，一条就是投蒙古。这些日子，天天抗金，投金实在是有点不好意思了。那就只好向蒙古投降了。

于是，张林统治的地区就全划归蒙古国的版图了。李福虽然敢于在张林面前作威作福，但却怕蒙古人。他怕张林勾结蒙古兵一起来对付他，因此就提前逃了出来，把李全的财源也顺便丢了。

作为李全的上级领导，贾涉看到李全居然把同僚玩成这个样子，知道自己已经管不住这个家伙了，就向朝廷打报告，请求无论如何也要还朝，然后他就直接回去了。他还没有到首都，就死在半路上。

宋廷让丘寿接替贾涉的职务。李全欺负丘寿不熟悉业务，又请求把另一支由红袄军改编而来的忠义军归到他的名下。丘寿一口答应。

这时，金国那边也知道李全他们的势力已经很大，而且知道李全跟宋廷的关系很微妙，于是，蒙古纲就建议再做李全等人的统战工作，把这几个家伙都招回来。

蒙古纲光想着统战别人，却没有想到自己手下先乱了起来。他仗打得不错，但对下属太严厉。下属们对他又怕又恨，终于到忍无可忍的地步。他的手下大将纳哈塔陆格带着一群士兵冲进他的帐里，把他砍了，然后与另一个同事李二措一起写信给李全，说要献出邳州投降。

蒙古纲地下有知，肯定又会吐血一番。自己本想把李全统战过来，现在变成自己被砍，部下变成李全的部下。

李全很高兴，就派王喜儿带两千人马去迎接。他能不高兴吗？不光宋朝这边的势力不断被他收编，现在连金国那边的人也跑到他这里来了。

王喜儿很快就见到了李二措。两人还没说话，李二措突然翻脸，把王喜儿关了起来。

李全知道后，当然大怒，马上组织力量，向邳州进攻。哪知，突然发大水。大水把邳州四周全部包围，阻挡了李全进攻的道路，而且李二措手下的射手都有强弓，你冲上去，他们可以远距离射死你。李全就这样被李二措打败，只得退回楚州。但后方又发生群体事件，他不敢往那里跑，就退到青州暂时驻扎。

这时，宋廷又出了一个乱子。史弥远立了赵昀之后，潘壬、潘丙两兄弟很不服气。他们想搞定史弥远，然后再把赵竑隆重推出。可是要搞定史弥远是需要实力的，他们没有实力，就想到了李全。李全是北军的首领，跟史弥远没有瓜葛，向来又受到猜忌，是一个最好利用的对象。于是派他们的从兄潘甫去见李全，把他们的计划全盘告诉了李全。李全当面双手赞同他们的计划，说就应该这么做。其实李全奸得很，只是在那里当观众，事情成功了，他就是天下第一权臣，事情搞坏了，他仍然是观众，看着潘家人被押赴刑场。

潘家兄弟虽然很有雄心，但做事显然还很嫩，也不考察一下李全这一生是怎么走过来的，轻易就相信了他的话，然后回去做好一切准备工作。到了约定搞事的时间，他们叫自己的家丁们都做好准备，只等李全大军杀来，他们就冲进宫殿里，把史弥远的傀儡拉下马，然后庄严宣告政变成功，让赵竑就任新的国家元首。

他们在那里热血沸腾地等待着，哪知李全的兵一个也没到。他们这才知道坏了。可事情到了这个地步，再怪李全也没用了。如果是别的人，估计到了这个时候会赶紧逃跑。可他们却不跑。既然李全不来，咱就单干。于是，潘家兄弟把家丁和一批盐贩子以及一些社会上的地痞无赖共一千多人，都打扮成李全的部队，然后去找赵竑。赵竑是个废皇子，他深知就是没事时，自己的生命也时刻都有危险，这时这群来历不明的人找到他，他的安全系数就更加低了。他躲到水洞里不出来。但潘家兄弟能让他不出来吗？几个人找到他，把他拉了出来，说事情已到这个地步，你不想做也得做。现在由不得你了。

赵竑看着一把把明晃晃的大刀，哭了起来。这个世道到底怎么了啊，居然被人家逼着去当皇帝。后来，他知道他要是再说不干，人家就会把他杀掉，就说："你们不要伤害皇太后和皇帝。可以吗？"

当然可以。现在是走一步算一步。

于是，大家宣布赵竑即皇帝位。然后向外声称，李全已经率二十万大军过来讨伐史弥远。

消息一下就满天乱飞。大家清早起来，都想看看李全的大兵。可一看之后，全傻了眼，这些李全大兵都是太湖的渔民、盐贩子以及街头混混们组成的。很多人前两天都还在菜市场那里勒索保护费呢。

赵竑知道这些人是办不成事的，就偷偷派王元春把情况告诉了朝廷，然后带着州兵讨伐潘家兄弟。潘家兄弟居然抵敌不住，四散而逃，最后全被捕获归案。而赵竑虽然平定了叛乱，但史弥远仍然不放过他，逼他自缢而死。赵竑要是知道他的这个下场，估计还真的会出去找李全，让李全过来讨伐史弥远。李全一得到赵竑的支持，也许会真的杀到临安。

但他没有想到这一层，于是他死了。

李全这时仍然留在青州。

山东的局势到了这个时候更乱了。蒙古因为木华黎死去，主力北归，宋金两国时不时又打几个小仗，而红袄军武装则见风转舵，乘机壮大自己的力量。

稍有点野心的人，都在这个混乱的局势中，抓住机会，要大干一场。

木华黎主力北归之后，让严实主管山东军事大事。

可严实手下并没有多少力量。

武仙当时被木华黎打败，因此，只怕木华黎一个，别的基本不在他的眼里。这时，他看到山东的红袄军干得很有声色，尤其是彭义斌干得太有成就了。彭义斌是刘二祖的手下。刘二祖死后，他就成了那支队伍的老大，后来就带着这支队伍挂靠李全，不久发现李全人品太差，就又脱离李全单飞。

嘉定十七年（1224 年），彭义斌与史天倪对垒，被史天倪打败，然后打山东，居然一口气占领了山东很多州县。

武仙一看，信心就涨了起来，秘密做反叛蒙古的工作。当时，他有一支秘密武装据守在腰水、铁壁二寨，宣布反蒙。史天倪正好带兵路过，也不问这些武装是哪个部分的，直接就猛打过去。那二寨哪是史天倪的对手，直接被他“尽掩杀之”。

武仙听说之后，当然很气愤。但他知道，史天倪还是很厉害的，硬拼的胜算并不大，于是就摆了个宴席，请史天倪来喝酒，然后在酒桌前做手脚。

史天倪接到请帖后，当场吩咐备马前往。他手下劝他：“老大，宴无好宴啊。武仙这个家伙从来都不是好人，还是小心一点才好。”

史天倪却笑了笑，说：“多谢你的提醒。我以诚相待，他要是敢动手，老天爷也放不过他。”于是，他独自一人过去。果然，酒还没有喝，就被武仙抓住，当场开铡！

史天倪是投靠蒙古汉人中的牛人，木华黎向来看重他，但最后却死于武仙之手，而且才三十九岁。如果此人不死，在以后的岁月里，肯定会制造出很多精彩的故事来。可惜，以后的历史已经跟他无关。

当时他的弟弟史天泽正护送其母回河北老家。史天倪几个部下拼命去追赶，到半路终于追上，把情况全部告诉史天泽，并说：“现在史老大的部下都已经散乱，只有你回去，才可以重新召集起来。”

史天泽一听，立刻赶回，并派人向孛鲁进行了报告，并请求派兵支援。

李鲁立刻任命史天泽接替史天倪的职务，并给史天泽派出三千援兵。

史天泽带着部队去找武仙报仇，武仙派葛铁枪出来迎战。

结果史天泽在战场上把葛铁枪打得大败，连葛铁枪也成了俘虏。

就是摆不平李全

蒙古这边出了乱子，宋朝那边同样不平静。

贾涉死后，朝廷派许国来接替。

许国绝对是个鹰派人物，不像贾涉那么容易被忽悠。他最看不起李全这样的人。他来上任的第一天，李全的老婆杨妙真到郊外迎接，但他却避而不见。杨妙真觉得很丢脸，愤愤而回。

许国一点不管北军的感受，用尽全力压制北军。有时南北两军有些小矛盾，闹到许国那里，许国根本不问原因，直接就猛批北军。如果有功绩报上来，他只赏南军，不管北军。

李全一看，开始也有点怕许国，就写信给许国，想跟许国套关系。许国就拿着李全的信到处张扬，现在李全最怕的就是他。他现在只要动一根小指头，李全就可以完蛋。

许国原来是赵方手下的牛人，在跟着赵方期间，表现还不错。但他只会打仗，不懂政治，让很多人不爽。本来，这些忠义军就对中央有意见了，他还这样公开透明地搞歧视政策，这不等于要把这支武装力量送给敌人吗？

许国的头脑很简单。他以为只要让李全服了，就什么都不怕了。只是现在李全还在青州，而且手里有重兵，他奈何不了李全。于是，就不断地给李全写信，请他来向自己述职。

李全后来觉得自己老不去见，以后会理亏，于是就来楚州让许国接见一次。

李全准备来楚时，李全的手下刘庆福已先派人到楚州去探听情况，得到的答复是，制置使许国没有加害你们的意思。

李全就去见许国。他的手下对他说："老大是当庭求见，制置使应该免除你的跪拜礼节。"

可是当李全去见许国时，许国却端着个大架子坐在那里，接受李全的跪拜，一派傲慢的样子。

李全出来之后，气得破口大骂。

许国摆了这个谱，觉得大大地有脸，然后就又连续宴请李全，赏他很多钱财。但李全并不买他的账。不光许国摆谱，他手下的章梦先也跟着摆谱。李全的死党刘庆福去跟章梦先聊天时，章梦先居然在两人之间下了一道门帘，然后两人隔着门帘聊，把刘庆福气得半死。

李全不想在楚州待下去了，刘庆福也不想待下去了。但他们又不敢提出离开的要求。李全觉得许国这家伙无非就是想摆个谱，那就满足他。于是，李全彻底放下身段，全面转变态度，一见许国就向他跪拜，不管大事小事，事事都向他请示，好像许国是他的恩人一样。许国一见，认为这家伙果然服自己了，贾涉太没水平，居然被这种人搞得郁闷而死。

李全看到许国果然被自己忽悠了，就跟他说："老大，我离开青州已经很久了，想回去看看。否则，怕那里会出乱子。"

许国当然同意。

李全自己回了青州，让刘庆福留在楚州。他给刘庆福布置了任务是作乱！

刘庆福绝对是个敢于作乱的人物。他连续搞了几次，都不成功，但都没有被发现。后来，有个叫苟梦玉的家伙发现了他的作为，就到许国那里去告发。哪知，许国仍然大大咧咧地说："刘庆福也会作乱？他作乱有什么可怕的？你以为我对军事一窍不通吗？"

苟梦玉想不到自己居然碰了一鼻子灰。他马上知道，以许国这个水平，最后必死无疑。而且自己告密，要是被刘庆福那家伙知道了，后果就会超级严重。他想了想，又去找刘庆福，把自己告密的事以及许国不听从的情况统统告诉了刘庆福。

刘庆福一听，也急起来。他可不是许国，知道事情不能再拖下去了。于是，立刻组织自己的手下，宣布搞事。

许国仍然大大咧咧地生活着。这天，他大大咧咧地起来，准备出去上班，在大家面前摆摆谱。可突然觉得气氛好像不大对头，转头一看，怎么满院子都是拿刀的武装人员。他大怒，跑出去大喝：“不得无礼！”

话声刚落，一支箭就射了过来，正中他的额头，热血流满了他那张脸。

他这才知道，事情真的不妙了。难怪贾涉宁愿郁闷而死，也不愿在这里被人射死。

他一脸鲜血地跑出去，连家属也来不及通知一声。最后乱兵们冲进来，把他的家属全部砍死。他的亲兵过来，保护他来到城墙边，然后缒城而下，这才逃出性命。刘庆福宣布占领楚州后的第一件事，就是杀死那个隔着门帘跟他聊天的章梦先。

许国虽然逃得性命，但觉得太丢脸了，就找来一根绳子，上吊了事。许国虽然做到地方大员，但却没一点政治敏锐性，在一群本来就全是流氓习气的人面前，端架子、摆谱，最后官大一级没压死谁，倒把自己搞死了。大宋中央任命这样的人来主持边疆大事，最后不失败，天理难容。

本来山东局势就乱成一锅粥，蒙古国虽然最强，但却守不住。如果利用这个优势，把山东纳进自己的版图，也是一件不难的事。哪知，金国在这里把自己的事搞坏，宋朝也努力在这里把自己的局面弄得很难看。金国是在蒙古国的打击下，越弄越糟，而宋朝基本是自己把自己搞乱。

到了这时，宋廷也慌了。他们天天防着忠义军，现在忠义军仍然搞出事来。史弥远怕事情闹得更大，更不好收场，急忙派徐晞稷去接替许国。为什么派徐晞稷？因为他听说李全跟他比较说得来。

李全听说许国死了，很高兴，刘庆福干得不错啊。他从青州返回楚州，假装责备刘庆福一番，说刘庆福你太不称职了，楚州发生了这么大的乱子，你居然不能镇压，你是干什么吃的啊。然后找来几个替死鬼，宣布他们是叛乱分子，杀头了事。

徐晞稷到任的那天，李全第一时间去拜见。他一进入，就急忙跪拜。徐晞稷知道，不能在这个家伙面前摆谱，立马叫停了李全的跪拜。

于是，大家都很高兴。

当然，李全的高兴仍然是表面的。他从别人那里找到许国的文件，发现了一封丞相给许国的信。这个信的内容就是要许国找个机会把李全干掉。然后他又找到一封苟梦玉给许国的信。就是那封告发刘庆福的信。他很生气。他没有办法搞定丞相，就把苟梦玉抓起来，杀掉。苟梦玉以为自己告发之后，再来个反告发，就可以安全着陆。哪知，还是丢了性命。

李全知道，中央对他的猜忌已经很深入了。现在只有加强自己的力量，才可以保住这条命。他必须团结忠义军的各路带头人，一起对付宋廷。现在忠义军方面，实力最强悍的就是他和彭义斌了。他马上给彭义斌写了一封信，说许国谋反，已经被平定了。许国现在也已经自绝于人前。所以，请你从今天起接受我的领导，听我的指挥。

彭义斌对李全的人品早就看透了，收到这个信后，破口大骂一番后，发誓起兵为许大人报仇。

彭义斌为了表示自己报仇的决心，把送信的人砍了，然后面向南方，发誓报仇。大家对李全老早就不服了，现在看到彭义斌这么愤怒，就都跟着愤怒起来，发誓要把李全这个野心家搞定。

李全知道后，当然不会坐等彭义斌出来讨伐他，而是带着部队从青州出发，先是进攻东平。打不过，又去打恩州。

彭义斌出来与李全对阵，李全大败。刘庆福带兵出来救，又被彭义斌打败。

李全退保山峒，准备把山阳的忠义军全部调过来跟彭义斌决战。杨妙真和刘全也都宣布率所部出来，与李全一起跟彭义斌拼命。

徐晞稷看到这些人越搞越乱，就出来和稀泥，说大家都是大宋子弟兵，为什么一定要把矛盾闹到这么大？还是握手言和吧。

领导都出面了，要求讲和，只要你还打着大宋的旗号，你就得服从。于是，双方罢战。

彭义斌给徐晞稷写了一封信，言辞很激烈，其中有这些句子："不诛逆全，恢复不成。"把杀不杀李全提高到能不能恢复故土的政治高度来。他要求徐大人扼守淮河，断李全的南路，再向李全进攻，可以活捉李全这个野心家。李全的势力一被收编，他就可以收复河北，南方诸将也可以乘势出击，收复河南，大宋故土可以完全恢复。

其他几个将领也都纷纷上书要求联合起来，打倒李全。

可史弥远不答应。这些人上书，把局势分析得很透彻，但史弥远根本不回复。

彭义斌因为把李全打败了一次，俘虏了很多李全的士兵，力量大为雄厚，就过来围攻严实。严实被武仙劫持，到现在仍然忠于蒙古国。他自己手下没有多少力量，只得派人去请蒙古兵过来救他。可书信去了很久，城内的粮食已经吃光了，还不见蒙古兵过来。他没有办法，只得向彭义斌举起白旗。

彭义斌知道严实对蒙古很忠心，也知道他在这一带人气很高，就想先利用他一下，等夺取了河溯地区，再想办法把他的势力消灭光。因此，他对严实表现得很尊重，把严实称为大哥。此时，严实手下还有几千人，彭义斌仍然让严实带领，但却把那些家属都扣押起来，不放回去。

到了这时，彭义斌的部队跟蒙古国的博罗罕部已经面对面了。

彭义斌知道形势已经很严峻，就把一批人马分给严实。严实马上意识到彭义斌这个动作并不是在加强自己的力量，而是派人来监控自己。他很清楚，形势已经万分紧迫，彭义斌跟蒙古交战将不可避免。如果不想办法离开，自己的后果就会十分严重。于是，他找了个空隙逃出来，直奔蒙古军营。

博罗罕果然出兵与彭义斌大打一场，最后彭义斌大败。史天泽追上来，把彭义斌活捉过去。

史天泽看到彭义斌是条好汉，就劝他当自己的手下。但彭义斌却大声说："我是大宋的人，哪能说投降就投降？"史天泽只得下令把彭义斌杀了。

彭义斌一死，他所管的辖区又全归于蒙古。而蒙古国仍然让严实当这一带的老大。此时，严实不但管着魏地的全部，而且还管辖齐地七城、鲁地的九城，共五十四座城。严实打仗不算一把好手，但治理社会却很有水平。当时这一带战乱频繁，城头变换大王旗，到处是难民，但他的辖区内却呈现出安定团结的大好局面。

武仙看到彭义斌居然也战死了，心里有些着急。他也知道蒙古兵的战斗力太强悍，谁硬碰谁死。于是，便组织了一批敢死队，潜入真定的大历寺里当内应，自己再乘夜冲进城中，居然把真定占领了。史天泽料不到这一招儿，只得连夜逃跑。

杨妙真也不简单

再来看看李全。

李全到现在仍然很恨张林，带着部队猛攻益都。张林最后抵挡不住，被他活捉，送到楚州。

这时，蒙古方面派出郡王岱逊去攻打李全的老窝青州。李全出来迎战，被打了个大败，只得退到益都坚守。岱逊追到益都城下。岱逊居然在益都城外修建围墙，要用围墙来把李全困死。

李全部队的口粮很快宣布吃光。他知道，这个城是守不住了，而且宋廷那边是不会派兵来救的。现在要活命，只得靠自己。他跟他的二哥李福商量着，如何渡过难关。

李福说："兄弟俩一起死在这里，实在没什么好处。你比我重要多了，所以我在这里死守。你从小路逃出去，带兵过来解围，也许还有一条活路。"

李全摇摇头说："不行，现在局势不一般。大家都在看着我。如果我早上出城，估计晚上城池就沦陷了，还是你出去。"

李福一听，也对。于是就返回楚州，去搬救兵。李全继续死守，守一天算一天。

如果宋廷此时能派出一支援兵出来救李全，也许山东局势会好一点。

哪知，宋廷知道李全被包围等死之后，十分高兴，希望这家伙最好被蒙古兵杀掉，而且越快越好。因此，除了坐等青州的消息外，没有做别的动作。

当然，他们还是做了一次人事变动，把跟李全关系比较好的徐晞稷撤掉，让刘琸当制置使。

刘琸老早就想当这个大帅级别的职务了，这时终于到楚州上任。他一到任之后，马上就知道盱眙四个总管都是牛人，个个有性格，绝对不服自己。于是，他只好把自己在镇江的三万人马都带来。当时，忠义军的另一个老大夏全对刘琸说："老大，让我跟你一起过去吧。"

刘琸本来就不放心这些忠义军的带头大哥了，看到夏全主动跟随自己，就条件反射地怀疑起来，再加上听说夏全也是个狡猾人士，万万不能留在身边。于是，拒绝了夏全的要求。

接替刘琸原来职位的彭忔看到刘琸都不敢带夏全出去，觉得自己的资历比刘琸更浅，现在让夏全留在这里，以后自己的麻烦就大了。而且从这个事中更看出刘琸也是个蠢材，他连夏全都这么怕，以后肯定不会重用自己，于是就对夏全说："现在楚州虽然很乱，但其实里面乱兵并没有多少，刘大人很快就可以平定的。与其让刘大人去平定，老兄何不先过去，抢个头功。"

夏全一听，好啊。带兵这么多年，也没抢到几次头功。这一次一定要把这个头功抢到手，于是带着部队进了楚州。

这时，忠义军的另一个牛人时青也从淮阴过来，进入城内。

刘琸知道后，心里更害怕，这伙人果然不好管理啊。难怪贾涉死，许国又死，真是谁管，谁没有好果子吃。但到了这个地步，他不去又不行。于是只得过去，把两个忠义军的牛人找来，说以后咱们有事好好说。你想一想，宋廷派的全是这类人才，能把边疆保卫好吗？

这几个家伙好不容易勉强合在一起，暂时没有出事。可又传出李全已经死掉了。

当然，李全的死，宋廷基本是乐见其成的。但李全的老婆杨妙真哪能乐见其成？她现在就在楚州城内。她原来是杨安儿的妹妹，老早就成为红袄军的高级领导人，后来嫁给李全。现在听说老公被杀了，哪还能坐得住？

她在这里混日子已经很久，知道宋朝官场的水很深，要是没有个倚靠，你就别想混下去了。她立刻派人去找夏全，转告她的话：“你跟李全都是由红袄军归附朝廷的，现在李全死了，希望你看在都是红袄军的分上，照顾我。”

夏全说：“这个是当然的啦。”

杨妙真一听，立刻见夏全。夏全一看，这个杨美女还真美，难怪李全愿意娶她。

杨妙真跟着夏全来到夏全的军营里，直接含情脉脉地对夏全说：“三哥已经死了，我一个弱女子，还能怎么混下去？所以决定让老大当我的丈夫，至于我手下的军用物资，也跟我一样，以后都属于老大了。”

夏全一听，当然高兴。

不久，他跟李福也取得了联系，决定把刘琸赶出楚州。

两人派兵围困楚州，然后到处烧杀掳掠。刘琸当时城内还有一万多部队，但他听到这个消息后，居然呆在当场，然后唉声叹气，连发号施令都忘记了。一直到半夜，他突然想起，如果只叹气，是保不住性命的，他必须果断。当然，如果他能果断地指挥部队平定叛乱，他就不是刘琸了。他是果断地找了一根质量上乘的绳索，冒着呼呼寒风跑到城头，然后缒城而逃。而城内的镇守部队，在没有指挥官的情况，自觉与夏全部队死磕，最后大半战死。刘琸步行到扬州。到了扬州的刘琸觉得很安全了，就下了个文件，抓紧时间给他制造旗帜，好让他威风凛凛地借兵去打仗。

全城人都拿他当笑料。

夏全以为赶走了刘琸，自己就是楚州的老大。他雄赳赳地回到家里，要去找新婚夫人。哪知，杨妙真却连城门都不让他进。他这才知道，杨妙真真的不简单。原来这一切，全是套路啊。李全肯定没有死。原来是杨妙真怕朝廷拿下李全的老窝，就搞了个美人计，很轻松地搞定了刘琸，也搞定了夏全。

夏全很恼火，也很后悔，但到现在恼火加后悔又有什么用？他不敢进城，只得带着部队一路打劫到盱眙，然后下令进攻。可哪打得过人家？他没有办法，南宋不能待了，只得投奔金国。

夏全被搞得很狼狈，但李全的情况也好不到哪里去。

这时，孛鲁亲率大军前来，与李全对垒。

投降是保命最有效的办法

孛鲁比先前的大将牛多了，他派李喜逊去见李全，命令李全赶快投降，否则，攻进城去。

李全说，那就投降了吧，反正在宋朝那边也天天受歧视。

可是他手下的大将田世荣却不同意，根本不跟他商量，拔刀就把李喜逊砍了。

李全一看，也傻了。田世荣这一刀把李喜逊砍死了，也把他投降的路堵死了。他只得再坚持。

但他能坚守吗？他已经坚守了八个多月。在蒙古兵包围之下，能坚持这么久的，也算是狠角色了。只是孛鲁更狠，就是不放过他。

李全每天巡城，士兵们虽然拿着武器站在城头，但炊事班那里却已经停工。他不得不宣布放弃青州，带着大家突围。可是在野外，他就更不是蒙古军的对手了，才出城冒个泡，就中孛鲁的埋伏，当场砍死他的七千部下。他只得又退回青州城内。最后，为了保命，又决定投降。

李全虽然不是大政治家，但很会玩政治那一套。他知道他要是宣布投降，估计那几个猛人又会坚决反对，估计白旗还没有做好，就先把事情搞砸了。于是他偷偷找来死党郑衍德，让他按计划行事。他在大家面前，焚香向南拜，用很有感情的声音说，他守不住青州，辜负了朝廷和广大人民的期望。现在青州城破在即，唯有以死明志。然后当场把自己的脖子套进那条绳子中，上吊自杀。这时，郑衍德按计划出现，带着一些部下死死地抱住李全，坚决不让他自杀。大家都哭着求他投降。

于是李全半推半就，说既然大家这么说，那为了兄弟能继续活下去，就忍痛牺牲自己的名声了，投降吧。北归未必非福呢。

那些反对派也就没有办法提出异议了。

演戏到此结束，投降成功。

蒙古方面的很多人都看透了李全这个人的嘴脸，说他都守到这个时候了，是实在没路走才投降的。这样的人不是真正投降的，还是把他砍了。

孛鲁却不同意。他跟着老爸征战多年，也开始会玩政治了，他说："杀李全这个人，容易得很。但现在山东一带还有很多李全一样的人没有投降啊。李全在这一带很有人气，如果把他杀了，民心就会大失。不信，可以写信请教一下成吉思汗。"他真的给成吉思汗写了一封信，请示大汗是不是可以杀李全。

当时，成吉思汗已经病得很严重了，便回信说，由你自己决定。

于是，孛鲁就设了个行省，让李全当了老大，主持山东、淮南、楚州的事务。这个行省职务好像很大，其实，淮南、楚州等地都还在大宋境内。但李全当了老大之后，山东一带的很多州县就主动前来归附。

孛鲁的这一招儿，本来也没有多高明，只是宋廷的政策实在太不像话了。本来有这么多民间力量自觉归附于他们，而且这些土匪出身的部队，战斗力比很多宋朝的正规军还牛。但宋廷高层却自始至终都在怀疑他们，对他们从不放心。每届制置使的工作不是想办法去打金国、蒙古国，而是防范这些力量。当这些力量出兵与金蒙对抗时，他们基本都在隔岸观火，有时甚至还希望敌人把这些人消灭光，心里才爽。李全的人品虽然很低下，但这次他独守青州八个多月，守到弹尽粮绝的地步，而宋廷高层那些浑浊的眼睛就眼看着他们到弹尽粮绝的地步。这是在逼他们投降。

李全投降了，他的性命保住了，但他那群还留在宋朝境内的余党就觉得有麻烦了。此时，李全最牛的两个余党，就是他的哥哥李福和刘庆福。

李全投降的消息传来，其他人没什么反应，但这两个人的脸就白了。宋廷完全可以借此把他们抓来，押赴刑场，执行砍头。

两人到了这时，土匪的本性就全面暴露出来。

刘庆福想，李福那家伙向来贪婪阴险，不讲情面，以前为了点钱财，连张林都敢玩。现在为了保命，肯定会把我干掉，向朝廷表功。

李福同样这么想。于是，他们都在准备套路，让对方中计。

李福说自己病了，已经病得出不了门。刘庆福将信将疑，就决定亲自去看，好见机行事。

哪知，李福的病是装的，目的就是把刘庆福骗进来。他看到刘庆福果然很傻很蠢地来了，一声令下，刀斧手冲出，把刘庆福的脑袋砍下，然后送到上级领导——姚翀那里。刘琸逃走后不久就死掉了，中央又派姚翀出来顶替。派姚翀的理由跟徐晞稷一样：跟李全关系好。

姚翀很高兴。李全投降了，不会再惹麻烦了，现在这两个家伙又打了一场，忠义军的势力越来越弱了。这些麻烦人士越来越弱，自己的官当得就越来越爽。

可楚州的军民却越来越苦了。

因为楚州这段时间基本都是在战乱中度过的，城中的物资已经耗尽，外面的物资都进不来，社会治安越来越差，抢劫杀人的事时时发生。大家都一致认为，这个局面是李福造成的。

李福听到这些风声，又怕起来，急忙催姚翀赶快给楚州发放物资。可姚翀却把责任推到宋廷身上，说是宋廷没有划拨，他也没有办法。

李福一听就知道姚翀也不是好人，再这样下去，楚州就会发生民变。民变的结果就是他丢脑袋。他找姚翀，姚翀不理，又去找杨妙真。两人商定，以平定民乱为借口，请姚制置使过来，一边喝酒一边商讨。

姚翀一点没有怀疑，来到杨妙真家。可他坐在那里等了很久，杨美女都没有出现，只有李福在那里等着。李福说："老大，这是个很机密的事情，其他人还是离远点才好。"于是，把姚大人的随从支开。然后两个人在那里聊天。

杨妙真暗中又开展活动，派人去把以杜耒为首的姚大人所有的幕僚叫来，说是制置使大人的命令，而且还要这些幕僚把姚翀的两个小老婆也带上。

这些幕僚都是聪明人，一看这个命令就知道是假命令。但这些幕僚又都胆小，不敢违抗。而且他们更知道，杨妙真和李福都不是什么好人。姚翀虽然是他们的领导，但楚州城内他们才是真正的实力派。

杜耒来到八字桥时，李福的兵就举刀砍断了杜耒的腰。

李福接着准备杀死姚翀。可李全的另一个死党国用安觉得这样做太绝了，就出手救了姚翀一命，把他放了出去。

姚翀这才知道，难怪制置使这么大的官，别人都不愿出来当，原来这颗大印居然这么烫手。

他躲到某个角落里，还怕李福的死党们认出，就把自己的胡须都剃光并化了装，这才在半夜里逃出城去，摸黑跑到明州。不久也像他的那几个前任一样死去！

消息传到朝廷，史弥远也只是睁着那双权臣的眼睛，闭着嘴。他们对朝廷内的反对派是很有办法的，但对这些忠义军却一点没办法都没有。如果他有办法，他还把消灭忠义军的希望寄托在敌人的身上吗？但这个问题又不得不解决。

最后，这些高层居然搞出一个更加奇葩的决定来，调整整个部署。新部署的关键词就是：轻淮重江！看上去，果然很简洁！但这个简洁却让宋朝付出巨大的代价，就是他们准备把战略防线后缩，做好放弃淮河防线的准备。

于是，楚州不再立帅，改称淮安军，令张国明代管。如此一来，楚州就彻底沦为可有可无的羁縻州，不再纳入宋廷的各种计划内，是死是活，全靠自己。

本来楚州城内的那些武装力量，想着投降宋朝可以有一口饭吃。现在这口饭没有了，他们还能安心当大宋子弟兵吗？于是，他们只好又靠打砸抢来维持生活了。

这全是大宋中央逼的。

楚州继续乱。

杨妙真和李福虽然搞定了姚翀，成功地使楚州陷于高度自治的程度，但人们仍然埋怨他们。他们可以摆平朝廷命官，但却解决不了百姓吃饭问题。

现在人们最需要解决的是吃饭问题，而不是杀掉制置使的问题。

更要命的是，当时李全的一些敌人也还留在城中，带头大哥就是张林、邢德、王义深等人。这些人都被李全整过。尤其是张林，被李全搞得差点落了脑袋，从兄弟关系变成了彻底的仇人关系。这时看到楚州城内乱得成一团麻，李福和杨妙真一点办法也没有，觉得正是搞事的大好时机。于是，就开了个秘密会议，说只有把李福和杨妙真这两个李全的余孽肃清，宋廷才会帮楚州解决这些困难。这几个人办事效率很高，决定之后，立刻行动，带着武装人员冲进杨妙真的家里。

杨妙真还真的不是吃素长大的，居然在这伙人的突然袭击之下还能逃出，一口气跑到海州。李福的本领就比嫂子差多了，才逃出没有几步，就被邢德抓住，当场砍死。这一次火并，又死了很多人。

他们砍了李全次子李通，又杀了一个李全的小老婆，用来冒充杨妙真的脑袋，送到代理制置使杨绍云那里。杨绍云再把这几颗脑袋送到临安。

宋朝一看，都很高兴，好像取得了史无前例的大胜利一样。他们这次行动很迅速，立刻传檄，命令彭忳带着总管张惠、范成进、时青等人迅速合兵前往楚州，要求他们团结一致把李全在楚州的余孽全部斩尽杀绝。

可张惠他们却很不服彭忳，彭忳长期在这一带混，知道这伙人生气的后果是很严重的，现在发现他们看自己的眼色好像很不对劲，知道自己要是还敢在他们面前挥舞指挥棒，自己的末日就近在眼前，于是就上书宋廷，请宋廷和制置府来决定楚州的事。最后宋廷只得决定让时青当牵头人，负责全面剿灭李全的残余势力。

时青虽然跟李全的关系不怎么样，但他也是红袄军出身的，要他清剿李全的手下，他很不愿意。而且他也怕自己很快成为下一个李全，于是就偷偷派人去青州，把这些事告诉了李全。自己则天天待在那里，拖着时间不作为。

张惠和范进成一看，朝廷又让时青当老大，内心更加不服，就把自己的部队带回盱眙，然后设了个鸿门宴，把彭忙请来，轮流向他敬酒。彭忙临事时胆子很小，但在酒桌上，喝得很爽快，不一会就醉倒在桌边。张惠和范成进把他捆起来，然后带着部队渡江，投奔金国去了。

金国什么也不做，白白得到两支武装力量，高兴得合不上嘴，便大方地封张惠为临淄郡王、范成进为胶西郡王，归完颜讹可部下，开往河南，去抗击蒙古兵。

李全得到时青送来的消息后，这才知道自己的哥哥、儿子还有小老婆等人都已经死于非命，成为人家邀赏的砝码，遂大哭起来。然后流着泪去找孛鲁，请领导命令他南下，以图报仇。

但孛鲁却不批准。

孛鲁不批准并不是怕李全打不赢，而是因为成吉思汗刚死，大汗之位没有定，他也必须回和林去，所以不想生事。

但李全却当场砍掉一根小指，发誓说一定要南下。他还说，南下之后，绝对不背叛蒙古，绝对是身在宋营心在蒙。

蒙古人向来也是把复仇当成大事。于是，孛鲁只得答应，任命李全为山东行省的第一把手，山东省的事务都由他说了算。

李全带着蒙古国的张国明以及几个死党回到楚州。

李全经营楚州多年，确实很有人气。他一到楚州，立刻换上蒙古国的服装，废去宋帝的年号，而改用甲子纪年。

杨绍云听说李全回来了，便在第一时间选择逃跑，到扬州去避难。

李全大开杀戒，杀过他的手下的人，他一个不放过。张林这次也没逃脱，被李全砍死。时青虽然知道李全很毒，而且向来跟他关系不好，但以为自己曾经偷偷向他通报，算是有恩于李全了，李全的人品再怎么差，也不会拿他开刀吧。

哪知，李全却不这么想。他看到时青的部队还是不少的，就把时青请来。时青毫不怀疑地准时来到李全那里。

李全什么话也不说，把时青杀掉，然后把他的部队全部收编。只有王义深逃到金国，被金国封为东平郡王。现在金国动不动就封王。

李全比任何人都清楚，在这个世界上混，必须有强悍的武装力量，你的实力越雄厚你就越有发言权。他以前就做着并吞红袄军旧部的勾当，现在这些曾经的友军基本都消失了，他就到处征兵，而且应征入伍的待遇远远高于其他部队。于是，不管是南方人，还是北方人，都愿到他那里当兵吃粮，就连宋朝和金朝的很多现役军人都过来，当他的士兵。他投降蒙古一次之后，就把那副流氓的面目公开地摆了出来，居然要挟宋廷说，你们如果不给我们提供军用物资，我就再让蒙古军打你们，弄得宋朝很无奈。他们这才知道，原来他们的政策全是错误的政策。李全的眼光还是不错的，知道以后这个地方要是发生战事，会从陆地打到海上，因此大力打造水师，制造了大量的船只。从淮河到大海的水面上，船桅相望。

李全觉得青州是自己的根据地，现在却归于严实的辖区，心里很不服。他也不管刚刚在孛鲁面前断指发誓，直接带着部队就向青州进攻。但被严实打败，又退回海州，继续打造他的水师。

宋廷此时都知道李全这家伙不会真正当赵家的手下，迟早会搞出大事来，因此很多大臣都表示要旗帜鲜明地讨伐李全。

可现在决策权不在这些大臣手中，而是掌握在史弥远的手里。

史弥远认为，还是从长计议吧，但他还是起用了赵葵和赵范两兄弟。这两个人是赵方的儿子，是当时宋朝不可多得的将才。他让这二人来对付李全。

拖雷入川

而恰在此时，拖雷突然派兵杀入四川境内。

拖雷这时很想试探一下宋朝的实力，过去骚扰一下，看看这个立国时间最长的国家有什么反应。他的打算显而易见：如果宋朝继续像传说中那样软弱，那就一路打下去，全面占领四川，控制长江上游，只要条件成熟就可以像当年的王睿一样，楼船顺长江而下，直抵建康。

拖雷的大军迅速拿下了武州、阶州、西和州。当时西和州知州陈寅带着全州军民奋力抵抗，最后挡不住蒙古兵的进攻。他就和老婆在城破之后自杀。

而四川制置使郑损的表现就很差了，他没有与拖雷接触，就放弃沔州逃跑了，而且还下令放弃关外五州，退守三关。四川就靠这五州三关当屏障。如果五州三关失守，四川的门户就洞开。

拖雷没有想到宋朝的制置使原来是这么一个人，远不如那个陈寅知州。他下令大军长驱直入。

拖雷没有想到郑损水平很差，但他同样没有想到四川的地势居然这么险。他急切之间，也无法攻破三关。于是，宋朝的四川躲过一劫！

这一番进攻，让宋朝群臣也吓了一跳，觉得李全的威胁不是在吹牛。

不但宋朝很恨李全，就连金皇帝都很恨李全，觉得李全绝对是个麻烦人士，于是找来几个大臣，说李全现在经营楚州，时间长了，对咱们就会有威胁。现在蒙古那边暂时没有事，咱们正好趁这个节点把李全搞定。

但其中一个叫白华的大臣却不同意，说李全是个机会主义者，借着蒙古的威风，又拿着宋朝的军饷，玩的是通吃把戏。这种人当个土匪是很优秀的，但对我们真的没有很大的威胁。现在我们最大的威胁仍然是蒙古。目前蒙古国内部出了事，顾不上南下扩张。一旦他们内部稳定，举兵南下，我们就难受了。所以，现在我们趁着这个时间，做好一切准备工作。如果能打败蒙古兵，李全不归顺我们才怪。

金国皇帝一听，又没话说了。

这一段时期，金国和南宋基本都在走下坡路上，各国不断卖力地搞内乱。宋朝本来白拿了一块山东地皮，最后硬是把事情不断搞砸，让这块地皮的大部分都变成蒙古国的领土。蒙古国其实也有些不和谐。他们还在后成吉思汗时代的调整当中。

在南宋和金国为李全头疼的时候，蒙古国高层还在为推举大汗头疼。

此时，离铁木真逝世已经两年了。可这两年来，窝阔台仍然是皇太子，而拖雷仍然是监国。

耶律楚材再次把大家请来，请大家把这件大事定了。可是诸王却仍然在犹豫，窝阔台却不断地谦让。窝阔台性格温和，才能远不如拖雷。因此，军内的死党并不多。现在朝中的高层，基本都是拖雷的铁杆。拖雷不愿放下监国这个位子，他们更不愿让拖雷放下权力，所以，他们都在会上不表态。

耶律楚材对拖雷说："如不早做决定，再这样下去，只怕局势就不乐观了。"

拖雷也知道，不能再拖下去了，就带着诸王拥立窝阔台当了大皇帝。缺了两年皇帝的蒙古这才有了真正的最高领导人。

耶律楚材是个牛人，满肚子学问，对中原文化那一套规矩知道得比谁都多，跟汉朝的叔孙通差不多。他看到蒙古体制太过简单，跟大国体统一点不匹配，就搞了一套规矩出来，让大家知道，皇帝有皇帝的规矩，大臣有大臣的规矩。以后大家见着皇帝，必须按职位排列好，向皇帝跪拜。要不，当皇帝也太没有权威感了。当时，蒙古国在中原一带，虽然打得很顺手，但在管理上搞得很乱，没有一点秩序，几乎所有的长官手里都有生杀大权。于是，耶律楚材向窝阔台建议，以后一定要以中央的命令为唯一的标准，不得再乱来了。中原的乱象才得以禁止。

这一年，已经是宋绍定二年，公元1229年的八月了。

窝阔台当上皇帝之后，立马把讨伐金国的事摆上台面，于当年十月就派兵进入金国的庆阳。完颜守绪得报后，有些害怕，就下令陕西行省派人送给蒙古国大量的物资希望他们退兵，然后坐到谈判桌上来，开展议和活动。但蒙古国一点不给面子，直接拒绝。

金国只得决定派移剌布哈去救。

完颜守绪知道事情危急，问白华："现在移剌布哈在邠州，你能在六天之内往返一趟吗？"

白华计算了一下，说可以。

白华果然在规定的时间内把命令传达给移剌布哈。

移剌布哈带着部队立刻出发，在大昌原与蒙古兵相遇。双方一见面，就展开厮杀。

蒙古国的前线总指挥就是赤老温。赤老温属于第一代领导核心成员，与博尔术和木华黎齐名。现在由他出马，可见蒙古国对此战的高度重视。

而金国方面的前锋是完颜陈和尚。现在再交代一下完颜陈和尚的来历。他是金国皇族的后代，只是与现任皇帝的血缘关系有些偏远，不过，比刘备那个皇叔要近得多了。蒙古兵南下占领丰州时，他被当作俘虏带到草原上。有个蒙古军官很喜欢他，就把他留在了身边。当时他的母亲仍然留在丰州。他在草原上待了一年之后，就申请回乡看一看。

那个蒙古军官就派了一个士兵跟着他回丰州。

回到丰州后，他跟堂兄完颜斜烈把那个负责监视他的士兵杀死，然后抢了十多匹马，带着老妈向南归金。但仍然被蒙古兵发现，并派出骑兵来追。他们只得改道而行。后来，马匹都丢了，他们就用人力车拉着老妈往南，最后渡过黄河，到达汴京。当时的金宣宗完颜珣听说后很高兴，任完颜斜烈为总领，让完颜陈和尚当了护卫。

完颜斜烈当时领命驻守方城，完颜陈和尚也请求去跟堂哥混。有一次，完颜斜烈生病了，他手下有个叫葛宜翁的人跟人家打架，最后闹到帐中请老大评判。但由于完颜斜烈生病，没能出来处理。大家就请完颜陈和尚出来裁决。完颜陈和尚当时判定葛宜翁理亏，按法律用鞭笞他。这个葛宜翁是个脾气很臭的家伙，觉得堂堂男人居然被人家鞭打，就气死了。他临死的时候，对他的老婆说："你一定要找完颜陈和尚报仇。"

于是，葛家的人就把完颜陈和尚告到被告席上，说完颜陈和尚是在公报私仇，滥杀无辜。结果碰到个糊涂官，直接把完颜陈和尚抓捕起来，投到狱中。当时这个案件很轰动，几乎所有的人都认为，完颜陈和尚在首都这个地方犯罪，肯定会被从严从重处理。连完颜守绪都不敢做出决定。

于是，完颜陈和尚就在牢里待着，吃了十八个月的牢饭。但他却在牢里天天读书，好像不是在等死而是在上学一样。

直到完颜斜烈有一天入朝拜见皇帝，完颜守绪看到完颜斜烈居然病得这么厉害，就问他："你是不是因为兄弟犯事了才成这个样子的？那我就放了他吧。"可是御史台却不同意。完颜守绪只得作罢。

不久，完颜斜烈病死了。

完颜守绪终于把完颜陈和尚放了出来，并对完颜陈和尚说："有人说你公报私仇，要求判你死刑。可是因为你兄长死了，我损失了一个大将。我现在因为你的老哥把你放出来，大家肯定会议论我。你以后一定要努力为国家出力。"完颜陈和尚当时哭着拜谢完颜守绪。完颜守绪就让他当了紫微军都统，但身份已经不是皇家而是平民了。

一年后，也就是1227年，他又被提拔为忠孝军提控。这支部队虽然有个很好听的名字，其实全由一大群少数民族以及中原一带的犯人组成，成分极为复杂，很难管理。但完颜陈和尚却硬是把这支队伍管理成一支军容整齐的队伍，全军上下对完颜陈和尚的号令都严格遵守，使得这支杂牌中的杂牌成为一支作战能力很强的部队。

而现在他就带着这支部队随移剌布哈出来，跟赤老温对抗。

当移剌布哈问谁敢出战时，完颜陈和尚大声说："我出战！"然后就带着他的部队冲了出来，而他的部队只有四百人。

赤老温这些年跟着铁木真打仗，基本都是胜仗，而且多次以少胜多，杀得敌人四处溃散，现在看到金国方面居然只派几百人出来，不由笑了。蒙古兵的野战能力，当世无双，而且这支蒙古兵挟着灭掉多国之威，士气正盛。在他们的记忆里，金兵在他们的面前，只会打败仗，即使兵力比他们多几倍，他们都觉得完全可以秒杀这些敌人。

当所有蒙古兵觉得只碰到这几百金兵而感到不过瘾时，完颜陈和尚带着他的部队旋风般地杀上来。但见这几百人像发疯一样冲锋，根本不知道生和死有什么区别时，不由都傻了。原来金国也有这样的部队，一时胆怯起来，被金兵打了个大败。

这次完颜陈和尚以四百兵力打败赤老温的八千蒙古兵，制造了一场以少胜多的经典战役，也是蒙金开战二十年来取得的第一次胜利。打了二十年，才打破了蒙古兵不可战胜的神话。这个神话依然可以称为神话。

金国举国轰动。完颜守绪当然很高兴，立刻大赏完颜陈和尚：授定远大将军、平凉府判官，世袭谋克。

哈布也跟很多人一样，被这一仗刺激得信心满满。他突然记得，以前蒙古有个使者来到陕西行省，大家怕放他回去会泄露机密，就把他扣留下来。他就把那个使者找来，大声告诉他："我已经准备了兵马。你们有胆量的就过来跟我决战。"然后放他回去。

这个使者把这个话告诉了窝阔台。

窝阔台一听，大怒起来，请拖雷过来讨论，商讨灭金大计。

窝阔台虽然很愤怒，但他还是比较谨慎的。他决定先派苏格到金国访问一下，顺便打探金国的虚实。

苏格见到完颜守绪时，说："我们大蒙古天子体谅到你们金国的工地越来越少，人民的生活越来越困难了，就派我来转达他的话：只要你们能按时给我们进贡，对我们有礼貌，你们就能够转危为安。"

金国其他大臣看到苏格实在太嚣张了，就大声喝令他下跪，可他却大声说："我是大国的使者，代表的是蒙古帝国，哪能向你们下跪？"

完颜守绪看到这家伙这么有性格，就下令拿个金杯来给他喝酒，说："我很欣赏你的性格。不过，请你回去告诉你们家的老大，如果一定打，那我就派精兵去迎战。至于进贡什么的，我没听说过。你回去吧。"

苏格就把那只金杯放进怀里，然后告辞。他一边回去，一边对金国的情况进行侦察，把金国的地形都记起来。他见到窝阔台后，便把自己看到的情况全部进行了汇报，并把金杯交给窝阔台。

窝阔台很高兴，说："我从你手中得到了金国。"然后又把金杯还给苏格。

窝阔台和拖雷都认为，讨伐金国的时机已经成熟。于是，窝阔台决定御驾亲征，拖雷及其子蒙哥随军出征。现在拖雷已经不是监国了，不能让他留在后方了。而且，他是主管军事的，灭金当然不能少了他。

窝阔台来到平阳时，突然发现前面一片辽阔，原来是一片希望的田野啊，怎么现在全是杂草丛生？他把兵马总管李守贤叫来，问他这是怎么回事？

李守贤说：“因为连年开战，老百姓穷得连耕田的工具都没有了，所以这些田地就丢荒了。”

窝阔台一听，立即下令，拨给这个地方一万头牛，并把关中地区的人口都迁移到河东来种田。窝阔台虽然在其他方面比他的老爸弱暴了，但这些年来被耶律楚材熏陶，开始意识到农业的重要性。蒙古是游牧民族，他们打天下时，都用草原土著民族的思维去考虑问题，说是打下中原之后，就把中原变成牧场。因此，他们打胜仗之后，都采取屠杀政策，只有把人杀光后，牧场才能扩大。当年，铁木真征讨西域时，发现仓库里已经没有什么物资了，于是，大臣们又一次建议，把汉人都杀光算了。反正留下他们也没有什么用处。耶律楚材坚决反对，说：“世界这么大，要什么就会有什么。现在我们什么都没有，是因为我们没有开动脑筋去想办法而已。”于是，他给铁木真制定了一套税法，果然让蒙古国的财政有了很大的改观。

连铁木真都听耶律楚材的，窝阔台哪能不听？耶律楚材饱读诗书，精于经济之道，比谁都知道农耕的重要性。社会发展到了今天，想让国富民强，必须抓好农业生产。当时最先进的生产方向就是发展农业。游牧虽然很爽，但已经是很落后的生产方式。

之后，窝阔台又进行了一次改革，慢慢向农耕文明前进，他设立了仓库以及驿站，命令中原一带的老百姓以户为单位交纳赋税。这些事都由耶律楚材说了算。

拖雷率主力部队很快就进入陕西，一口气攻下京兆、同州、华州六十多个营寨，进逼凤翔。

完颜守绪征调移剌布哈防守潼关。

拖雷很快就包围了凤翔。金国派完颜合达和移剌布哈快速前往救援。

但两人却畏敌，不敢前进。完颜守绪一看，差点大骂起来，他又派白华去催促。可是两人却哭丧着脸说，现在蒙古兵太强了，我们要是轻易冒进，就会被打败。

白华没办法，只得回来向完颜守绪汇报。完颜守绪一听，哪能这样啊。他叫白华再去催，说你们即使不敢跟蒙古主力较量，但也可以率军出关，去跟渭北的敌军接触一下。那样蒙古就会赶去救援，凤翔的压力就会减轻一点啊。

两人一看，皇帝都用这样的口气了，再不出关一次，实在太不够意思了。于是，两人只得带兵出关，跟渭北的蒙古军打了一仗，到天黑之后，就收兵回关，算是完成了皇帝交给的任务。至于凤翔的生死，已经跟他们无关。

于是，凤翔被蒙古兵夺取。

蒙古军继续朝着胜利的方向前进，但速不台却又打了个败仗。

速不台本来负责打潼关，却碰上完颜陈和尚。完颜陈和尚并没有像别的部队那样除了收缩战线、躲到关里、消极防御之外不敢做其他动作，而是看到蒙古兵后，也不管对方是谁，直接冲出来大战一场。速不台看到敌人居然敢出来，很兴奋。在他的想象中，野战是蒙古的强项。他挥军冲杀，哪知本来声势浩大的蒙古兵，居然被对方压着，完全居于劣势，最后支持不住，向后撤。但完颜陈和尚紧追不放，一路狂追一路狂打，一直到倒回谷，这才收兵。

速不台是蒙古名将，当年西征，创下无数经典战例，现在居然被这小子打败。

窝阔台觉得实在太丢脸了，大骂速不台，要启动问责机制。拖雷说："胜败乃兵家常事。应该让他戴罪立功。"

窝阔台一看，既然拖雷都为他求情了，而且他确实又是本国的元老级将军，也不好再问责下去了，就让他跟着拖雷南征。

窝阔台很生气，自己掌权以来，居然打了两个败仗，而且都是元老级的牛人被打败的。其实，他不知道，这是因为他碰上了完颜陈和尚。

金国好不容易出了个战神，打了两个举国欢腾的胜仗，但他目前所带的兵力有限，仍然是移剌布哈的手下。移剌布哈是个什么样的人？他目前是金国元帅级的人物，凭着资历当上高官，带了这么多年的兵，打了这么多年仗，基本都是败仗。因为当年现任皇帝即位时，他立了功，完颜守绪觉得这样的人可以放心。于是不断地提拔他，让他当到枢密副使，代参知政事，是军中实力派。可他治军无谋，又爱耍大牌、贪小利。这家伙为了突出自己治军的水平，曾经让部队昼夜行军二百里，折腾得大家一路叫苦。他觉得自己很牛。

完颜陈和尚知道后，说："移剌布哈带兵太没有水平，平时对下属的管理太没规矩，放任大将们到处抢掠。大家都不愿打仗而天天开展抢劫活动，今天抢人，明天抢东西，国家一定会被他折腾完。"

完颜陈和尚说这话不久，就有人告到移剌布哈那里。移剌布哈很生气，把完颜陈和尚找来，说："你是不是讲我坏话？说国防力量被我弄得越来越糟？以后国家会毁在我的手上？"

完颜陈和尚很淡定地说："我真的说过。"然后盯着他的脸。

移剌布哈本想吓一吓完颜陈和尚，哪知一点效果没有收到。如果是别的人，他肯定哇哇大叫一通，然后轻则撤职，重则砍头。凭他跟现任皇帝的关系，他砍一个手下官军的头，是不会被处理的。但现在他面对的是完颜陈和尚，目前广大金国人民心目中的战神，皇帝也看好的人。他也跟着淡定地说："以后发现我有过错，请当面说，不要背后说。"

一个国家军队的最高领导人就是这种货色，这个国家能有前途吗？

完颜守绪的表现比他的前任也好不到哪里去，而且现在手下有这么牛的人，自己也喜欢，但就是不敢破格提拔，让完颜陈和尚独当一面，而是仍然让移剌布哈这样的人来管理。以这样的用人原则来应对蒙古帝国，想获得胜利，只有等蒙古兵碰到万年一遇的自然灾害了。

因为此时，虽然蒙古兵很强大，但蒙古这些年打仗，基本都处于粗放式的松散状态。虽然铁木真在临终前制定过联宋灭金的战略，可窝阔台到现在并没有去实行这个既定方针，而是主力直接南下，辗压金国。本来，现在他手中是有很多好牌的。山东一带，李全已完全归附，把金宋两国都搞得十分头疼。两国牛人都拿他没办法。只要窝阔台稍一调整政策，管住李全，铁木真联宋政策便可立竿见影。但他居然不这样做，而只是采取很直观的战略方式，东西两路火力全开，金宋两国都一起打。

幸亏现在金宋两国的决策层不是奸臣当道，就是庸才把持朝政，没有看清全局的视野。面对蒙古的逼近，明明被蒙古打得毫无还手之力，却还要在被蒙古猛打的间隙里你打我、我打你，采取的是被蒙古打了，我就打你的战略决策。这样的结果就是抢着为蒙古消耗敌人的兵力、国力，为蒙古最终灭金灭宋打下坚实的基础。

第六章
兵临汴京城下

李全的覆灭（上）

再说说东部的情况。

这边仍然是李全在唱主角儿。

李全不是正规军出身，因此办事从不按常规出牌，弄得金国拿他没办法，南宋高层一谈到他，更是超级郁闷。你想想，他明明穿着蒙古的服装，天天宣称自己受过蒙古的任命，当了蒙古帝国的手下，却又动辄叫南宋给他军饷。而南宋居然也乖乖地把钱给他，把物资运送到他的码头。他天天造船，打造水军。他创办水军的目的就是南下打南宋的东南一带。

最后，史弥远被逼得没有办法，只好启用赵家兄弟。

于是，赵葵和赵范兄弟登上历史舞台。

一段精彩的历史也得以展现出来。

在窝阔台宣布御驾亲征的当月，李全更加疯狂地加快了造船的力度。他把当地的树木砍光，砍到无木材可用的地步。地面没有木材，就挖地下的。于是，造船队员们突击行动，到处挖坟，把里面的木板拿来当造船材料。没有油灰，那同样好办。监狱里不是有那么多刑事犯吗？不用对照什么法律条文来量刑了，直接一刀切宣判，全部砍头，然后煎熬他们的脂肪当油灰。工地上都是全天候工作不停歇。为了组织一支强大的水军力量，他把沿海一带的海盗都召集过来，充当他的水手。他还觉得不够，就找宋朝，说为了有效地抵抗蒙古兵，还得加拨部队的军费。更可笑的是，他居然还要求给他发誓书和铁券。这可是开国功臣才能享受的待遇啊。

更可笑的是，宋朝居然还在不断地满足他提出的要求，弄得其他部队的意见很大。

李全又拿着金牌到处去威胁这个恐吓那个，说他现在不但是蒙古国的高官，同时也是大宋的牛人。要大家支持他建造浮桥，以便他的部队往来盐城。这是什么节奏？这是要打通南下的捷径啊。

连史弥远的死党郑清之都认为，李全是非讨伐不可了。但史弥远却仍然很淡定地表示，不要受民间舆情的影响，事情不会那么严重的。

郑清之没有办法了，就找赵昀汇报，让他一定要搞定李全。

宋理宗就把赵善湘找来，让他全权负责讨伐李全的事。不过，要讲究方式方法，也就是要暗中做好准备，表面仍然做好团结协调工作。

赵葵和赵范一看，又是和稀泥政策，就上书指出，已经到讨伐李全的时候了。

果然，没几天，李全突然带着部队来到扬州城外，要求开门让他进去。

幸亏扬州守将丁胜很警觉，也带着部队出来拦住李全。李全大怒，向南门发起攻击。

扬州离临安很近，消息很快就传到史弥远那里，史弥远在得知这个突发事件后，并没有部署部队去平定乱子，反而给李全的上级领导赵璥夫下令，让他撤回部队，满足李全的要求，不要反抗。

赵璥夫按照史大人的指示，派人去跟李全说，从现在起，增加他一万五千人的军用物资，请他把部队撤回楚州。

李全却一脸坏笑地说："现在史丞相劝我撤军，可丁都统却跟我打仗。

我到底该怎么办？”

他把赵璥夫的文书摔到地上，坚决不接受这个劝告。

赵璥夫这才知道，丞相大人居然相信这样的人。他很害怕，怕李全打进扬州来，他就完蛋了。这时，他想起了赵家兄弟，于是急忙修书一封，派人紧急送到镇江，请赵范将军赶快过来，再不过来，扬州就成了李全的了。

赵范接信之后，就跟赵葵约定，一起去对付李全。

赵葵也知道事情急迫，在第一时间就带着一万四千人出发。

李全这时突然向泰州进发。

泰州的知府宋济一看到李全开到，就打开城门，把他迎进泰州。李全当然一点不客气，把泰州城内的物资以及美女帅哥全部划到自己的名下，然后再向扬州进攻。

李全这时表现得很牛，以为拿下扬州只是时间问题，量那个丁都统也没什么能耐。哪知，就在他在泰州掳掠的时候，赵葵和赵范已经进入了扬州。

李全虽然很牛，完全可以拿大宋丞相不当回事，但却知道二赵是不好惹的。他在宣布向扬州进军的时候，突然接到二赵已到了扬州的报告。他大吃一惊，却又没有办法，只得把郑衍德找来，举起手中的鞭一边打一边骂：“都是你们这些狗头军师出的主意。我明明确定先打扬州，渡过长江。你们偏说泰州容易下手。现在好了，二赵进入扬州，我们还有机会吗？”

他打得手都累了，在那里想了想，最后又说：“现在只有直捣扬州了。”

李全决心一下，立刻带着全部兵马直下扬州，并迅速占领了运河最险要的河段，然后发起攻击。

赵葵率部队出来迎战。

李全派部将张友在城门呼叫赵葵出来。

赵葵骑马出城，隔着壕沟，很淡定对李全行了一礼。李全只得向赵葵回礼。

赵葵接着脸色一端，喝道：“你还算不算大宋的将军？为什么要带兵攻打扬州？”

李全说：“这能怪我吗？朝廷天天猜疑我，现在又断了我粮饷，我的部队都没有饭吃了。”

赵葵冷笑着说：“朝廷一直把你当成忠臣孝子看待。你却动不动就高举反叛大旗，攻打这里，又攻打那里，朝廷能不断你的粮饷吗？现在你居然还说自己不是在反叛？”

李全张着嘴巴无语半天，突然就一箭射向赵葵。幸亏赵葵也是职业军人出身，打过很多硬仗，机灵得要命，眼见一箭射向自己的面门，便闪身躲过。

到了这个时候，双方都已经进入无话可说的阶段了，只有开打。

结果，李全被打败。

又打，又败。

李全有些恼火了，他本来是想占据扬州，然后利用水军力量，渡过长江，从海上取道，攻苏州、打杭州，谁也拦不住他，然后彻底把宋朝打垮。哪知，现在却总是在扬州城下吃败仗，最后被逼得离城下越来越远。他手下的宗雄武就给他出了个主意，说：“我们不跟他们玩肢体接触的把戏了。我们应当打造个栅栏工程，把扬州三城全部围住，断绝他们的物资，看他们能坚持多久？”

李全一听到消息，好主意，就这么干。他强征附近的老百姓十多万，很快就修建了一道栅栏，成功地把扬州三城围在栅栏里。没几天，扬州外援的粮就进不来了。

李全很高兴，在那里坐等扬州的人全部饿死，他好拿尸体去提取脂肪造船。

可赵家兄弟能在城里坐着等死吗？

两人命令三城都组织部队做好准备，只等他们举火为号，就从各门杀出，冲破李全的栅栏工程。

行动是半夜展开的。李全料不到赵家兄弟居然敢出击，被打了个灰头土脸，不敢再逼近城下。他知道，以他现在的兵力，要攻城，肯定打不过赵家兄弟。赵家兄弟守城很紧，但凭那点兵力想把他打败是不可能的。于是李全努力避免跟赵氏兄弟打硬仗，只是包围着，把他们包围到死，也是胜利。

连李全也知道，继续围困下去，扬州就可不战而破，赵家兄弟当然也知道。他们下令，各门以少数兵力牵制敌人，两人亲自带着主力向李全发起进攻。双方又打了一天，不分胜负。李全以为，赵家兄弟兵少，肯定不敢再打这样的消耗战了，因此就很得意地放松了一下。

哪知，第二天一早，赵葵又带着部队冲了出来。李全仓促应战，大败。但这些大败，仍然没有重创李全。他认为，除非宋朝派重兵出来解围，否则谁也奈何不了他。

所有人都知道，扬州离大宋的首都并不遥远，扬州有失，则临安的安全系数就跟着跌落一大截。现在扬州危急，按理而言，临安方面应当派援军出来解围才是硬道理。可现在史弥远有这样的决断吗？他现在的表现很让人哭笑不得——基本没有什么动作。

李全的覆灭（下）

临安城里的民众听说李全已经围困扬州，估计扬州城破指日可待，都慌成一团，不少人都提前逃出首都。

史弥远仍然在那里没有办法。

但他知道，他不能说他没有办法只得说自己有病，不能上朝了，朝中的事就都与他无关。

宋理宗不得不出来发个话：“史大人是国家的元勋，也不想让你太过疲劳。现在让你十天出来上一次班，处理一下政事，可以吧？”

史弥远不能说不可以。如果说不可以了，那就得彻底交权了。他当了这么多年的权臣，比谁都理解权力的深刻内涵。他只得出来办公。出来办公的史弥远，天天接到的都是扬州告急的消息，而且所有的人都等着他做出最后的决策。他深知除了议和投降的决策外，他也没有别的主意了。他看着那如雪片飞来的告急文书，都哭了出来。但你再怎么哭，也解决不了问题。要是面对金国，那该多好啊，最多就是加几倍岁贡，然后把关系从伯侄提高到祖孙关系，问题就可以得到圆满解决。他越想越怕，那张脸天天都布满了焦虑的神态。再后来，他觉得再这样下去，生不如死，就半夜起来，直奔家里的那座池塘，想投进去死掉算了。

当然，如果他就这么死去，大宋可能会是另一个模样。可是当他在池塘边准备跳下去时，他的小老婆却拉住了他，经过劝说后，史弥远放弃了投水自杀。

这一夜，他成了一个自杀未遂的大宋丞相。

第二天，他找来袁韶，希望他主动承担起保卫临安的责任来。可袁韶却说，如果扬州丢了，京口就完蛋。京口完蛋了，下一步还用我说吗？还是挑选良将出来担当大事，怎么来来去去只想着临安呢？

史弥远一听，只得脸色发灰地请理宗开个会来讨论军事行动。

会议最后的决议是："削夺李全官爵，停给钱粮，能擒斩以降者，加不次之赏！"这个决议对李全有多大的冲击力？

李全继续坚持围困扬州政策不动摇。他被赵家兄弟打败了一场之后，也有些不服，觉得光靠这个栅栏也困不住人家，就又下令挖一条围城壕沟，给扬州加一道包围工事。赵范和赵葵带着部队冲击李全的工程兵。李全只得引兵退到土城。赵家兄弟继续追击。李全士兵只得加紧后退。在后退过程中，造成了一次严重的踩踏事件，很多士兵被踩死，还有很多士兵落水淹死。

李全又郁闷了，明明自己的兵力占优，为什么一跟他们对打，自己就吃亏？于是，又决定不出战了。虽然赵范列阵于西门，很嚣张地向他叫阵，但他就是装着看不到。

赵葵看到老土匪当了缩头乌龟，就对兄弟赵范说："他们这么不动声色，肯定是在等我们收兵时再突然冲出。"于是，就把骑兵埋伏在破墙之间。一切完工后，宣布步兵后撤。

李全果然上当，派出几千部队出来搞突然袭击。赵家兄弟命令李虎拼命挡住。李虎带着部队向敌人射箭，把李全兵射退。

李全看到赵家兵终于有点疲软了，心里又活动起来，下令另一支部队又向东面掩杀而来，争取拿下一场胜利，要不也太丢脸了。哪知，赵家兄弟等的就是这一刻。

李全看到自己的大部队已经冲到城下，转眼就可以突进城中，不由大喜。他高兴的话还没画句号，突然闻得杀声大起，还以为是手下的战士们也跟自己一样，瞬间士气爆棚而发出的喊杀声。可集中精力一看，原来是赵氏兄弟的伏兵突然杀出，而且全是骑兵，快如旋风。早春的阳光下，刀光闪闪，在自己的队伍中上下翻飞。自己的部队又全是步兵，而对方全是骑兵，要逃都跑不过人家。更让他想哭的是，李虎不知什么时候从城头偷偷出来，带着几百骑兵突然出现在他们队伍的背后，杀了他们一个措手不及。

李全这才知道，赵家兄弟真的太猛了。

这一仗，李全的损失很大。他以为自己有蒙古国这个靠山，就可以看不起大宋，连带看不起大金，在开打的时候，也从不向蒙古国打个报告，做个请示，硬是凭着心情，想玩就玩，想打就打，结果弄到现在这个局面。

其实，按照蒙古国的传统，他就是打个报告、做个请示，他们也是不理的。蒙古国在打仗的时候，只考虑到他们自己，根本不会把他当作打天下的力量来使用。现在让他当这个山东第一把手，其实也就是给他一个旗号，至于他的生死存亡，他们基本不管。

铁木真虽然重视耶律楚材这些人，听他们的教导，但也只是看重这些精英，至于其他人，他们根本不在乎。

李全被打到这个地步，也开始有点后怕，心神也慌乱了起来，每天都紧绷着脸出现在大家面前。有几次他突然让身边的工作人员抱住自己的手臂，大声问：“这是我的手臂吗？”

谁也不知道怎么回答。

赵氏兄弟知道，李全兵的士气已经全面下跌，向他们进行更深入打击的时机已到。两人在一起分析敌情。最后，赵范认为："我们经常在西门出击没有取得胜利，李全布置在西门的守兵一定会很轻视我们。现在，我们完全可以趁机从西门打过去。"

赵葵认为很有理。

李全一点不知道赵家兄弟的这个计划，依然在平山堂举行宴会。

赵家兄弟派出的侦察兵看到了李全那杆铁枪的双缨，就报告了赵范。

第二天，赵家兄弟带着全部的精兵，但举着官军的旗帜向西纵深攻击。

李全最先看到这面旗帜，他就笑了。但他没有想到，当姚翀之流举着这面旗帜的时候，他完全可以将之秒杀，然后把它一脚踩在地上。而现在举着这面旗帜的是赵氏兄弟。赵氏兄弟即使在没有旗帜的情况下，都已连续痛扁他无数场了。

他对着身边两个蒙古国派来的宣差说："两位大人，你们看我去大败南军。"

赵家兄弟看到李全出来，都是亲自冲杀在第一线，各路部队也全部奋勇冲锋。李全的部队很快就支持不住，急忙退回土城。哪知，土城那里已横着李虎的部队，硬生生地挡住了他们的退路。

李全打到最后，只带了十几个骑兵逃了出来。

赵氏兄弟当然不会放过他，率兵紧紧追过去。李全向新塘方向逃去。哪知，前段时间这地方刚刚决水，到处是几尺深的泥沼。由于这些天一直没有下雨，泥沼上布满了灰尘，看过去就像铺满灰尘的路面一样。李全他们纵马跑过去，一下全陷入泥沼里，难以自拔。

赵氏兄弟的部将赵必胜带兵追了上来。大家都冲上前去，举刀就砍，只几下工夫，李全边上的人就脑袋落地。

李全在泥潭里大叫："不要杀我，我是他们的老大。"

但士兵们哪管你是什么身份，同样大刀砍过去，一下就把他砍成许多块，丢在泥潭里。

李全死后，他的同党都觉得前途已经黑暗，想撤走了事。可是国用安却不同意，想继续抗争到底。

到了这时，谁都想当老大，可其他人都不服。最后，只得又把杨妙真推出。大家没意见了吧？当然没意见了。

但杨妙真仍然挽救不了他们。

赵家兄弟继续穷追猛打。杨妙真只得再退，一直退到淮安。

此时，二赵手下的部队已有十万，浩浩荡荡开过来，逼近淮安，与杨妙真部又打了一仗，消灭了几万人。

淮安城里的杨妙真部也觉得不妙了。

其他人就更怕了。不知谁放声哭了起来，其他人也跟着大哭，一时之间，这个哭声迅速在城里蔓延，整个淮安城被哭声淹没。

赵家兄弟继续攻打，五个城门被同时攻破。在淮北一带的旧部急忙前来支援，但都被阻击。赵必胜等人已经杀进城中，与杨妙真决战。

杨妙真部不断败退。她把郑衍德等几个死党叫了过来，说："我二十多年的梨花枪法，打遍天下无敌手，想不到现在却失败了。你们到现在还拼命坚持不投降，只是因为我还在这里。我现在决定回老家了，你们去投降吧。"

这些人也都很爽快，齐声说："好，就这么办。"

从这方面来说，杨妙真比她的老公精明多了。如果她再迷信自己，叫这些手下跟赵氏兄弟死磕下去，估计官军还没有抓到她，这些手下就先把她捆起来，拿到宋军主帅帐下邀功了。现在她很够义气地作了一番交代，然后连夜逃走。

其他人看到她逃跑了，就丢下武器，到军门那里投降。

杨妙真这时并没有像她说的那样，回老家养老，而是带着国用安跑到蒙古国，请蒙古国出兵为李全报仇。

这事很快就被金国知道了。金国高层知道要是真让蒙古兵渡过淮河，不但宋朝危险，而且他们的首都也很危险了，就派完颜合达和移剌布哈带兵过来守住激河口，防止蒙古兵南渡。

到了这时，金宋两国高层只要肯稍动点脑筋就会知道，他们必须团结协作，才可以对付蒙古国。但他们从没有往这方面去思考问题。

跟随杨妙真逃跑的还有李全的一个死党，叫国用安。国用安一到蒙古这边，立刻被封为都元帅，当山东行省的老大，算是接过了李全的遗产。这也充分说明了，此时蒙古国决策层仍然不在意山东这边的局势。

一支偏师（上）

窝阔台这段时间也很郁闷，因为他自出战以来，没有取得过激动人心的胜利，显得比老爸差得太多。但他一时也没有办法。

恰在这时，从金国方面来了一个投降的人叫李国昌。他对拖雷说："金国的首都之所以到现在仍然很安全，就是因为有潼关和黄河当它的天险。如果我们老是在潼关和黄河边做文章，恐怕很难打下去。不如改变战略方向，向宝鸡出兵，占领汉中，不用一个月就可以进攻到邓、唐。只要打到那里，汴京就是我们的掌中之物了。"

这正是铁木真临死前的布局。

拖雷觉得很对，就去找窝阔台，向他提出这个建议。

窝阔台这时不听也不行了，就召集大家来开个会，宣布他的决定：分兵三路，他自带中路大军，渡过黄河。他的叔叔斡赤斤带左路军，从山东南下，拖雷则带着右路军从宝鸡南下，按照铁木真划定的线路，借道宋境，攻取邓、唐，迂回到汴京的后方。三路大军定于明年的正月会师，一起攻入汴京。

虽然兵分三路，但重点仍然是拖雷这一路。其他两路的攻击线路基本没有多少难度。木华黎还在的时候就多次在那两条战线上烧杀掳掠。

而拖雷这一路是新开辟的战线，不光路途遥远难走，而且还要想办法跟宋朝打好关系，让宋朝答应把路借给他们用一用。

这是个巨大的难题。首先，前面已经说过，现在蒙古国跟宋朝的关系并不良好，他们收留了宋朝的叛将李全，把宋朝的东南沿海一带搞得一团糟，宋朝能不生气吗？当年铁木真因为某个国家收留他的敌人，他就二话不说，带兵过去，虽远必诛。现在你玩这个，难道就不让人家生气吗？其次，南宋是目前最有文化的国度，是那个“假途灭虢”典故的原创地啊。他们能不知道把道路借给一个有狼性国度的后果吗？

但他们仍然决定一试。因为他们虽然跟宋朝的直接交往不多，但通过这么多年来对宋朝的观察，他们坚信宋朝的高层是一个对内残酷、对外软弱的人。所以，这个决策并不算冒险。何况，蒙古国虽然跟宋朝不算友好国家，但宋朝跟金国是绝对的仇敌。现在宋朝恨金国比恨蒙古国的程度强得多了。

拖雷先派速不罕到南宋的沔州，要跟宋朝磋商借道的问题。

当年的七月，速不罕来到了沔州的青野原，与沔州的第一把手张宣见面。速不罕在蒙古国待久了，一见到张宣，就抬头望天，大声教训起张宣来，现在我们蒙古帝国大军要从这里开过去，打金国的首都，你们赶快让道闪人。请你们认清形势，好好让我们的大军通过。大军通过时，一定会遵守纪律。否则，连你们也一锅端了。

张宣也是个脾气火暴的人物，看到这家伙说出这样的话来，就很不服气，手一挥，几个刀斧手过来，把他抓起来，当场咔嚓了事。

拖雷知道后，也生气了。你不让道就不让道，居然还敢杀我派出的使者？看来不教训你一下，你不知道蒙古人的脾气。而且他还有了一个借口，宋朝背盟，天理难容。

他在速不罕遇害后的第二个月，也就是当年的八月，带着三万骑兵杀入大散关，迅速攻破凤州，一路向东，在洋州开展了一次屠城活动。然后出武休东南，包围了兴元府。当地的军民从没有想到传说中的蒙古兵突然出现在眼前，个个骑着高头大马，高举大刀，见人就砍，都吓得四处逃散。最后，十多万人都被杀死。做完这些之后，拖雷分兵向西，从另一条路进入沔州。这路部队打得很猛，攻取大安军，然后打通了鱼鳖山，到达嘉陵江岸边，他们拆掉民房，做成木筏，渡过嘉陵江，沿江奔袭葭萌关，接着拿下西水县，总共连破一百四十座城寨，这才挥师与东路军会师。

与此同时，窝阔台的中路大军也围攻河中。当时，金国的河中守将居然都叫完颜讹可。人家为了区别他们，就给他们都起个绰号，一个叫草火讹可，一个叫板子讹可。前一个讹可的官职是权枢密院。因为枢密院有个传统，就是抓到贼之后，就用草火来烧，因此就把他叫草火讹可。另一个完颜讹可职务是河中府元帅。这个讹可因为没有文化，曾把宫中的牙牌称为板子，所以大家就把他称为板子讹可。两人的名字高度一致，这时的想法也高度一致。他们认为现在这座城这么大，他们的兵力太单薄，只够守半个城，于是，就决定放弃半座城，只死守另一半。

窝阔台下令用松木搭成二百尺的高楼，然后向城里看过去，把城里的动静全都看得一清二楚。蒙古前线指挥官站在这座楼上，指挥着士兵猛攻，花了半个月，把城中的戍台摧毁。再打半个月，两个讹可终于宣告失败。草火将军更加顽强一点，亲自带着部队血拼到底，最后体力不支，被蒙古兵活捉，然后处死。板子元帅则带着三千残兵逃了出来，跑到阌乡。

板子元帅以为自己已经逃脱危险。哪知，等着他的却是严厉的处罚。因为前段时间他在死守凤翔时，跟监军陆尔闹意见。陆尔也跟很多监军一样，心胸狭窄，对敌人没什么办法，但对自己人却非常狠。他那时对板子元帅没有办法，就一直怀恨在心，拿出从鸡蛋里挑骨头的决心，时刻盯紧板子，只要板子稍有点事，他就迅速出手，把板子打翻在地，再踏上一只脚，让板子永世不得翻身。这时看到板子打了个大败仗，正是向皇帝进谗的大好时机。于是，他就说板子元帅守西北时不加强警戒，没有尽心尽责，看到敌人进来，就胆怯畏战，致使我军大败。

完颜守绪本来得到败讯就已经愤怒了，现在又突然听到这番谗言，也不核查一下，当场就下令把板子狠狠地杖责。最后板子元帅死于板子之下。

金国自从宣宗以来，由于对大臣们不放心，就用近侍当耳目，监控百官，使得近侍权力巨大，被称为“行路御史”。尤其是南迁之后，近侍的权力更大。几个权臣都是被他们搞定的。其他大臣的命运就更是掌握在他们的手里，只要他们看哪个大臣不爽，到皇帝面前说几句，那位大臣必定被治罪无疑，大家不怕他们才怪。这些人跟汉朝的那些太监一样，除了巴结皇帝有水平，打压正能量有手段，把国家的事搞砸能力突出外，没有别的水平。可以说，近侍在权力场上的翻手为云覆手为雨，是金国提前灭亡的催化剂。金国这几个皇帝觉得这些人越来越好用，还让他们把手伸出朝廷之外，插手军事。金国为了控制那些带兵的将军，除了带兵的将官外，还从近侍局里抽调一位奉御，去当“监战”。这些监战的级别虽然远低于军中主帅，但由于是代皇帝监战的，所以特别牛。他们为了表现自己有水平、有权力，每到大战之时，总是出来指手画脚，好像自己是大军事家一样，结果当然是打败仗。而大败之后，他们往往又把责任推到军事主官的头上。如果军事主官不听他们的瞎指挥，他们就会寻找机会，到皇帝面前告状。板子元帅就是这样死掉的。

大家如果稍微总结一下历史，就不难发现：几乎每个即将灭亡的朝代，总会出现这样的乱象。

历史潮流虽然浩浩荡荡，一往无前，但很多细节却都是在不厌其烦地循环往复。

板子元帅虽然死了，但仍然阻挡不了蒙古军前进的步伐。

拖雷继续前进，攻破饶风关，从金州东下。拖雷放眼望去，汴京已不远。他知道，只要沿汉江而下，就可以到达铁木真说的关键点：邓州、唐州！那时，就与窝阔台南北呼应，胜利完成对金国首都包围的任务。

汴京民众都已经乱成一团，到处寻找安全地带躲避蒙古兵。

完颜守绪当然也很吃惊，他没有想到拖雷来得这么快，居然从意想不到的西边绕道而来。此前，金国都把潼关当成防御蒙古的重中之重，全国的精兵都部署在那一带。哪知，蒙古人让他们知道了什么叫“兵无定法”。虽然兵法的书很多，但真正的军事家只要弄清这四个字，就基本可以无敌于天下了。

完颜守绪召开了个大会，问大家怎么办。

完颜守绪很紧张，但大臣们很淡定，说：“蒙古军跑了一万里，花了两年的时间，才打到武休，现在肯定已经累得要命了。所以，我们只要守住洛阳、潼关等处，下令河南一带坚壁清野，而咱们的首都还有大量的口粮，可以跟他们耗下去。如此一来，他们就会陷于既不能退，也不能战的被动局面。最后，他们除了闪人之外，没有别的路可走。”

这些人到了这个时候，仍然把话说得那么轻松。

完颜守绪只得长叹一声，说：“咱们南迁已二十年。这二十年来，广大金国人民受尽苦难，献出大量的物资来供养军队。现在敌人杀进来了，咱们却不能去打仗，天天只做着保住首都的打算。这也太对不起全国人民了吧？”

他的这番话很高大上。可他到这个时候才想起全国人民，全国人民已经不原谅他了。他和他的前任，平时只相信近侍局，不相信全国人民，甚至不相信他手下的将帅。现在他终于知道，近侍局虽然对他很顺从，但却救不了他的大金帝国。

可以不坚壁清野，但必须与蒙古兵决战。

现在首都没有兵力，只得把潼关一带的军队急调过来。

看到这一步，铁木真在地下又笑了。他在临死前挖的这个坑，完颜守绪准确地跳了下去。

也许，完颜守绪知道这是个坑，但他也得跳了。他如果不调回潼关那里的部队，首都立马就会成为沦陷区。到了这个时候，你不得不佩服铁木真，实在太牛了。

潼关那里聚集着金国最后的十五万精兵。完颜合达和移剌布哈，以及金国最后的猛人完颜陈和尚都在那里。

我们无法想象，如果这时，完颜守绪把完颜陈和尚提为军事最高领导人，这场金蒙之战会是一个什么样的过程。但完颜守绪没有这样的胆略，也没有这样的魄力。于是，完颜陈和尚也就没有在最后的历史关头来个闪亮的表现。

当时，几大巨头接到命令之后，立刻在当年（1231 年）的十二月，冒着大风中的雪花，狂奔千里，向邓州而来。

所有的部队都向邓州靠拢。

金国把邓州当成他们与拖雷决战的战场。

本来，金国还是有一些好牌可打的。

因为他们确实按计划到了指定的地点。当拖雷准备渡过汉水时，他们已经集中在那里开大会，讨论作战方案了。

此时，参加讨论的主要有完颜合达和移剌布哈，还有完颜陈和尚、武仙、张惠、阿达茂。

当然，完颜合达和移剌布哈是第一第二把手。

大会的议题很简单：等蒙古兵渡到一半时出击，还是等他们全部渡过汉江才跟他们面对面打好？

张惠、阿达茂认为，我们完全可以在拖雷半渡时，猛打他一下。这在兵法上叫击其半渡，很容易取得胜利。历史上已经有不少成功的事例。而且若任由他们渡江，我们后方空虚，最后反而被他们打败。

如果按照张惠、阿达茂的办法去做，拖雷还真的很危险。

可是，移剌布哈却反对。他自上次通过完颜陈和尚打了一场胜仗，那个信心到现在还在发高烧，大声说："让他们渡过之后再打吧。这样我们就可以把他们一个不漏地消灭掉。拖雷这叫自投罗网。"

大家一听，也就不敢说什么了。

接下来，金兵在两大元帅的带领下，开到邓州的顺阳镇，坐等拖雷的到来。他们之所以停到这个地方，是怕再前进了，蒙古军会怕得不敢渡江过来自投罗网。

拖雷终于顺利地渡过了汉水。

金兵主力也开到禹山。

两军大战，拖雷打不过金兵，只得后撤。

到了这时，金兵手里仍然有好牌。

完颜合达头脑突然清醒了，说："对方的部队号称三万，但辎重都占了三分之一，真正的作战部队不多。现在我们跟他们已对峙了三天。他们的粮食已经吃完。我们现在可以放手猛打他们一下，一定取得胜利。"

只要稍有点作战经验的，都知道这确实是个好办法。

可移剌布哈又反对，反对的理由是，现在江路已断，黄河又还没有结冰。蒙古兵孤军深入，还怎么退回去？老大不用急啊，慢慢来。

如果不是后来他战死，我还真怀疑他是蒙古人派来的卧底。

更要命的是，他这话说完之后，全军上下，没有冒出一个反对的声音。按说他只是军中的二把手，完颜合达才是第一责任人。可因为他是完颜守绪最信任的人，所以，完颜合达也不敢反对了。因为经验告诉他，反对皇帝最信任的人，就等于反对皇帝。此次战役打到现在，移剌布哈这家伙脑子里想的不是打仗，而是如何休息得好。

于是，完全可以一鼓作气消灭拖雷的金兵，很淡定地在那里埋锅做饭，一派和平的悠闲生活。

拖雷本来已经觉得很危险了，看到金兵居然进入休息模式，不由大喜，立刻退到密林里。当年铁木真多次靠密林逃脱性命，这一次，拖雷也靠密林作为掩护。

金兵第二天醒来，吃饱喝足之后，个个精神抖擞，准备把蒙古兵全部痛扁到死。

一支偏师（下）

哪知，当他们举着武器冲出营房时，却不见了蒙古兵的踪影，全体英勇的金国将士只得在那里拔剑四顾。他们这才知道，战机真的是稍纵即逝啊，送到你面前，你不抓，就永远抓不住了。

完颜合达和移剌布哈这才同时慌起来，急忙一边派人向朝廷报告他们在禹山打了大胜仗，一边派人到处寻找敌人。他们不相信，号称三万人部队，能躲到什么地方去？

果然，他们找到了拖雷的蒙古军。

但已经是两天之后。

拖雷他们这个时期就躲在光化对岸的枣林里，每天以枣子维持生活，而且那片林子方圆只有六十步。

他们毫无声息地躲在林子里，密切注视着金兵的一举一动，人也不下马安歇。

蒙古兵虽然也累了，但他们必须提起精神，不能稍有放松，否则，他们就真的会死无葬身之地。当然，如果他们现在的对手是一个优秀军事家，他们仍会死无葬身之地。但现在他们的对手是金国的这两个家伙，两个专门放弃打胜仗机会的家伙。

在这样的对手面前，想获得失败，可能还需要自杀才能实现。

完颜合达和移剌布哈虽然发现了拖雷，而且也知道他们隐蔽的密林方圆只有巴掌大的地方，更知道他们的粮食已没有了，却没有去进攻，而是说自己累了，要进邓州去休息、吃饭、睡觉，等有力气了再出来。于是，他们后撤。

拖雷等的就是这个机会。

他看到金兵转身，向邓州乱哄哄地撤退，立刻令旗一挥，铁骑冲过去。

金兵从上到下，居然没有谁想到蒙古军会袭击他们。这些人本来就患有高度的恐蒙症，这时突然听到后面铁骑声如雷，都是大喊大叫，拼命逃跑。完颜合达和移剌布哈两人虽然下令迎战，可士兵们还能打吗？金国十数万的精兵，被已经吃了几天枣子的蒙古兵大败，辎重全被拖雷抢走。

金兵从早就开始向城里撤退，直到夜里二鼓这才进入邓州。因为那晚是十二月二十九，夜黑如墨，再加风雪如狂，完颜合达和移剌布哈怕士兵们迷路，只得在城里用力敲钟，召唤着在寒风中四处寻路的士兵们。

那一夜，十多万金国的士兵在邓州城外，人心惶惶地吐着冷气，慌不择路地向钟声响处跑去。

幸亏有钟啊！

完颜合达和移剌布哈打了败仗，并没有去认真反思，好好总结教训，而是在连夜把失败写成大捷，向朝廷报喜。

本来，在汴京那里等着消息的皇帝和大臣都已经吓傻了，这时接到这完颜合达和移剌布哈的捷报，集体在那里热泪盈眶，然后大摆酒席，欢庆伟大的胜利。左丞李蹊又哭又笑，说："要是没有今天的伟大胜利，现在咱们大金国可就完了。感谢完颜合达，感谢移剌布哈。"

本来四处躲藏的老百姓们听到朝廷宣布胜利了，便都从躲藏的地方跑回来，准备安居乐业。

哪知他们才出现，蒙古的游骑也突然出现，大掠一场。

于是，拖雷的后勤就有了保障。

拖雷解决了口粮问题后，再也没有躲到密林了，立刻兵分两路，一路北上，准备与窝阔台会师，一起攻打汴京；一路则在邓州一带与完颜合达他们死磕。

他现在的任务就是坚决把这支金国的最后精锐消灭。

完颜合达他们原来以为，进了邓州城，就可以吃一顿好饭，睡一个好觉，然后有力气了，就可以出来把蒙古人全部打死。哪知，他们进城之后，饭还没有吃得半餐，头还没有找到枕头，就有急报过来：蒙古兵直奔汴京去也！

两个大帅一听，想死的心都有了。他们才刚刚向朝廷报告说是打了个大胜仗。可首都的庆功晚宴还没有宣布结束，蒙古军就杀到城下了。幸亏只是报个大捷，没有说是全歼拖雷所部。否则，真的不知道怎么回去了。

他们没有办法，只得下令全军离开邓州，向汴京狂奔。救首都是当前工作的重中之重啊。他们不能休息了，又冒着风雪出城，向汴京方向奔跑。

可拖雷能让他们这么爽快地跑去保卫首都吗？

当邓州金兵刚出城时，拖雷预留在城外的骑兵突然横插过来，迎头猛打。

金兵不敢恋战。他们现在的任务是跑向首都，不能在这里跟拖雷打。可他们又甩不开拖雷。拖雷的部队很少，但机动性强，士气旺盛。如果放开打，也许他们可以不怕，但现在首都告急，他们已经到了刻不容缓的地步。

他们这才知道，蒙古人挖的这个坑太深了，他们落进去之后，已经跳不出来了。他们在冰天雪地里，个个感到冷得要命，看到刀刃的寒光都浑身寒战不已。而从漠北来的蒙古骑兵却毫不为意，每天不定期出工，骚扰得金兵们叫苦连天。他们多想直接就跟蒙古兵拼一场算了，可当他们浑身颤抖着操起武器时，敌人又像跳蚤一样跑开了。他们很愤怒，也很无奈。

拖雷的部队很快就越过唐州，指向汴京。这时，金国的元帅完颜洛索带兵来阻击，但被拖雷打败。连金国最精锐的部队都被他玩得完蛋，完颜洛索还能对他造成什么影响？

完颜守绪没有办法，只得再一次召开御前会议，商量着如何挽救金国。

尚书令杨居仁说："集中全部兵力，与他们决一死战。"

完颜守绪只是看了这位首席大臣一眼，然后又看看其他人，难道除了决一死战之外，没有别的办法了吗？

平章政事完颜白撒说："不是还有黄河吗？我们完全可以决开黄河水，把蒙古人淹死。"

大家一听，都是眼睛一亮，一致表示坚决赞同。用黄河水去淹蒙古兵，这可是低成本高效益的投资啊。当然，决堤还是要人去完成的。于是，就派夹谷萨哈勒带兵去搞这个破坏活动。

为了保证能顺利完成这次任务，夹谷萨哈勒带了三万人过去。金国这次还是很讲以人为本的，把诸军五十万人都迁到开封城内。

此时，窝阔台已经来到河南府的清河县白坡，在那里组织部队渡河。

金国高层虽然个个都知道，现在情况已经十分紧急，大金帝国真的已到了危险的最后时刻，但夹谷萨哈勒仍然保持着不急不躁的工作作风。远道而来的窝阔台已经渡河，他这才从开封城里带着部队出来。

这支决堤部队才从开封城门走出六十里，刚进入封丘县，突然看到前面一队骑兵跑来。有人正想问是哪一部分的，有人却突然叫了起来，是蒙古兵啊。

大家快跑啊！

虽然莽依苏要求大家死战。可金兵中现在还能找到敢于死战的军人吗？大家都四处逃散，不是说出来决河堤搞破坏活动吗？怎么又是来打仗的？我们的任务是决堤，不是打仗。

结果，三万士兵几乎全被窝阔台打死，连莽依苏也光荣牺牲，只剩下三百多人逃回开封。这些金兵以为自己不打，就有生路，哪知最后死得更加难看。

窝阔台不费什么力气就进入了郑州，然后派人去催促拖雷赶紧前来会合。因为他虽然号称中路大军，其实部队人口数量跟拖雷也差不多。

完颜守绪仍然没有办法。仍然没有办法的完颜守绪只得继续开会。参加会议的人很多，但脑子已经处于停止转动状态，无法向最高领导人提出什么有效的办法来。完颜守绪望着这些人，争权夺利时，金点子层出不穷，毒手段天天翻新，可到国家危亡之时，都只在那里低头看地，所有一切似乎与他们无关。

当然还是有人发言的，很坚决地说："首都里城不可守，外城不可弃。"

一看到这两句台词，就知道这些官平时还是很有水平的，玩文字游戏的能力很突出。

当时开封的外城周长一百二十里，而城内守军只有四万。要把四万人全面部署到这一百二十里的城墙上，就稀稀拉拉了。但也得守啊。对于金国而言，开封外城基本就是最后的国防线了，无论如何也得守。

士兵没有这么多，那就赶快征兵。于是，就把那些逃难的民众都换上军装，再把附近的各路杂牌军召集起来，又得了四万人，让他们分守四面，每面有一千名飞虎军策应。

十二月已经过去，新年已经过了半个月。这半个月本来是新春佳节，大金全国上下本应在城里大吃大喝，欢庆幸福生活，可现在全城人心惶惶，不知道蒙古人什么时候会冲到这里，那几万金国人民的子弟兵能不能把蒙古骑兵挡在城外？过完这个年后，明年还能过吗？

正月十四日，窝阔台部的前锋，已经出现在城外。

城里的金国人都已经吓得哆嗦。

依然天寒地冻，依然风雪交加！

国运一如天气。

不过，他们很快得到一个令他们感到欣慰的消息。

三峰山之战

前段时间说他们打败过蒙古兵的完颜合达部已经开到钧州的沙河边。

但接下来的消息又很让金国人感到揪心。这支英勇的金国军队，跑了很多天后才来到这里，还没有安营扎寨，就被拖雷突袭了，最后连休息也不成了。移剌布哈不能休息，就不会打仗。于是，他们在移剌布哈的带领下，只得一边抵抗，一边前行。他们可以且战且走，甘心被动挨打，就是不舍得拼命打一场。

这正是金国数十万大军被蒙古一直追打的原因。

金国的这支部队十多万人，而拖雷追打他们的部队只有三千人。

他们一路被拖雷三千人的部队纠缠着，十多天都走不了几步路。但他们仍然在走，现在终于要到开封了。虽然一路挨打，一路受累，但眼见离开封已经越来越近了。在移剌布哈的意识里，只要进了开封，他们得到休整，就可以出来跟蒙古兵干了。

移剌布哈没有别的办法，只一心一意地想着：休息，休息，慢慢来，慢慢来。他只想到时间是无限的，却忽略了战争是残酷的。

然而当他们来到黄横店时，他们又突然有了一个最新的发现：拖雷的另一部分军队已经抢在他们的前面，向开封进发，而窝阔台的大军也跑在他们的前头，比他们离开封更近了。移剌布哈彻底蒙了，为什么敌人跑得那么快啊？！

当时，天降大雪，地上的雪足有三尺厚，遍地银装素裹。如果是在往昔，移剌布哈和完颜合达肯定会坐在某个亭子里，面对像铺了优质棉花的大地，红袖添香，吟诗颂词，偶尔喝一口小酒，拈着胡须，用女真普通话吟：瑞雪兆丰年！

可现在他们却汗水涔涔地站在雪地里，向前看又向后看，脸上体现的是绝望两个字。

他们抹着头上的汗水。

汗水是冷的。

他们现在真的是冷得汗流浃背。

他们终于知道了蒙古军的意图：蒙古军并不是意在开封，而是要全歼他们这支部队！蒙古人打仗到现在，向来以消灭敌人的有生力量为主，至于占领城池，倒是其次。一来，他们军队少，无法分兵守城，二来他们认为消灭了你的军队，城池就没有人守了，到头来还是他们的。拖雷因为自己部队的人数太少，没能力全歼这支十多万人的部队，于是，就只好不断地骚扰他们，不让他们提速前进，进入开封，要等窝阔台大军到来，才合力把他们全歼。至于他们高调进攻汴京，那只是诱导这支军队去救开封，然后顺便离窝阔台的大军更近一点。

一切都在蒙古军的算计之中。

可到了现在才发现别人的算计，还有什么用吗？

蒙古军已经顺利完成南北夹击之势，接下来就看如何收网了。

金兵的精神已经彻底崩溃！

雪下得更大，风刮得更猛。

移刺布哈和完颜合达没有办法了，只得咬牙决定拼死一战。

这一次，他们顺利找到了敌人。

因为蒙古兵已经不再使用骚扰战术了，而是决定对他们进行雷霆一击。

在蒙古兵个个面挟寒霜做出冲锋的姿态时，金国士兵准备出战了。可是金国士兵太禁不住冷，个个手脚僵直，武器都无法举起，打仗的动作跟初级机器人没什么两样。

拖雷发起正面进攻，大批的蒙古军却砍下大量的树木，挡住金兵前后的退路。

开始时，金兵还能抵抗一阵。金将杨沃衍带兵冲出一条血路，直抵三峰山，各路军队这才有了一个临时驻扎点。

蒙古兵居然对他们围而不攻。

女真士兵们在刺骨的冰冷中绝望到底。

他们现在的数量仍然远远多于拖雷所部。如果他们真的拼死一战，拖雷即使取得最后的胜利，代价必然惨重无比。然而，阿骨打时代的血勇之气，经过近百年的消磨，已经风流云散，无处可见了。

他们在1232年的寒春里，哆嗦着等死，像一群关在栏里等着人家去屠杀的牲畜一样。而这群金国的官兵个个都深刻地知道，蒙古一定会惨无人道地对他们进行屠戮。

蒙古兵在包围金兵时有吃有喝，而金兵们在自己的国度里，却没吃没喝，看着他们的敌人在那里大吃大喝，那些口粮原来都是他们从潼关、邓州拉来的物资啊，现在全变成蒙古人的粮草了。金国士兵太饿了，只得抓起一把坚硬的冰雪塞进嘴，然后把那股坚硬的冰冷吞咽下去。

拖雷觉得总攻时间已到。这个铁木真儿子辈中最有智谋的军事家，并没有把金国全面围住，而是下令网开一面，让金国士兵们突然看到一条生路，然后令旗一挥，蒙古铁骑呼啸着向金国士兵发起了冲锋。

金国士兵们看到了那条生路，即使知道那是拖雷故意开出的生路，他们也往那里加塞着逃跑。他们现在只会拼命跑路，已经不会跟敌人拼命了。

我们来看一看双方力量的对比，金国不算开封城里的军队，光这支武装就有十五万。蒙古军拖雷部与窝阔台两路大军加起来四万。为什么不多出动一点？告诉你，他们也想多出动一点，毕竟要灭掉一个曾经的超级大国。可是他们出动不了更多的部队，因为他们只有这么多的人了。当然，中亚一带肯定还有兵力，但那些兵力，你能调得动吗？那片辽阔的地皮，更需要坚守啊。

把这两个数字一对比，你就知道，拖雷根本无法从量上对他们包围全歼。他只能网开一面，让金国士兵们抱着最后的希望拼命狂奔，大大地消解了战斗力。于是，蒙古骑兵就可以跃马挥刀，对这些逃跑的士兵大砍大杀，直至赶尽杀绝。

拖雷在这场战役中进行了精确的计算，情节发展到现在，都在按着他设计的脚本进行着。

金国的士兵们在狂逃，仿佛他们不逃跑就不是称职的金兵了。抢得逃跑头功的就是武仙。他带着三十多个士兵胜利大逃亡，安全地逃到密县。

其他金兵则被拖雷分截成几段，然后分割屠杀。杨沃衍、樊泽、张惠等都舞着大枪，奋力而战，最后都战死。

到了这时，完颜合达这才觉悟，知道大势已去，下定决心要跟蒙古人死战到底。可是转头一看，不见了他的副手移剌布哈。完颜合达当了这么多天的第一把手，手握全军最后的决策权，可每到需要做出决策时，基本都去征求移剌布哈的意见，哪怕自己明明有正确的意见，也去问一下移剌布哈，如果移剌布哈否决，他就当他的正确意见是白说的。而移剌布哈从开战到现在，除了错误的决策外，没有产生过一次对金国有利的决策，最终导致他们不断地从失败走向失败。这时，完颜合达仍然在找移剌布哈。当他看不到移剌布哈那熟悉的身影后，立刻把刚下的决心收起来，带着完颜陈和尚逃向了钧州。

于是，十五万大金子弟兵就这样血溅三峰山前，染红了那片雪地。

完颜合达一路老是想着，移剌布哈到底到哪里去了？

其实，移剌布哈已经突围出去。他没有跑向钧州，而是向开封狂奔。这一次，他突围的速度终于比别人快了半拍，但他只跑到半路，便又被蒙古兵追上活捉。

窝阔台知道拖雷发动总攻之后，也怕拖雷的兵力不够，便派兵过来支援。可当这支生力军赶到现场时，拖雷已经完成了对金兵的屠杀任务。于是，他们合兵一处，猛攻钧州。

钧州城里虽然还躲着金国的几个牛人，但已经没有几个守军了，而且这几个守军的士气已经基本归零。

拖雷仍然采取蒙古人惯用的手法，下令挖壕攻城，顺利打进城中。

完颜合达看到蒙古兵涌进城里，就躲到一个地下室里。可才进去没多久，就被蒙古兵发现，而且身份很快得到确认。

完颜合达很快就被带到拖雷的面前。

拖雷知道完颜合达是金国的最后希望，这些天来，带着十五万大军从潼关拼命跑回，又拼命向汴京奔跑，对金国还是很忠心的。蒙古人对忠心耿耿的人还是很敬重的。于是，拖雷出来劝降。但完颜合达还是拒绝了。拖雷最后成全了他，将他斩首。

取得这一系列胜利后，窝阔台高调扬言：金国的依靠就是黄河和完颜合达。现在黄河掌握在我们的手上，完颜合达已经被我们砍了脑袋，金国唯一的出路就是投降。

你一定还记得那个完颜陈和尚吧？

他本来随完颜合达逃到钧州。完颜合达不但打仗没水平，躲藏的水平也很差，让蒙古兵在第一时间砍掉。但完颜陈和尚却躲过了蒙古兵。

完颜陈和尚躲过之后，从藏身处出来，但见钧州城内满目疮痍，雪地上全是金国同胞的死尸。 这些天来，他随着两个大帅拼命跑路，任务是回来保卫首都，然后跑了这么多天，结果把大家跑累了。他虽然已经是名震一时的大将，连续打败过不可一世的蒙古铁骑，蒙古国最优秀的将领速不台都被他横扫过，而且以少胜多，让整个蒙古国丢脸。然而之后，他就不再有精彩的表现。尤其是在这场关系到大金帝国的生死之战中，他居然没有露面的机会。这只能说是金国的悲哀，是金国用人体制的悲哀。金国明明知道他会打仗，但并没有让他有独当一面的机会，在这个关头，仍然严格按照论资排辈的用人原则，把军队交给了完颜合达和移剌布哈。他们只认为这两个家伙忠心，用起来很放心。然而，有时光有忠心，并不能救国啊。救国既需要忠心，更需要能力。当完颜陈和尚被裹挟在这两个家伙当中，他就是有再大的本事，也等于零。他只能唯命是从。他那两场胜利，也是移剌布哈他们放手叫他去打，他才取得的。当移剌布哈他们不愿意让他单干了，他便毫无怨言地跟着这两个大帅四处乱跑，跑得上气不接下气，最后一起累一起失败。在这个过程中，他没有发出什么声音，让这段血腥的历史少了一个精彩的片段。他出身皇族，但已经不高贵。虽然后来逃奔回国，但并没有得到太多的重用。可以说，他的起点很低。这个低起点，使得他在一个讲究资历的国度里，注定无法有更大的作为。

很多人都很惋惜，说要是给他一个机会，历史也许会拐进另一个方向。但这有可能吗？金国要是有这个用人的魄力，他们会被打得这么难看吗？

当然，对于完颜陈和尚而言，他不会去思考这么多。当年他拼命回到他这个摇摇欲坠的祖国时，他应该预见了他的结果。

我们没有看到他说过很多励志的话，但他却干出了一番让全体女真族扬眉吐气的事。

他对最后的失败，一点不感到意外。当他从藏身处直起身子，目光缓缓扫视着祖国的土地时，他知道自己的历史使命已经结束。但他不能这样有始无终地来到这个世界上。如果现在他逃跑，之后过着隐士的生活，完全可以把下半辈子好好地打发。但他没有继续逃，他要让完颜陈和尚的名字再次响亮。

他大步走向蒙古的军营。

蒙古士兵拦住他，喝问他是谁。

他冷冷一笑："完颜陈和尚！"

他的声音不大，一如平常自报家门。但传入蒙古兵的耳朵里，立刻产生响彻云霄、振聋发聩的效果。适才还高高在上的蒙古兵们，马上如临大敌，双手发抖，握着兵器面向着他。

接着一声呼哨响起，众多蒙古骑兵集聚过来，把他团团围住。

他环顾四面的敌人。这些长得比他还要高大得多的敌人，发着粗重的呼吸声，一双双目光直向他射来。那些目光都充满着既敬且惧的复杂色彩。

他再次大声说："请告诉你们的主帅，本人就是忠孝军的老大完颜陈和尚。大昌原、卫州倒回谷的胜仗就是我打的。如果我死于乱军之中或者逃走了，人家会说我对不起国家。所以，我既不能逃跑，也不能死在乱军之中。我必须明明白白地死去，让天下人都知道完颜陈和尚死得有声有色！"

蒙古兵把他带到拖雷面前。

拖雷说："你投降我军吧。"

完颜陈和尚平静地说："为什么一定要投降你？我活着就是要打你们。现在打不过你们，我活着已经没有意义。"

拖雷说："我佩服你，可以了吧？"

完颜陈和尚不再说话，只是冷然地看着拖雷。

这是一个高傲的姿态。

拖雷大怒，残忍的一面马上展现出来，下令大刀砍向完颜陈和尚的双脚，先是砍小腿，再砍膝盖。

但完颜陈和尚仍然不屈，嘴角挂着冷笑。

拖雷继续大怒，下令用刀割完颜陈和尚的嘴巴。行刑者用刀从完颜陈和尚的嘴角划起，一直划到他的耳边。他仍然"噀血而呼，至死不屈"。

完颜陈和尚终于死了，虽然被刀划得面目全非，但那个高傲的神态仍然定格在他的脸上。

拖雷突然觉得，完颜陈和尚没有屈服，反而是自己对他更加敬畏了。他当即站在完颜陈和尚的尸体边，拿起马奶酒，来祭祀他，并高声祝愿："好男子，他日再生，当令我得之！"

所有的蒙古人都围着他的尸体，用蒙古人的方式祭祀他。

完颜陈和尚死了，被蒙古兵杀死了，但他却在残忍而勇猛的蒙古军面前，获得了最高的荣誉！

他让蒙古人知道，女真人还是有血性的。

当然，蒙古人更知道，他的这个行为，也跟他的那几场大胜仗一样，只是阿骨打时代女真气质的回光返照，对历史的方向不再起任何作用。

三峰山之战结束了，几大军头集体牺牲了，令全体金国人振奋过的完颜陈和尚死了，十五万从潼关调来的精锐部队全部被人家消灭了。

金国上下除了唉声叹气之外，无法再组织有效的抵抗了。

蒙古兵继续开展军事活动，迅速占领了大片地皮。

很多人都以为，在这样的大环境下，蒙古大军肯定直指汴京，一番猛打之后，宣布大金帝国灭亡。

但窝阔台却还是只在汴京周边大肆抢掠，暂时没有向开封进攻。

金国皇帝的绝望

汴京里的完颜守绪面对着继续争吵却没有办法的群臣，想死的心情塞满胸口。他越来越怕，叫道："自行了结算了。"他找来一根绳子，准备上吊，可能觉得吊死鬼太难看，就丢下绳子，跑到窗口，但由于他自杀的动静太大，几个身边的大臣跑过来，把他抱起。

他说："朕完全失望了。朕活着还有什么用？"

完颜白撒说："到了这个时候，试着跟蒙古讲和吧，说不定他们会放咱们一马。"

完颜白撒曾当过平章政事，位居宰辅，但也是个无能之辈。只是当年带着一群人马打南宋打西夏时，基本都打赢了。其实这些胜仗，都是他手下的功劳，但因为他是老大，最后都是归功于他，因此这些年来，他都不断地高升，一直成为决策圈中的关键人物。现在看到蒙古兵在汴京城外，到处打砸抢，皇帝在宫中寻死觅活，就出来劝皇帝讲和。宋朝跟辽国讲完，再跟金国讲和，到现在都没有亡国。

完颜守绪无法答应。

完颜白撒不断地做完颜守绪的思想工作。后来，他突然想到，要是签订了和平协议，万一蒙古国突然提出要首席大臣去当人质，自己是唯一符合条件的人选，那可就划不来了。他的智商虽然不高，但在为自己着想时，还是很厉害的。他做完议和的思想工作后，又动员完颜守绪赶快任命萨布当宰相。完颜守绪和萨布当然不知道这是完颜白撒的套路。皇帝当场下发任命书，萨布当天到新岗位上任。

只是，在议和这事上，完颜守绪一直下不了最后决心，一天到晚在那里左右为难。

蒙古大军向洛阳进攻。这次，他们用的武器很先进——石炮。

这时，洛阳城中只有三四千守军，而且全是从三峰山前线跑回来的残余，亲历过蒙古兵三峰山的大屠杀。他们十五万的战友，统统被骑兵砍死在雪地上的场景现在还在他们的脑海里浮现。他们知道，凭他们这点人马，去抵挡蒙古兵的铁骑，结果就是那四个字"螳臂挡车"。

洛阳留守叫萨哈连。萨哈连跟完颜合达他们一样，很有忠心，但没水平。除了没水平之外，他的背上还生个大大的毒疮，正折磨得他起不了床。

虽然急报放满他的办公桌，但他却不能处理。

洛阳城已经万分危急。

连萨哈连的妻子都知道，这个城守不住了。她对老公说："你当到这个留守，可以说是深受皇恩了。现在敌人打过来，你却生病在床，不能带兵去打仗报效国家。看来，你要实现报效祖国的理想，只有一死了，不要怕我拖你的后腿。"她说过之后，就换了套新衣，然后向床上的老公拜拜，上吊而死。

萨哈连看到老婆都这样敢于去死了，他还有什么脸在床上躺着？他到城外巡视一圈之后，就跳到壕沟里死掉，算是为国捐躯了。

萨布当了几天宰相之后，有人就向完颜守绪表达了坚决的反对意见，先把完颜白撒骂了一通，说完颜白撒除了年纪大和会击球、拍马屁之外，基本没有其他特长。现在却让他参与军国大事，这不是在葬送国家前途吗？再看看他推荐的萨布，同样是个五谷不分的蠢材。现在居然让他当宰相？这不是拿国家命运开玩笑吗？应当马上把他们清出权力中心，或者我们的国家还有救。

完颜守绪不听。骂他们是你的权利，任用他们是我的权利。

后来，萨布也请求辞职，但完颜白撒能答应吗？你要是辞职了，谁去当人质？你以为你是来当宰相的？告诉你，你是人质候选人啊。

窝阔台出来很久了，又想回去了。他把攻打汴京的任务交给速不台。现在完颜陈和尚死了，应该没有对手了吧？

当然，对于金国仍然一边进攻，一边派人过去，命令他们投降。

窝阔台给完颜守绪列了个长长的投降清单，既要交出那些抵抗过他们的将领比如移刺布哈等人的妻女，让这些美女去当他们的奴仆，还点名要几个有学问的人，去为他们服务，另外还有大量的工匠，去为他们打造兵器。

当然，人质是一定要有的。

完颜白撒一看，人质的标准并不是宰相。他当了一辈子高官，预测能力之差，实在是无与伦比了。蒙古国要求派个亲王去做人质，而不是宰相。蒙古人虽然文化不高，但他们也知道，宰相跟皇族没有关系，这样的人质对皇家没一点威胁。而且宰相是可以任命的，他直接任命个叫花子当宰相，然后去当人质，你还不能有话说。所以，还是要一个皇族的才稳妥。

完颜守绪当皇帝到现在，一直表现得很懦弱，但他的智商并不低，报复思想还是很严重的。他看到蒙古人清单关于人质那一栏提出的条件是亲王，当场拍板让完颜守纯的儿子额尔克为曹王，然后以曹王的身份到大草原去当人质。以前完颜守纯老想抢当皇帝，现在让他的儿子去当人质。

完颜寿看不过眼，就说："额克尔太年轻，还不够成熟，怕他去当这个人质，办不成事啊。还是让我去当他的副手，甚至代替他去当人质算了。"

完颜守绪一怔之后，说："自从南迁之后，国家太困难了，叔父的待遇从没有提高过。国家没有事时，我们对叔父不闻不问，让叔父一直处于闲置状态。现在一有事，就叫叔父过来承担这么大的责任，把叔父送到危险的地方，天下会把我说成是什么样的皇帝呢？"硬是不让他老人家去。

完颜寿看了看这个圣上，就哭起来，然后回去，再然后就郁闷地死去。

完颜守绪把人质都准备得很好，即将把额克尔送出去。哪知，速不台却装起傻来，说："我只知道要打前面这座城池，别的事我都不知道。"下令大家进入工地，大量建造修城工具，还抓来大量的民众，让他们成群结队、扛着柴草去填那道历史悠久的壕沟。

天还下着雨。

速不台喝令大家大干快干，不一会就把壕沟填平了很长一段。

完颜守绪知道后，便出宫去看看情况。这时街道上全是乱成一团的难民。这些在春雨中的难民突然看到皇帝出来了，更加吓得四肢疲软。他们不知如何是好，只得按传说中的规矩做，见到皇帝就必须下跪。于是，一众难民都趴下来，在雨中向完颜守绪叩拜。完颜守绪只得挥挥手，说：“不用跪拜。”完颜守绪到了这时，表现得很亲民。

这时，很多大臣知道皇帝出宫了，都赶紧跑过来。有人给完颜守绪递过斗笠。可完颜守绪只是苦笑着说：“子弟们都冒雨坚守岗位，我怎么能戴这个呢？”

又有几十个士兵跑了过来。

完颜守绪问到底什么情况？

士兵们说，蒙古兵已经把壕沟填得差不多了，广大指战员强烈要求放箭阻击。可是完颜白撒大人说，一箭不能放。射出一箭，就会把国家的议和大计全部破坏了。国家是不是真的要投降了？

完颜守绪无奈地解释，朕为了国家，只得暂时向蒙古称臣。朕只有一个儿子，现在已经长大了。朕将派他到蒙古那里当人质。你们先忍一忍吧。要是蒙古人不答应朕的议和，大家再拼命吧。

这些人一听，原来皇帝也同意投降，他们还有什么意见？

额尔克当天冒雨来到速不台军中。

速不台虽然大喊大叫不要人质，但既然你们送来了，那就照单全收，不放他回去了。但城还是要攻的。

金国一看，蒙古兵比当年他们打宋朝时还无耻啊。他们这才深切地感受到当年赵宋王朝的痛苦。

蒙古军这时的攻城装备已经全面更新换代，不再用垒土跑马的笨办法了，而是全用石炮。

这次速不台石炮的炮弹基本都是太湖石和灵璧假山石，不但石质密度高，而且体积重量均匀，都是一斤重，圆得像灯球，杀伤力很大。速不台下令在每个城角布置一百多门石炮，轮流作业，全天候不间断地轰炸。打进城中的石头越垒越高，几天之后，几乎与里城的城墙齐平。

城头的瞭望台用的材料本来很讲究，都是用宫殿拆下的材料修建而成的。柱子都是一人合抱的大木头，但一被石炮打中，立马粉碎。

金兵就用马粪、麦秆铺上去，用来挡住石炮。还用油毯和牛皮来遮蔽。

速不台一看，石炮打在这个挡板上面，基本没有效果。他再一看那些防护网，基本都是易燃物品。便下令改用火炮攻击。那些油毯和牛皮、马粪、麦秆立刻着火。金兵虽然拼死救火，但这些东西都是易燃材料，哪能一下扑得灭？

幸亏汴京城是由周世宗修建的，城墙用料十分讲究。据说泥土都是从虎牢关那里运过来的，质量上乘，坚硬无比。石炮射到城墙上，只是打出一个小坑，根本无法造成毁灭性的破坏。

完颜守绪这时只好出来，安抚兵士，碰到受伤的士兵，还亲自给他们敷药，亲手给有功的人敬酒，从内府里拿出很多宝贝出来，赏给卖力守城的人。他一头扎到最基层，就差拿弓箭到城头射了。

当然，所有的部署仍然是完颜白撒做主。

完颜白撒所做的一切就是四个字：消极防御！

速不台在城外筑了一道城墙，周长一百五十里，把开封城全部包住。而且城上还有简易的瞭望台。完颜白撒怕敌人冲进城里来，就叫士兵也在城外筑一道城墙来挡住蒙古兵。他怕蒙古兵杀进来，所以城墙修得出口很窄，只能勉强通过三个人，而且还弯曲得要命。有一次，金兵发现有个可以出城袭击的机会，就决定悄悄地杀出去，把蒙古兵杀个措手不及。

哪知，由于城墙弯曲、出口又窄，出去袭击的士兵们行动不便，进展缓慢，好不容易全部冲出来，但已经被速不台发现，只得又退回城里。

速不台看到金兵被吓回去，哈哈大笑。

速不台虽然很善于打仗，但头脑还是很简单。看到金兵缩了回去，就觉得很放心了。哪知，最后还是被金兵打了一次。

金兵偷袭不成功之后，知道再这么冲过去，跟自投罗网没什么差别。于是，他们干脆组织了一个敢死队，直接挖开城墙，渡过护城壕沟杀进蒙古军的营中。

速不台万料不到金兵突然变得这么大胆，急忙组织反扑。但仓促之下，哪能收到什么效果？金兵这一次烧毁了蒙古兵的石炮座。

速不台很生气，更加用力攻城。

完颜守绪的安抚，使汴京城里士兵们的情绪开始稳定下来了。于是，大家也都开始想一些反击的办法：比如，他们派兵在城头观察敌情，然后让敢死队做好准备。只要观察的人发现蒙古兵可以偷袭了，就点上灯笼。敢死队一看到灯笼亮了，就出去砍人；而且他们还用风筝把传单放到蒙古军营，向被俘的金国士兵开展工作，叫他们也起来反抗。当然，最后都被速不台发觉了。速不台从没有想到，打仗居然打成这个样子。以前打西域时，是多么干脆啊。哪用得着又发炮，还得防传单。人家说战争是政治的延续，现在政治变成战争的延续了。

不久，速不台又发现，金兵又使用了一个秘密武器。这个秘密武器在当时简直可以叫黑科技了。这个武器叫轰天雷。

这个武器装置看起来也很简单，就是把火药装进铁罐里，然后放上引线，直接点火，再发射出去，发出的爆炸声，据说百里以内都能听到。被射中的地方，烧出的面积足有半亩。即使身穿铁甲，也完全可以秒穿而过，把人当场肢解。

速不台因为石炮无法破坏城墙，就叫士兵用牛皮作掩护，攻到城下，然后把城墙挖出一个小洞。这些小洞足以容下一个人在里面作业。

金兵刚开始时，毫无办法。

速不台也高兴得哈哈大笑。

哪知，这个黑科技上来之后，金兵就来了灵感，把轰天雷系在长绳上垂直下来，一直到小洞口时才引爆。但闻得惊天动地的爆炸声响起，洞口烟火冒出，躲在小洞作业的士兵，连人带牛皮瞬间不见踪影。

而且，金兵还有一种飞火枪，填满火药后，也点火发射，能一口气烧出十多步远。速不台这才知道，比起金国这些火药装置的武器来，他那些石炮还真的太落后了。

作为曾经横扫过欧亚大陆的名将，速不台自信如果打野战，他可以毫不费力地把开封城里所有的金兵一口气打完。可现在他却只是站在开封外的泥地里，满是横肉的脸上，全是郁闷到顶点的神态。

本来，不管是窝阔台还是拖雷，都以为金国十五万精兵被全部被打死在三峰山之后，金国的残余力量已经不足挂齿，要拿下汴京已经容易得很，让速不台这样的名将打开封城，已经是非常保守的部署了。哪知，速不台在城下连打十六天，用上了蒙古最先进的武器石炮，还筑了一道十分壮观的围墙，到现在居然还在城外忙活着，而且越打越觉得困难，更不知道城里还会弄出什么秘密武器、研究出什么黑科技来。

在这十六天里，双方不分昼夜地你来我往，战死了差不多百万人。

速不台终于认识到，真不能把人逼得太绝，逼得太绝了，人家反抗起来，也是很可怕的。于是，他改换了一副面孔，宣布教训金国到此为止，派人对金国说：“既然你们已经派出和谈代表团，顺便还送人质过来了，我们也看到你们的诚意了就不打了吧，免得伤了和气。”

完颜守绪这些天，也是忙得不可开交，早就累得连喘气之力都没有了，一听到这话，急忙抓住机会，派户部侍郎杨居仁出城，以酒和烤肉去犒劳蒙古大军，还赠送了速不台大量的金银财宝。

速不台笑纳之后，这才宣布退兵。

虽然已经退兵，但还没有宣布议和已经成功。

金国内部又乱成一团。士兵们对完颜白撒很气愤，说这家伙不但没给国家做出什么贡献，还利用职权发战争财，真是该死。

完颜白撒知道后，感到很害怕。他深知，如果这些士兵的怒气一到燃点，就会什么都干出来。他想了想，还是不当这个首席大臣了。他想写一个辞职报告，又觉得自己的文化水平不高，就叫那个著名的文学大师元好问帮他执笔，写一份退休申请书。完颜守绪这次没有挽留他，宣布接受他的辞呈，让他光荣退休。

他以为他辞职不干了，士兵们就原谅了他。但士兵们仍然到处大声说，要杀死这个误国贼！

完颜守绪怕完颜白撒被士兵们干掉，就给他派了两百名卫兵，日夜保护着他。后来，那些气愤的军人没有办法，就跑过去把他的住所全部砸烂。

窝阔台也跟他的老爸一样，对南方的气候有些不适应。

夏天一到，窝阔台就出了居庸关到官山去避暑。他派唐庆作为使者，去金国谈判。

说是谈判，其实金国根本没有讨价还价的权力。唐庆其实是到汴京宣布窝阔台合汗的一个命令：金国想议和成功，必须由皇帝亲自出来当首席谈判代表。

完颜守绪一听，哪敢去？当年宋朝两位君主就是这样被他的祖先忽悠过去的，然后就再也没有回来。他本来就是个优柔寡断的老大，这时就更怕死了。但他又不能拒绝窝阔台。若拒绝了，就等于拒绝了和谈啊。

最后，他没有办法，决定装病，说自己已经龙体欠安，出不了远门。为了装得像，在跟唐庆举行会见时，就干脆躺在床上。

唐庆进来时，耍了一番大国使者的大牌，甩着那两只胳膊，大摇大摆地上殿，一路牛气哄哄地大步前进，旁边的金国大臣都不在他的眼里。

唐庆也不是笨蛋，当然不相信完颜守绪真的有病。

金国大臣都很气愤，但又不能发作。皇帝都得装病来应付了，他们哪还敢乱来。谁叫他们是弱国。

唐庆看到完颜守绪躺在那里，不管他如何说风凉话，就是不起来，把装病进行到底，也没有办法了。只得宣布：首轮谈判到此结束，明天继续。

哪知，金国大臣因为看到唐庆牛得没有谱，连他们的皇帝也看不起，就集体愤怒起来，半夜派出杀手，把唐庆等三十多个代表团成员全部杀死。

于是，和谈告吹！

第七章
灭金之战

继续内斗

再来看看山东方面的局势。

当时徐州仍然在金国的掌握之中。但因为徐州总领王佑、张兴和都统封仙突然觉得行省图克坦伊都不顺眼了，半夜里带兵到草料场放了火。

图克坦伊都突然看到草料场那里火光冲天，外面全是士兵在大喊大叫，知道城里发生了动乱。他立刻逃了出来。

国用安看到徐州发生了动乱，便带着部队杀了进来，把王佑和张兴杀了。封仙表示自己愿意当蒙古人的属下，国用安就任命封仙为元帅，当徐州的第一把手。

图克坦伊都逃到宿州。他以为到了宿州就等于到了安全地带。节度使赫舍哩阿图却不开门，理由是怀疑他也是来赚城门的。他只好带着他的部下驻扎在城南的野外。

接着，从其他地方逃到宿州的士兵，也都被怀疑，一个也进不了门。

赫舍哩阿图以为只要关好城门，不让一切可疑人员进城，他的宿州就安全了。

宿州城里的千总高腊格觉得这个节度使太自私了，照他这个工作作风搞下去，宿州迟早就会被他玩完，与其被蒙古军打败再投降，不如现在先投降。于是，秘密与徐州方面取得联系，来了个里应外合，连夜为国用安打开城门，接应徐州大军进城。这时，赫舍哩阿图还睡在床上，被人从被窝里抓起来，然后杀掉。

高腊格干完这些事后，派人去请图克坦伊都前来当老大。可是图克坦伊都旗帜鲜明地表示自己决不当金奸，带着他几个有限的部下继续逃跑，半路遭遇蒙古兵，被杀。

国用安利用金国内部矛盾，不费吹灰之力就拿下了宿州、徐州还有邳州，这对于蒙古国来说，是个大好消息。

但蒙古帅额苏伦知道后却很愤怒。他愤怒的原因是，这三个州应该让他来取得，国用安是什么人？竟然敢接受他们的投降？他也不向上级报告，直接派兵进入徐州，准备杀掉国用安，然后把国用安的部队改编到自己的名下。

国用安知道后，当然很害怕。他深知蒙古人的残暴。他是投降过来的，在蒙古国没有什么人帮他讲话，被人家杀了就杀了。此前，他投降了宋朝，又投降了蒙古，现在还有金国可以投降。

当然，投降还是要交投名状的。现在别的不好找，但这些以杀人为业的人找投名状还是很容易的。他和王德全把蒙古元帅田福等几个人叫来，说是商量事务，然后就砍了田福的脑袋，宣布与杨妙真断绝一切关系，把徐州、邳州、宿州的第一把手全部叫来，宣布了他投降金国的计划。对于这三个州的一把手来说，投降哪个都是投降。他们投降蒙古到现在，蒙古除了给他们一张任命书之外，没有给别的东西，反而天天看那几个没有文化的蒙古武官的脸色办事，觉得很窝囊，内心早就不满了。

于是，他们杀白马，发了誓言，宣布结为同盟，然后步调一致地归顺金国。这一系列活动结束之后，国用安突然发现，自己虽然被称为老大，却已经没有了地盘。他没有办法，只得跟几个同伙一起跟随重僧努向金国的地皮跑过去。

重僧努负责向金国写信，报告金国中央，他们已经回归大金帝国温暖的怀抱。而国用安则带着一万多人攻打海州，无论如何得先有一块地皮，否则就是无立锥之地。无立锥之地，你的官阶再高，也跟一个土财主没差别。

他们原来以为，现在金国很困难，得到他们投降的喜讯，肯定会觉得喜大普奔，然后派个大员来，先对他们进行表彰，然后发给他们一张大大的委任状。哪知，那封信已经寄去很久了，居然没有一点回音。而他们在开往海州的路上，却不断发生着士兵逃跑的事。国用安这才知道，这次投降有点反常了。不是每次投降都能被人家顺利收留的。

但事情到这个地步，想再回蒙古国肯定是不行了，他只得咬着牙，要求大家都换上金国的服装，表示虽然金国高层对他们不重视，但他们仍然把大金帝国当成自己效忠的唯一国家。

杨妙真看到国用安断然跟自己划地绝交，也气愤起来，把国用安的家属全部砍掉，然后跑回老根据地益都。

国用安本来还在等金国高层的消息，却得到家属被老领导杀害的报告，当然也是急怒交加，便改变进攻方向，带着部队去抓杨妙真。

直到这时，金国高层的信才送到邳州，宣布封国用安为兖王，还赐姓完颜，赐名用安。授予的权力也高，给他发了很多张河溯、山东的赦免文书，有权任意处置这些地方的事务。这个规格比武仙还高。

只是这时，国用安已经有些不信任金国了，刚听说金国使者来了，就派人过去把这个使者迎接到城中，然后关在州府里，先叫人去跟使者聊天，问明使者为什么现在才来？使者说，主要是为了封他为王的事。封王可不是玩笑，需要办理相关手续。

国用安一听，果然很满意了。他天天把金国送给他的财物晒出来，让大家都羡慕得眼红。金国中央突然又派人给国用安送来金书和铁券、龙文衣、玉鱼带、郡王文书、世袭千户文书等十通，让他分发给同盟的将领。

国用安越来越牛，那几个跟他一起搞事的人就不爽了。大家本来一起组团来投降的，现在怎么只重视国用安一个人？当使者因世英拿着这些东西经过邳州时，王德全和刘安国就对因世英说：“我们跟国用安本来是一起投降的。这些朝廷的任命文书，按理就必须由朝廷发布，哪能让国用安来发给我们？我们两个应该被封为郡王，请把郡王文书留给我们。”于是，因世英就把郡王文书和世袭千户文书各两通留给王德全和刘安国。

国用安知道后，对因世英的意见很大。两人就闹了矛盾。

金国在河南一带丢失了大量的地盘，却在山东这里有意外的收获。当然，蒙古仍然不在乎这几个州的得失。

蒙古国到现在虽然到处打胜仗，其实可支配兵力并没有多少。因此，他们目前仍然是以消失敌人的军事力量为主要手段的。

金国的主力虽然已经被消灭，但各地仍然存在着大量杂牌军。

武仙从三峰山前线逃脱之后，跑到南阳，又集合了十万大军，在留山驻扎，准备救援汴京。完颜守绪知道武仙突然召集到这么多的部队，就叫他跟完颜思烈一起向汴京进发。

武仙对金国还是很忠心的，带着部队出来，却被蒙古将领郭德海挡住。郭德海的老爸就是郭宝玉。武仙知道，自己的士兵数量虽然很多，但战斗力并不强，因此在密县按兵不动，等待战机。武仙派人去通知思烈，先依山驻扎，等大家会合后再出击。

完颜思烈说，现在汴京已经危险，哪能再等。你不来，我自己过去。他继续前进。郭海德向他进攻。完颜思烈虽然思想激进，从小到大，几乎天天都嚷着斩奸除凶，兴复朝廷，驱逐蒙古，恢复大金，可战略思想却很落伍，那些慷慨激昂的铁血语言才出口，郭海德的骑兵已经迎面而来，他瞬间无语。双方才宣布交战，他就已经逃得不知去向，全军被打得大败。

武仙没有办法了，只得出来交战，毫无悬念地被打败，又回到留山那里当观众了。

出来接应完颜思烈的喀齐喀更差，听说两支部队已经败北，就在第一时间丢掉粮草逃回去，怕晚一步被人家活捉过去。喀齐喀本来的任务是来接应武仙和完颜思烈的，现在却成了郭德海的运输队。

到了这个时候，金国虽然勉强保住了首都，得到了国用安的地盘，但摇摇欲坠的感觉却越来越严重。

蒙古那边也出了大事。

拖雷之死

这个大事，就是拖雷之死。

拖雷这时还很年轻，身体也还很强壮，是当打之年。但他就是在这个当打之年死去的。

这年（1232 年）九月，本来身体还很健康的窝阔台突然生病，而且是很严重的病，严重到什么地步？到病危的地步。按蒙古的传统，到了这个地步，萨满一定要亮相。这一次，萨满已经登场，但仍然没有让窝阔台的龙体好转起来。为什么不能好转？萨满说，他找到了长生天，长生天让他转告，这么多年来，蒙古人杀生太多，有违天道，长生天有点愤怒了，所以蒙古大汗必须死。

萨满代表神仙说话的时候，窝阔台奄奄一息地躺在床上，拖雷则站在旁边。

拖雷问："难道就没有别的办法了？"

有，当然有！

既然有，就快快说出来。难道要等大汗归天了才说？

萨满终于神色凝重地说："必须由黄金家族的直系亲王代替大汗去死，窝阔台大汗才可以躲过长生天的处罚。"

拖雷是何许人？立刻明白这话的意思。现在黄金家族直系亲王本来就三个，一个是术赤，一个是察合台，还有一个就是他。现在术赤已经死了，察合台远在中亚，目前就只有拖雷一个人了。

拖雷知道，他必须顶替他的这个三哥去死。

他一直跟随铁木真到处征战，阅人无数，什么阴谋诡计都亲历过。对于窝阔台这次的病，他应该比别人更清楚。

他说:“那好，我可以替大汗去死，怎么去死？”

萨满说:“你去野外祈祷吧，回来之后，就可以喝神水了。”

没人知道拖雷在野外向天地祈祷的过程中，到底是不是泪流满面，他默默祈祷的内容到底是什么。我们只知道，他从野外回来后，神色如常。

萨满的脸上依然挂着严肃的表情，端来一只大碗，说:“这个碗里装的是大汗身上洗涤下的罪孽之水。也就是说，蒙古人的罪孽都已经集中在这个碗里了。你喝下去，就等于把这些罪孽独自扛起来，然后你就可以死了，可以到天上向成吉思汗报到了。”

拖雷把那碗罪恶的水一口气喝干，正如他往日尽情喝干一碗马奶酒一样。

拖雷喝完那碗水之后，果然死去。而窝阔台则生龙活虎起来。

于是，拖雷之死就留下了太多的想象空间。虽然很多史书都说，拖雷太爱他的兄长，心存忠义，甘愿以身代兄长去死，是蒙古史上最仁侠的英雄。但很多人都用怀疑的眼光来解读这件悬案。如果从科学的角度看这个事件，那么可以完全划归无稽之谈。因此，大多数人宁愿相信这是一场宫廷政变，是窝阔台与萨满联手设局，让拖雷不得不死。为什么要在这个时候搞定拖雷？

因为，金国的主要军事力量已经被消灭，窝阔台已经不需要这个弟弟帮他打天下了。如果让这个弟弟再打下去，他的功劳就会更多，到时就无法收拾他了。那么，拖雷为什么又甘心喝下那碗要命的水呢？他可是掌握着蒙古的军队啊，枪杆子牢牢地拿在手中，而且还深得民心，最不济也可以割据一方，像术赤一样单干，谁也拿他没办法。但你一定要知道，早在四兄弟还当皇子时，拖雷与术赤的关系最好，察合台与窝阔台的关系最铁。四兄弟分成两派，曾为了这个皇位争得连铁木真都很气愤。幸好当时只有术赤和察合台在前头摩拳擦掌，而窝阔台和拖雷只在一边当观众，没有把事件继续扩大化。但阵营分得很清楚。

术赤得不到铁木真的喜欢，很多人对他的出身都持怀疑态度，但拖雷却恰恰相反。铁木真喜欢这个幼子，很多人也都认为拖雷才最有资格接班。但铁木真最后把大汗的位子传给窝阔台，而自己的属地则让拖雷全面继承。于是，窝阔台成了大汗，而拖雷则成为蒙古国最有实力的人。如果在中原，按拖雷的地位，完全有能力废除三哥，自己宣布就任蒙古国最高领导人。即使他不想这么做，也完全可以当个曹操式的权臣，让三哥在大汗的位上白坐，国家一切事务全由自己说了算。但他没有这么做。

他为什么没有这么做？

我想，一来他确实遵守他老爸的安排，不能抢三哥的位子，一辈子当他老爸的好儿子。二来，现在拖雷虽然掌握着蒙古本土的军队，但察合台还在他的汗国那里经营，那可是块广袤的地皮。他手里的力量岂能忽视？如果拖雷真的要凭武力打倒窝阔台，以察合台的性格，他能放过拖雷吗？如此一来，还没有成熟起来的蒙古帝国，势必造成火并的局面。这个局面一发生，历史会很精彩，但黄金家族必将毁于一旦，甚至几个兄弟都将死于这一场火并。这是拖雷最不愿意看到的。

于是，他只能顾全大局，喝下那碗罪孽之水，然后死去，把这些想象空间果断地留下了。

我不知道窝阔台看到拖雷死后真正的心情如何，但我仍然相信，他会觉得十分轻松。就是这个弟弟，让他在铁木真死后两年，仍然坐不到大汗的宝座上，最后经过十分激烈的讨论，直至这个弟弟主动带着大家拥立他为大汗，他这才不再谦让地接过大印。而当了大汗之后，他仍然看着这个弟弟的脸色行事。他真的不愿再看弟弟的脸色了。

幸亏有萨满！

感谢萨满！

萨满让这个事情结束得很圆满。

拖雷死后，接下来就得认真对待金国了。

蒙宋联手

窝阔台上次伐金，是完全按照老爸的既定方针执行的。当年铁木真的预设是借道南宋、形成南北夹击之势后，完全可以拿下汴京。但最后却只消灭了金国的有生力量。因为夏天到了，蒙古兵都得回北方乘凉去了。这一次，窝阔台决定延续老爸的方针，把金国彻底搞定。他的决策很简单，就是联手宋朝，共同把已经只剩一口气的金国打倒。

这个计划一形成，金国就快速走进了悲催的亡国之路了。

当然，最先悲催的还是金国的老百姓。具体说就是汴京城里的老百姓。

完颜守绪因为唐庆被杀，和谈泡汤，知道事态闹大了，蒙古国肯定会加倍报复。当年花剌子模国杀了蒙古国的使者，最后导致铁木真亲自西征，带着蒙古骑兵在中亚一带大砍大杀了几年。现在他们的使者在自己的眼皮下被砍，铁木真的儿子们能放过他们吗？

完颜守绪虽然懦弱又优柔寡断，但智商并不低，想到这一层后，便立刻着手进行准备，以迎接蒙古兵更猛烈的攻击。

他的这个想法绝对没有错，但错就错在，他现在手下全是一群饭桶大臣，而他又没有想到一个好的办法。他只是强迫民众出来，有力出力，有粮出粮，要为保卫首都做最大的贡献。城里的老百姓这些年来被战争折磨得已经够呛了，天天担惊受怕，早上出门，不知晚上还能不能回到家。大部分家里就那点粮食了，当然不愿自觉地贡献出来。

不主动贡献，那就只好搜。

于是，中央下文，成立搜粮工作队。

队长由完颜珠赫担任。

完颜珠赫打仗的水平没人知道，但搜刮工作绝对做得很到位。他先派人到处发话，动员广大人民群众上交军粮。

但大家都不交。

完颜珠赫就大搜了一遍。刮完之后，中央觉得这样做可能会引起民变，到时蒙古兵还没有攻破城墙，城里的民众就来个国人暴动，打开城门迎大汗，那就大大的麻烦了。于是，又改变政策，把官位拿到街上摆地摊，只要你肯花钱，即使连字都不会写，也可以进士及第。

那个完颜哈昭本来已经退休，这时又想复出，就对完颜守绪说，只要认真搜刮，方法得当，手段到位，城里至少还可以搜到一百万石粮食，够大军吃很久呢。

完颜守绪一听，既然你说可以搜到，那就跟李蹊搭档，一起去完成这个光荣而又艰巨的任务吧。

当然，前提是先封完颜哈昭为参知政事，李蹊就是左丞相。

这两人比完颜珠赫更狠，他们下了个文件，要求各家各户，不管是贫困户还是土豪，都称好自己家中的食物，然后报告有关部门备案，再然后把粮食按成年人一石三斗、未成年人则减半的标准留在自己家中当口粮，其余的全部上缴政府。而且都得把这些数据写在大门上，以备检查验收。谁敢玩数字游戏瞒报的，一旦查出来，就按升斗数量论罪。

现在你知道“国之将亡必生妖孽”这话很有道理了吧？

哈昭以最快的工作效率，迅速筛选了一大群严酷而又刻薄的人员，组成工作队，负责查检验收。据说，这轮执法中，最为严厉的是完颜玖珠。他发现两个寡妇，在她们选的六斗豆子里，有三升杂有蓬籽。他下令把这两个敢于危害国家的女人绑起来，游街示众。

一个寡妇哭着说：“我的丈夫打仗死了。我的婆婆老了，没力气了，这才将蓬籽混在一起吃的。而且我们已经交了六斗，这三升是留给自己吃的。”但完颜玖珠却不理，下令把这两个寡妇直接打死。

这事很快就传遍汴京，所有的人一听到这事，都感到浑身寒战不已。

大家纷纷议论的时候，金国高层非但没有出来公正处理，反而说是谣言，是别有用心的人造出来的，广大人民群众都不明真相。谁再传谣，就处理谁。

谣言当然不会再传下去了，但大家的眼睛里已经充满了对金国统治者的仇恨。

于是，有人把这些情况告诉了李蹊，李蹊说：“报告给参知政事吧。他搞出的事，由他处理。”

哈昭一听，哈哈大笑：“你们就是不会从有利的角度看问题。都说蜜蜂不损害花，也可以酿成蜜。其实哪有这种道理。不损害花，蜜蜂去哪采蜜呢？现在国家到了生死存亡的时刻。我们是要保卫国家，还是要保卫人民呢？你们说这话到底是为国家说的，还是为人民说的？”

大家一听，谁还敢说什么？

于是，努力搜刮。努力的结果，只搜刮到三万斛。

然后三万斛零零星星地运到府库之后，街头已经开始出现饿死的人，即使富豪也都在那里数着钱等死。再后来，传出人吃人的事来。

在这个秋天里，古都汴京，满目惨象。

这本来是个收获的季节。

完颜守绪这才知道，哈昭的做法把国家又向绝路逼了一大步。他只得下令开仓赈饥。

有个叫锡默爱实的人一看，一声长叹：“与其现在施舍，不如当初不夺取他们的口粮。”大家一听，这话真的太正确了。但还是有人向完颜守绪进行了报告。

完颜守绪当然也知道，这话是很正确的，但他要是承认这话正确，就等于承认他此前的做法是错误的。于是，他大怒，下令把锡默爱实抓起来，交有关部门处理。幸亏很多大臣出面求情，他这才看在大家的面子上，放过锡默爱实一马，叫他以后看到皇帝出错也不要再讲出来。

汴京城内人心惶惶，从皇帝到民众，都乱作一团。其实，只要他们决策正确，能任用有水平的人，这个政权还是可以多保障几天的。比如前几天，金国中京元帅任守真死去，大家就推举齐克绅当老大。

这个齐克绅是草根出身，长相是要多难看有多难看，可他武力指数却很高。他接过老大的班后，手下只有二千五百人，而且很快就陷于蒙古军的包围之中。

蒙古大军一看，才稀稀拉拉的两千多人，没有一点规模。前次打十五万人才过瘾啊。在这群常胜大军的眼里，这二千多人简直连小菜一碟都不算。几乎所有的蒙古兵都认为，放马过去，不过片刻就可以把这群金兵全部消灭光。

哪知，齐克绅带着这二千五百人，结寨而守，脱下衣服当旗帜，然后都赤膊上阵。他们人员不多，武器也很短缺，但齐克绅却很有号召力，选了一批肌肉特别发达的壮士当接应部队，到处跑着接应，哪里危急就跑到那里。而且大家都放开嗓门大喊大叫，似乎是一万多人在狂喊一样。他们的武器用完了，就用铜钱当箭头射出去。后来，齐克绅又现场发明出一种叫遏敌炮的家伙，能把大石头射到一百步之外。齐克绅则到处奔跑，只要他出现在哪个位置，那里就一定会取得胜利。他们在没有食物的情况下，抢到两匹骆驼，当场杀掉，每人只能吃到一口肉，但这口肉咽下去之后，士兵们像打足了鸡血一样，全体兴奋得要命，杀起敌来，更加拼命。

蒙古兵打了三个月，居然没有把这二千多人消灭，反而自己损失很大。最后，只得退兵。

由此可知，蒙古兵的胜利，一大半是因为对手太差。

只可惜金国高层到现在仍然只重用非人，不把有能力的人破格提拔上来，使得蒙古人想赢就赢。

窝阔台继续实施联宋的策略，派王檝当使者去南宋，商议共同夹击金国的事。宋朝想都没有想，就答应了窝阔台的要求，毫不犹豫地表示派兵去打金国。当然，还是有条件的：灭金后，河南划归宋朝。

一看到这个要求，肯定又会想起当初宋金联手时，也是要求灭辽后，燕云十州归还给宋朝。当时，女真族也十分爽快地答应了。可言犹在耳，立马大兵南下，最后连宋朝的首都也拿下了，两代皇帝也成了俘虏。

可以说，这是个惨痛的教训，这个教训到现在仍然刺痛着中国人的内心。可当时大宋高层却完全忽略了靖康之耻！他们只知道仇恨金国，只想把金国打翻在地再踏上一只脚，让女真族人永世不得翻身。他们就没有想到，蒙古要比金国更强大，更有战斗力，而且屠杀起来，更疯狂，更不讲信义。

蒙宋两国联合协议出台后，金国最后的危机终于隆重上演。

仓皇逃离

金国高层终于知道，自己在蒙古国大力进攻的情况下，还老是去开展南下伐宋之战找点胜利的感觉，代价是巨大的。当蒙古和宋朝宣布共同夹击金国时，完颜守绪这才傻了眼。

他突然觉得自己现在跟西夏李氏王朝的末期没有什么差别。当年李氏王朝在面对蒙古人的进攻时，居然选择与蒙古人联手跟金国打仗，白白消耗了大量的兵力。而自己这些年来，也多次一边被蒙古国打击，一边去打南宋。虽然打南宋时，先前还有点优越感，但后期也常被打得很丢脸。认真算起来，跟宋朝打来打去，基本跟平手没什么差别，结果白白让两家的冤仇越结越深。如果他们不这么狠打宋朝，也许现在的局面会是他们两家联手对抗蒙古的局面。但现在这个局面是永远不会出现了。

完颜守绪越想越觉得心头发凉。这些外交上的失误那么明显，为什么几代皇帝就看不出？那么多朝臣也看不出？其实，不光这个政策失误，连内政方针也全面失误。为什么众多朝臣都看不出？其实，不是朝臣们看不出，而是不敢说。

完颜守绪现在是在绝望当中才想到的。但到现在才反思，还有什么效果？

完颜守绪知道，自己现在才有这个觉悟，已经救不了他的大金王朝了。他很想跟他那帮亲爱的大臣诉苦一番，再看看他们还有什么意见。他突然之间，觉得几乎所有的大臣都已经没有商量的必要了。他只是派近侍去问白华："现在我们该怎么办？"

白华说："出城吧！"理由还用说吗？现在谁来守这个城都守不住了。不光这个城守不住，这个国也守不住了。白华的意思是说，皇帝出城之后，让荆王代管首都。以后首都事务任由荆王处理。当然出城，也还得给蒙古国一个理由。那就说是亲自去追查杀死唐庆、破坏和平的凶手，而不是去组织力量来跟蒙古国进行对抗的。然后顺便说明，现在已经把国家事务交给荆王全权处理了。唯一的要求就是请给他两个州当作养老基地。如果蒙古国同意，那么皇族就可以得到保全了。

任何人看到这个建议，都觉得跟宣布投降的文件没有差别。完颜守绪一听，眼里都流出泪来了。他不想宣布亡国，但现实就是亡国啊。这个后果就是他们大金国几任皇帝造成的。他还能怪谁？

完颜守绪本来性格就懦弱，这时就显得更加虚弱无比了。他先任命白华为右司郎，然后把大臣们召集起来，开了个会，再讨论一下白华的这个建议。

会议开得很热烈，有的说，可以到归德去，那里四面环水，易守难攻。有的说，可以经过西山到邓州去。但立马有人反对，现在蒙古大将速不台就在汝州，从西山过去不等于自投罗网吗？还是从陈州和蔡州去邓州保险一些。

完颜守绪一听，又糊涂了，只得转头问白华，到底怎么走才安全。

白华却认为，到了现在不管怎么走都不安全。归德虽然易守难攻，可时间长了、粮食吃完了怎么办？去归德等于坐以待毙。所以，坚决不能去那里等死。而汝州有速不台在那里等着，所以邓州更不能去，要是一定要去，就是直接送死。所以现在看来，只有背水一战了。当然，这个背水一战还是有讲究的。只要用脑子想一想就知道，去硬攻汝州，不如在半路决战；在半路决战，不如在城外与蒙古军决战。因为在城外与敌人决战，我们还有粮食可以吃，还有士气可以利用。如果冲不出去，我们的粮食就不够了，士气就会低落到地平线了。因此，现在最好的办法就是尽快与敌人决战。大金国的存亡在此一举。如果只是一味地避开敌人，到处绕道乱跑，结果就不用再描述了吧？请皇帝和大家再想一想。

这时，一班大臣又都认为，皇帝弃城出去，是非常不合适的。

完颜守绪说：“如果我不出城，部队就会分成两部分，力量就会分散。我一出城，两部分力量就合二为一了。”

另一个大臣当场反驳：“如果出城，则军队就会分成三个部分：一部分保卫着皇帝，一部分守城，一部分还得去打仗。所以，还是不出城的好。”

最后，完颜守绪急了起来，说：“你们只知道分析来分析去，却一点不理论联系实际。如果是武仙、完颜仲德这些人在这里，我可以把军队放心地交给他们，根本不用讨论什么出不出城。现在你们谁能带兵打仗？谁敢去打？所以，只好我亲自带兵上前线了。”

这些人一听，立刻熄火。

会场终于一片寂静。

完颜守绪转身指着自己的御床，很有感情地说：“这是我睡觉的地方。看来我这次出去，就不能再回来了。只是我有些不服。我并没有犯过什么错误，到头来却亡国了。你们看我睡的床，上面没有一件是奢侈品。我的生活也很节俭，比所有的大臣都节俭。更没有重用过奸臣，可是，亡国这个严重的恶果还是落到我的头上……”

很多年后，明朝的崇祯皇帝在上吊前也发表过类似的告别演说，只是崇祯皇帝在临死前，没有人对他说什么。而完颜守绪的话才一出口，舒穆噜世勣就大声说：“别的我不敢说，但你还是大量任用了奸臣。”

完颜守绪说：“谁？”

舒穆噜世勣当场扳着指头数了一大堆，指出这些人统统是误国贼。不信，老大仔细想一想。

完颜守绪一听，哑口无言，连一句反驳的话也说不出来。这充分说明了一个事实：原来他对谁是奸臣、谁是好人还是很清楚的，只是觉得这些奸臣很好用，奸臣说的那些奸猾的话很好听，做的那些奸猾的事让他觉得很爽。那些忠臣，天天在说他不好，动不动就唱衰自己的国家，让他听着很刺耳，终于被他不断地疏远，弄得现在他身边全是一群小人，天天帮他出台一些误国误民的鬼点子，做的全是砸场子的事。直到国家都要玩完了，他们还在说是那些忠臣把国家唱衰的。

完颜守绪的眼泪终于流了出来。他用袖子抹了一把脸。一股寒风灌进他的嘴里，他用力地咳着，脸面发紫。

完颜守绪又跟舒穆噜世勣谈了一下。这时，他终于觉得敢于说刺耳言论的人是多么好。他不再生气，两人一边说着，一边对着流泪。

完颜守绪虽然觉得舒穆噜世勣是个大大的忠臣，但他仍然不听舒穆噜世勣的话。

第二天，他在大庆殿里召集军士，对他们说，因为首都里的粮食已经快吃完了。所以，我准备带你们出城。

几乎所有的将领都反对他亲自出城。

几个大臣又在那里展开激烈的讨论，基本都是相互推脱责任，然后又相互指责一番。

但仍然阻止不了完颜守绪出城的决心。完颜守绪优柔寡断了一辈子，这次终于力排众议了一次。只是这次力排众议又错了。

完颜守绪作了最后的布置，然后把宫里的东西都拿出来，分给将士们。

这个动作一展开，皇帝放弃首都的说法就到处出现。

完颜守绪急忙派人出去对大家宣布："放弃首都的逃跑主义，原来是白华向朕提出的建议，朕已经全面否定了。现在朕出城是到汝州去，要和蒙古兵决一死战。"

于是，完颜守绪告别皇太后、皇后、公主等直系亲属，向城门口开去。他对守城的士兵们说："各位，这里是首都，你们虽然没有被选去跟敌人决战，但只要你们认真守城，功劳同样很大。"

当他的话在腊月的风中飘散时，他脸上的肌肉扭动了几下，泪水在那双充满着疲劳的眼里打转。

优柔寡断的完颜守绪终于在1232年的最后一个月离开了他的首都，像他的老爸一样，逃了出去。当然，他比他的老爸困难多了。当年他老爸弃守中都时，队伍还浩浩荡荡，金国大部分土地还是大金国的领土，而且还有汴京可迁。现在他出城了，他将向哪个方向前进？前进的路上，会碰到什么？

他已经无法想象了，也不敢去想了。总之，他现在真的是走一步算一步。

这时，他认为目前他手下最优秀的军事指挥员完颜仲德来到他的身边。

前段时间，完颜守绪下令各路兵马前来救首都时，大多数人都在半路上观望，没有努力奔跑。完颜仲德却带着他的手下一路狂奔而来，跑过秦州、蓝州、商州和邓州，这才来到汴京。他们一边跑，一边吃着野菜，当他们来到首都时，只剩不到一千人。

完颜守绪还是很高兴的。他问仲德下一步该如何走？

完颜仲德说："汴京以西三百里内都没有水，是不宜过去的，所以还是往秦州好。"

既然完颜仲德说秦州好，那就往去秦州。

于是，一群人便向东进发。

在进发的过程中，他们一边逃跑一边讨论。有人说，以前完颜白撒打了个小胜仗，有蒙古将领投降过来，现在正好用他们当向导，带我们到河溯去。

完颜守绪一听，原来还有向导。于是马上把几个降将叫了过来，封了他们官职，然后让他们在前面跑，向开州进发，目标是攻取大名和东平。可是仍然有人反对，说要是失败了，怎么办？完颜白撒说："还是分兵两路吧。陛下骑马不方便，可以就近去归德。我们带着部队去打东平。"

富察努说："不如先打卫州。打下卫州就有粮食了。"

完颜白撒冷笑说："汴京都没有守住，打下卫州后又怎么守？"

完颜守绪一听，觉得完颜白撒的话太正确了，完全听从。于是，他又一次把命运交到完颜白撒的手中。他早已知道完颜白撒是靠不住的，但一到关键时刻，还是觉得小人好用。

速不台那次围攻汴京不利之后，就一直按兵不动，只是在那里密切注视着汴京的动静，这时听说完颜守绪已经离开首都，不由大喜过望。他知道，金国的这个末代皇帝，虽然完全可以划进昏君序列，但他的智商也不是很低，危急时还能跑到城头振奋一下士气，对城中的士气还是有作用的。现在他主动逃跑了，那么城中士气肯定已经归零。如果此时拿下这个城，金国其他各路兵马就会深受打击，金国离灭亡又近了一步。

于是，速不台下令，包围汴京。

双方都在忙着，忙到了正月初一。

如果是往年的这个时候，完颜守绪会在朝中接受群臣的朝贺，山呼万岁之声此起彼伏。可现在他却冒着凛冽的寒风站在黄河边上，正组织逃难的队伍渡河。

渡河也不容易。

因为风太大，完颜守绪刚刚渡过去，后面的军队没法再渡，只得还在南岸上挤着。

蒙古兵已经追了上来。南岸上的金国士兵只得迎战。结果根本没有悬念，金国士兵有的被杀，有的落水而死。

完颜守绪就在北岸上观战，看得他胆战心惊，全身发软。

正月初五，完颜守绪来到沤麻冈，卫州就在眼前。完颜守绪派完颜白撒举着自己的旗帜去攻打卫州。

完颜白撒带兵到了城下，向城内的士兵们摇着皇帝的旗号。可人家还理这个旗号吗？他白摇了大半天，结果是蒙古兵知道了完颜守绪的行踪，派大军过来围追堵截。

完颜白撒除了会在宫中玩点权术之外，没有别的本事。他听说蒙古兵已经打了过来，立刻退兵。

追上来的蒙古将领是史天泽。

史天泽比蒙古其他将领更恨金兵。他带着自己的部队紧追金兵，一点不放松，最后在白公庙那里追上金兵。双方打了一仗，金兵又理所当然地被打败。

本来胜败是兵家常事，如果是别的将领，还会硬撑到底。可完颜白撒不是别的将领。他打了败仗之后，也不组织部队撤退，而是自己单独逃跑了。

这时，完颜守绪还在魏村楼。他在这里做什么？他在等着完颜白撒把部队带来，然后由他带领去跟蒙古兵决战。

不久，完颜白撒果然来了。

但只有完颜白撒一个人。

军队呢？

完颜白撒说：“已经被蒙古兵全歼了。现在再说这些都没用了。蒙古兵就在河堤外面，再不走就来不及了。咱们赶快去归德吧。”

完颜守绪还有什么办法？只得带着几个人上了船，渡过黄河跑到归德。

完颜守绪暂时逃得了性命，可士兵们都发飙了。皇上不是常教导我们要拼命到底吗？不是说要带我们出来跟蒙古侵略军决一死战，为国捐躯吗？现在却丢下我们不管，自己逃跑。这是什么皇上啊？

各路士兵都集体逃散。

直到现在，窝阔台与南宋还没有对金国进行实质性的打击，而金国自上而下都在自我崩溃。

完颜守绪到现在所进行的全是自残行为，而且还在自残下去。

到了归德之后，他觉得归德还是很安全的，就派奉御珠嘉去汴京迎皇太后他们过来。子弟兵们知道后，又都大声骂，你原来只顾你的家人，把我们全当傻子了。

现在完颜守绪敏感得很，这些话很快就传到他的耳朵里。

他得找个人来顶罪。找哪个好？肯定要找一个全国人民都认为是奸臣的人。

他正在反复挑选，完颜白撒冒冒失失地从蒲城跑了过来。完颜白撒这些年是金国决策圈中最有发言权的人，一生为金国贡献了无数自残的主意，虽然很多人都恨他，但皇帝却欣赏他，因此他能高高在上地过着腐败的生活。前几天，即使把最后的军队丢掉了，让皇帝成为名副其实的孤家寡人，但完颜守绪却一点意见都没有，军队被全歼就全歼了。这一次，他一路听到人家都在骂他，觉得也有些不妙了。所以，进了归德之后，不敢再出来，躲在一边看看皇帝怎么办。

完颜守绪看到完颜白撒回来了，立刻觉得他才是最好的替罪羊。于是派人把他叫来。

完颜白撒进来之后，完颜守绪根本没有给他说话的机会，直接扳着手指头数落他的罪状。完颜白撒这才知道，他所干的一切，原来皇帝大人全懂。现在皇帝批起他来，批得义正词严，批得义愤填膺，批得大义凛然，从他的过去批到现在，似乎他每一个动作都在祸国殃民。

完颜白撒突然明白，肯定是皇帝那些坏事需要有人去干，找不到别人，就只好让自己去干了。现在把这些责任全推到自己的头上，仿佛这个天下全是自己这样的人搞坏的。当然，从面上说，就是他这样的人搞坏的。可谁让他们去干啊？还不是皇帝！以前谁在皇帝前面批评自己几句，自己还没有生气，皇帝就先发脾气了。现在自己还没发脾气，别人也没发脾气，但皇帝发脾气了。

皇帝一发脾气，后果当然很严重。

完颜守绪没给他申辩的机会，将其直接下狱，家产全部没收，当场分给身边的将士。不久，完颜白撒死在狱中，完颜守绪又以完颜白撒为反面教材，教育其他人："大家一定要深刻汲取完颜白撒的教训，要竭尽全力，忠于国家，勇于为国家而死。"

完颜白撒死了，完颜守绪任命富察官努为军方一号。

富察官努比完颜白撒牛多了。

此前，由于完颜白撒的军队没有纪律，不管到哪，都先掳掠一遍，搞得民怨沸腾，国家军队越来越像土匪了。大家都恨完颜白撒，以致他去打卫州时，别人都不帮忙，他被蒙古兵打时，也没有谁来救。直到现在他才死了。但金国也被他折腾得要灭亡了。

富察官努接手军务后，重申了军纪，大家这才稳定下来。

攻陷汴京

广大汴京人民还是很善良的，他们刚开始还是很相信皇帝是带着部队去决一死战的。可几天之后，他们突然发现，皇帝原来是在逃跑。不但在卫州打了个大败仗，而且现在躲在归德。

于是，汴京城内又处于人心惶惶的时刻。

速不台要的就是这个效果。他加紧了对汴京的攻击。上次他猛攻十六天，最后不得不退走。这对于速不台而言，实在是件大大丢脸的事。现在他必须把这张老脸要回来。

速不台这时把汴京围得比上次更严密。城里本来粮食就很紧张，这时所有进出渠道都被堵死，食物就更加紧张了。市场上的米价飙升得比火山爆发还快：一升米要二两银子，而且还一升难求。街道上到处是饿死的人。据说有的良民不得不偷偷杀了妻儿来填自己的肚皮。人的一切尊严，在这座古都里，荡然无存。

当然，各种皮制的东西也全都被煮来当口粮。最后，柴火也没有了。于是，就拆房屋。拆完民房拆官府。大家正在那里忍受疾苦，突然听说皇帝派人来要把他的家属接走，就更加气愤了。

金国到了这时，还没有找到一个去跟蒙古人拼命的男儿，害国贼却不断涌现。在汴京城里一片惨象之时，汴京西南面元帅崔立觉得搞事的机会到了，于是，就跟几个死党在黑暗角落里密谋，一定要抓住机会搞出个大事来。

否则，太辜负这个残酷的时代了。

当然，不管小平民如何，金国皇太后以及其他皇帝的家属都按时出城。

正月二十二日，这群本来深居宫中的男男女女，都离开汴京。他们出了城门，来到陈留，看到前头火起，怀疑是蒙古兵在埋伏，便又急忙跑回城中。现在他们知道，逃跑也是件困难的事。

当时汴京城里的第一把手是萨尼雅布。他被迫当了这个留守，到现在却一点办法都没有。那位大文学家元好问问他怎么办时，他只是说，只有死了。

这话虽然很悲观，但情况就是这么悲观。

崔立觉得时机已到，就带着二百甲士举着兵器冲到尚书省的衙门前，用剑指着完颜纳绅和萨尼雅布，大声说：“首都已经到了最危险的时刻，你们却一点作为也没有，好像这个首都不是你们的一样。”这几句话一说，就等于是宣布了两人的罪状，然后叫士兵们把这两个家伙杀了，然后向全城人民发布通告，说两个宰相闭门不出，没有办法带领大家渡过难关。所以，我们把他们杀了，为民除害。城里的百姓知道后，都拍手称快，说杀得太好了。

崔立带着部队冲进宫中，把所有在京的高官全都召集起来，说现任皇帝辜负了全国人民的期望，是不称职的。不能让这样的人领导他们，现在他们必须重新推选一个皇帝出来。

这些高官还有什么话说，你爱立谁就立谁吧。

崔立一看，权力这东西真好。以前说话就几个士兵听，现在一发话，以前这些自己的领导全都得听。既然你们没意见，那就把完颜从恪找来吧，让他试一试。因为他的妹妹目前在蒙古军中，很吃得开。

你一看到这个情节，就知道他的下一步就是投降。

果然，崔立把完颜从恪找来之后，用皇太后的名义封他为梁王，代管国事。然后再大批量任命一批官员，然后就宣布打开城门，迎接速不台。

速不台很高兴，摆了个酒宴，请崔立喝了个痛快。

于是，汴京终于不攻自破。

虽然拿下了汴京，崔立也代表金国投降了，但完颜守绪还在，金国的事就不能宣布画上句号。

此时，很多金国的散兵又都聚集到归德，团结在完颜守绪的周围。归德的第一把手实嘉纽勒欢一看这么多部队前来，怕粮草不够，就建议完颜守绪把部队带到徐州、宿州、陈州去吃饭。而归德城中只剩下四百五十人，以及马用的七百人。完颜守绪很不愿意，但又没办法不同意，只得照办。完颜守绪的毛病即使到现在也改不了。他按照实嘉纽勒欢的话去做之后，又觉得实嘉纽勒欢不可靠了，偷偷把富察官努找来，小声交代："实嘉纽勒欢把我们的卫兵全打发走了，以后我们得小心了。"

他以为富察官努很值得放心，什么话都跟他说。可富察官努的表现再一次证明完颜守绪看人的眼光差得要命。

富察官努虽然办事比完颜白撒强多了，在很短的时间内把军队整顿得像个军队的样子。可他也是个野心家，总觉得自己天天保卫皇帝的安全，官却只有这么大。这些天又看到完颜守绪跟马用的关系越来越紧密，不断地破格提拔马用，心里就不服气：马用不就是一个归德的小兵吗？如果我们不跑到归德，谁知道他是什么人？这样的人看来只有杀掉才能免除后患。

这时归德虽然还没有蒙古兵前来骚扰，但亳州那里已经被蒙古大军围困，而且情况越来越紧急，蒙古兵离归德也越来越近。

富察官努说，现在归德很危险了。大家再搬家吧。

可是实嘉纽勒欢坚决不同意。要是皇帝离开了归德，他还有什么市场？现在是谁控制皇帝谁的权力就大。

富察官努很气愤，找来国用安（现在已改名完颜用安），说实嘉纽勒欢这家伙实太在讨厌了。咱们不能在这样的人眼皮下生活。他既然不想离开归德，咱就直接去找皇帝，动员皇帝搬到海州，看他怎么办。

可完颜守绪不愿折腾，就不同意这个方案。

富察官努一看，觉得在这个地方，他的地位越来越低了，发言权越来越没有了。再这样下去，干脆来个一言不合，反了算了。

他心里有了这个打算后，造反的神态直接表现到脸上。李蹊一看就知道这家伙越来越不怀好意了，赶紧告诉完颜守绪。

完颜守绪一听，又差点跌倒在地，自己重用的怎么老是这样的人啊。但现在后悔也没有用了。他赶紧叫来马军总领赫舍哩阿里哈等几人，紧盯着富察官努，防止他有什么反常行动。

他以为这几个哥们是靠得住的。哪知，赫舍哩阿里哈更加混蛋，才出他的大门，就直奔富察官努的家，把这个情况详细地转告给富察官努。

完颜守绪这个皇帝真是太失败了。

他继续失败下去。

完颜守绪在提防富察官努之后，又怕富察官努跟马用矛盾激化，就摆了个酒席，把两个人都请来喝酒，给两个人讲和。两人看到皇帝都出面了，当然都答应以和为贵，同在一个阵营，真的不能老是这样充满敌意地看着对方。马用头脑简单，真的相信了。但富察官努却只是做表面文章。

过了几天，富察官努看到马用果然全部放松了戒备，他抓住机会，突然率兵过去，把马用杀了，然后派五十名士兵守住了行宫。

完颜守绪就这样被控制起来。

完颜守绪这才知道，自己原来竟是这么蠢。

富察官努把百官都赶到都水摩和纳的家里集中监禁起来。然后把实嘉纽勒欢押回他的家里，把他家的金钱全部没收之后，再一脸奸笑地对着他。

然后，挥刀咔嚓。

富察官努还派他的属下过去，准备把完颜守绪身边的工作人员都杀光。最后，完颜守绪不得不请求他们留下一个人来服侍他。他们这才作罢。

富察官努这时心里充满了仇恨，对着文武百官大开杀戒，总共杀了三百多人。然后他才进宫去见完颜守绪，大模大样地说："实嘉纽勒欢谋反，我已经采取断然措施，把这次谋反平定了。"

完颜守绪本来就无比懦弱，平时都不敢说多少强硬的话，这时面对富察官努的刀剑，他还能说什么？他知道他现在需要做什么。他现在需要做的就是按照富察官努的意思，公布实嘉纽勒欢的罪状，把实嘉纽勒欢宣布成人人得而诛之的阴谋家、野心家。这么一宣布，富察官努就是人民的功臣、国家的功臣。

立了这么大的功，当然得提拔。

不提拔就是没有天理了。

完颜守绪任命他当了权参知政事兼左副元帅，也就是代理参知政事兼左副元帅。

富察官努虽然杀了实嘉纽勒欢，但他认为，那个完颜仲德才是最大的劲敌。他又以完颜守绪的名义把完颜仲德叫到归德来。完颜仲德准备动身时，他的手下觉得这个命令很可疑，劝他还是不去的好。但完颜仲德仍然坚持去。幸亏他还没有出门，完颜守绪的使者又到了，把归德的情况跟他当面讲了一遍。他这才不出门。

完颜守绪被自己的手下玩得无比郁闷。汴京那边的崔立这时比完颜守绪更郁闷。他以为自己投降了，献出了金国的首都，那是大功一件，荣华富贵会接着滚滚来，至少可以当个张邦昌吧？他也确实在那里要了几天大牌。那时，速不台还没有进汴京，而只是在青城那里。汴京城里的事全是他说了算。他把金国皇宫里的美女全部打包送给速不台。

速不台杀了几个皇族人员之后，就把完颜守绪的皇后和妃子送到和林给窝阔台。这些美女到和林之后，就再也没有消息了。

速不台这才进入汴京。

速不台这辈子打了无数仗，他虽算不得蒙古帝国最大的功臣，但他从亚洲打到欧洲，征伐的里程肯定是蒙古开国功臣中最长远的，而且基本都是以少胜多，仗打得风生水起，哪知最后却攻不破汴京城。当时汴京是什么形势？汴京城内十五万精兵刚刚被拖雷几万人杀光，城内人心涣散，既无外援，又无粮草，一副危在旦夕的样子，可他死伤了无数草原子弟兵，却硬是打得毫无进展，最后不得不宣布退兵。他不恨这个地方，他还是速不台吗？

他虽然纵横欧亚，坐铁骑跑过万水千山，杀过很多人种，灭过无数国家，却从没有看到过如此繁华之城。但他恨这座繁华的城市。这座繁华的城市是他征战史上的耻辱。他满脸横肉地看着汴京大街，看着大街小巷里正在惊吓着的人们，咬牙说，我一定要杀光你们。

这就是当时蒙古将军永远改变不了一面，一旦气愤，就屠城。

如果是以前，速不台自己一拍脑袋就可以下令开屠，但现在却不同了。他要开展屠杀活动，得向大汗报告。于是，速不台向窝阔台打了个屠城报告。

在窝阔台的回复没有到之时，速不台的士兵已经大力开展掳掠活动。这些士兵进城之后，只要看到哪家开门，进去就抢，越是富豪之家，他们越高兴。一队士兵最后冲进了崔立的家里，大抢特抢，不但将金银财宝全部扛走，连崔立的大小老婆也带了回去。

崔立那时正在城外，等他回到家里时，看到家里成这个样子，不由坐在地上放声大哭。但没有人理他。

窝阔台接到速不台的报告，就要在报告上签上“同意”两个字时，耶律楚材却坚决反对，说他们的将士打了这几十年，无非就是占领更多的土地，争夺更多的人口。如果开展大屠杀，他们得到的只是一大块没有人民的土地，是没有一点用处的。

窝阔台一听，有道理，还是读书人懂得治理天下。于是，就不同意速不台的屠城请求，给他发了个文件，说除完颜氏一族外，其他人员一概赦免。当时，在汴京里躲避战乱的人足足有一百四十万户。如果不是耶律楚材，这些人会统统变成蒙古兵的刀下之鬼。

这时，汴京里已经没有什么东西可吃了，速不台就出台了个政策，不想饿死的，可以北渡黄河，自己找生路。

孟珙真的猛

蒙宋联盟已经宣告成立几个月了。

宋朝看到金国越来越撑不住了，觉得要是再不派兵参与，他们就太没有成就感了。于是，在武仙准备和唐州守将武天锡迎接完颜守绪去蜀地时，南宋派出他们的金牌大将孟珙过来，向武天锡逼近。

孟珙就是宋朝前段时期的战场牛人孟宗政的儿子。孟宗政原来是赵方的手下，一辈子战斗在抗金前线，不管官位是高是低，总是能够把金兵打败，所以，只要他驻扎的地方，金兵都不敢乱来。

孟珙从小就跟老爸在部队里生活，老早就跟着老爸上前线杀敌，而且在很年轻时就表现出很高的军事素养。

那年的襄阳之战，赵方命孟宗政迎敌。孟宗政后来大破金军，其实采纳的就是孟珙之计。之后，赵方命孟宗政去救枣阳，孟珙也跟着去了。父子在大战中失散，孟珙到处找老爸。后来，他看到敌人的骑兵中有个骑白马穿白袍的人，正是他的老爸。他冲杀进去，疯狂砍杀，把老爸救了出来。

再后来，那个草火讹可带着二十万部队攻打枣阳。

大家看到金兵势大，都不敢出头。孟珙登上城头，取出强弓，连发数箭。但闻弓弦响处，数名金兵将官应声落马，死于现场。大家的士气立刻提了上来。

孟宗政叫他率一支奇兵从小路出发，偷袭金兵，连破敌营十八寨，斩首千余级，缴获大量战利品。金兵居然不敢再战，撤兵了事。

嘉定十六年（1223 年），孟宗政去世。孟宗政长期在边防对抗金兵，多次大败金兵，连金兵都称他为“孟爷爷”，所以边城的人民听说他去世后，全部失声大哭。他们没有人知道，孟宗政虽然死了，却给他们留下了一个更牛的军事家，而且这个军事家可以傲视当时所有的军事家，是蒙古帝国碰到的最强敌人。孟宗政还活着的时候，不断招纳金国境内唐、邓、蔡三州的壮士，共有二万人之多，称忠顺军。孟宗政死后，这支部队就由江海领导。可由于这些士兵成分复杂，江海管了一段时间，就没有办法管下去了。于是，宋廷只得叫孟珙来管。孟珙到任之后，忠顺军立刻情绪稳定，恢复往日的面貌。

于是，孟珙就一直留在最前线，算是接过老爸的班。

现在他受命出兵配合蒙古灭金，直接面对的就是金国最后的主力：武仙部和武天锡部。

他向武天锡部进逼过去。双方还没有实质性的接触，武天锡就被手下的张子良砍了脑袋。张子良把武天锡的头献给了孟珙。孟珙的部队开过去，根本不用开打，就俘虏了四百多金兵。

孟珙再战，再次打败金兵，直接逼到顺阳城下。

武仙出城迎战，被孟珙击败。武仙只得收起迎接完颜守绪去蜀的宏伟蓝图，逃到马蹬山。

但孟珙能放过他吗？

武仙这路一收缩，完颜守绪那边就更难受了。

富察官努虽然成为大金朝首席大臣，可现在他也很郁闷，因为在卫州之战中，他的老妈也成了蒙古军的战俘，现在被关在蒙古军营里。

富察官努对完颜守绪虽然有很多办法，但对老妈被抓过去却一筹莫展。

完颜守绪却突然来了灵感，说何不借你老妈的事去跟蒙古议和？

富察官努一听，便去找特穆尔岱，说他决定投奔蒙古了。

特穆尔岱说，怎么证明？

富察官努说："只要老大同意，我就去把完颜守绪绑来。"

特穆尔岱说："好。既然如此，那你就带你的老妈回去吧。"

两人又商量好了投降的其他事宜。

于是，富察官努连续几天都来回奔波，说是要完善投降计划。蒙古人对此很放心，常跟他大吃大喝，他却顺便察看蒙古军营的虚实。后来，特穆尔岱还让二十多个人过来当富察官努的助手。完颜守绪让富察官努给这些助手每人发一块金牌，让他们从此就不回蒙古了。那二十个蒙古兵看到闪闪发光的金牌，纯朴的心灵立刻变质，成了大金国的兵。最后，富察官努从这些人的嘴里知道了特穆尔岱在寨中的具体位置。

富察官努决定去劫营。

时间定在端午那天。

富察官努带着劫营部队举行了祭天仪式，然后拿起火枪等武器，乘夜渡河，杀死岸边的蒙古守兵，直扑特穆尔岱的大营。完颜守绪则到北门那里，等待好消息。当然，如果没有好消息，他就可以直接开船向徐州逃命。完颜守绪本来没有多少心计，可这些天来，老是被人家套路，思维系统得到了很好的锻炼，现在也知道留后手了。

到了四更天，富察官努带的劫营队伍分成两路，向金兵夹击。

特穆尔岱虽然作战经验丰富，手下兵员众多，但这些天来，一直跟富察官努研究投降的事，又向来看不起金兵，好像这种偷袭行为，只有他们蒙古军队会开展，别的军队不会一样，所以一点准备也没有。此时，突然被杀了个措手不及，知道被人家劫营了。他就一面组织部队作战，一面找路冲出战场。当时，金兵用的是火枪。夜里发出，火光乱扫，杀伤力远比弓箭、大刀强太多。特穆尔岱大败，很多士兵落入水中，据不完全统计，光落水溺死的士兵就超过三千五百人。富察官努把蒙古兵打跑之后，又让部下纵火，把特穆尔岱部的营寨全部烧光。

特穆尔岱远远看着自己刚才睡觉的地方大火冲天，这才知道，轻敌的后果是多么严重。

富察官努得胜归来，完颜守绪当场提拔他当了真左副元帅、真参知政事。

成了名副其实的首席大臣之后，富察官努更是嚣张得要命。他把完颜守绪请到照碧堂那里居住办公，完全受他控制。大臣们谁也不敢去那里向皇帝汇报工作。

完颜守绪以前没有主张，都是由几个没水平的大臣左右朝政，但决策却基本掌握在自己的手里，从没有像今天这样成为百分之百的傀儡。现在他跟被软禁已经没有什么区别。

他没有办法，只得天天对着近侍局那几个奉御流泪。

近侍局曾经是大金最吃香的机构，可近来却一点权力都没有。他们更恨富察官努。现在看到皇帝这么恨富察官努，知道自己的机会又来了。

他们马上按照完颜守绪的意思，找来几个同伙，经过多番密谋，决定搞定富察官努，然后再跑到蔡州。

因为，他们听说蔡州那里的城池更坚固，粮食也很多。

富察官努这些天来手握大权，大事小事全是自己说了算，他觉得很爽，但并不知道危险已经来临。

不久，他去亳州视察回来，大家对他说，归德存粮太少，还是去蔡州吧。

他转过他那张权臣的脸来，大喝："谁敢再说南迁，老子就砍死他。"

大家看到他那跋扈的样子，当场都没作声。他的眼睛再横扫一遍所有在座的人，然后迈着权臣的步伐大步而去。

这些人在现场没人敢发脾气，但等他出宫之后，立即做完颜守绪的思想工作，要他下决心把这个权臣搞定，否则，大家从今之后都会过着暗无天日的生活。

完颜守绪老早就想把这家伙干掉，只是觉得力量不够用，现在看到大家都达成共识，便叫宋佳一干近侍局的人做好准备，在照碧堂那里设个埋伏，然后请富察官努出来议事。

富察官努一点疑心都没有地大步来到。

他那只脚才一进门，也没有谁发出暗号，埋伏在那里的一个奉御就一剑向他的腰间刺过去。埋伏的人手显然不够用，完颜守绪也不得不登场，挥剑助战，向富察官努猛砍。

富察官努受伤之后，还跑了出来，跳城逃跑。但近侍局的人能让他逃么？大家纷纷追了出来，最后把他砍死。

砍死了富察官努，事情还没有完。因为他手下的忠孝军听说老大被砍了，都穿起铠甲，拿起武器，一副出来报仇的架势。大家又慌了，都跑过来对完颜守绪说：“现在只有陛下亲自出面，也许才可以镇得住场面。”

完颜守绪这辈子估计做梦都没有想到自己会亲自拔剑砍人，正在那里发呆。听大家这么一说，就跟着大家到双门，宣布富察官努是野心家，咎由自取，跟其他人无关，大家不会有罪的。忠孝军们才平静下来。

做完这些后，完颜守绪带着手下再迁移到蔡州。

蔡州将成为大金王朝最后一个都城。

按照完颜仲德的计划，蔡州也不是久留之地，皇帝到这里暂住一段时间之后，应该再到秦州一带。可是完颜守绪以及他的近侍们却认为，他们漂泊了这么多天，好不容易来到蔡州这样的富裕之地，就不想再搬家了。完颜守绪甚至还派人去选了一批美女进来陪他玩乐。只有完颜仲德还在那里任劳任怨地工作，很快就组建了一支骑兵。

金国的武仙仍然在做着迎皇帝入蜀的工作。

武仙的这个构想，本来是很有前途的。然而不幸的是，他碰上了孟珙。

武仙十分不走运，被孟珙连续打败。武仙有个手下叫刘仪，受不了这么多连败，就投降了孟珙。

孟珙从刘仪那里掌握了武仙的虚实：目前武仙共有几个营寨。大寨是石穴山，此山有马蹬山、沙窝、岵山作屏障。从表面看，如果攻不下这三座山，就永远打不到大寨，抓不到武仙。要攻下这三个屏障，就必须拿下离金寨。离金寨一破，三山立马孤立，无法支撑了。

孟珙一听，立刻按照这个办法实施，派兵去猛攻离金寨。金兵料不到孟珙来得这么猛，抵敌不住，全寨都被歼灭。

接着，孟珙直赴王子山、包围马蹬山，杀得金兵片甲不留。孟珙再回军，在沙窝寨与金兵相遇，又大败之。孟珙的部下丁顺再出击，攻破默候寨，创造了六天连破七寨的纪录。

还有两个营寨，这两个营寨是武仙的老窝，硬攻代价会太大。

孟珙找来刘仪："能不能进寨子里去，做敌人的思想工作，让他们来个弃暗投明？"

刘仪说："当然可以。但不能这么高举旗帜过去，而是用另一种方式。"

什么方式？

他找来三百个妇女，让她们藏着招降的文件，假装成逃回去的人进入寨中。这样才好开展工作。

孟珙答应照办。

孟珙观察了一下地形，料定武仙一定会登上山顶察看地形，以便进行部署。于是他派樊文彬带一支部队在山下埋伏。武仙果然带着一群部下过来登山。樊文彬一声令下，伏兵四出。

武仙想不到孟珙居然这么缺德，自己不动挨他打，自己一有动静同样挨他打。金兵这些天来，都被孟珙打怕了。这时看到自己中了埋伏，哪还有斗志，个个都抢着逃跑。宋军这一战，俘虏了七百多金军，抢到无数战利品。

到了深夜，孟珙把几个部下找来，要他们抓紧时间，抢在武仙北走之前，采取袭击行动，把武仙打垮。当时，下起了小雨，道路极为难走。樊文彬对夜间行军有些担心。

孟珙说，只有这样才能出其不意。当年李朔雪夜擒吴元济就是如此。

宋军得令之后，冒雨急行军，夜抵石穴寨，分头猛攻。武仙没有料到宋军在雨夜也动手，而且速度这么快，一点准备都没有，只得仓促应战。双方从寅时打到巳时，武仙宣布失败，从大寨中抢路而逃。宋军紧追不舍。武仙逃进鲇鱼寨。他转头一看，宋军还在追，环顾身边，已经没有几个手下了，只得换了衣服，化装逃跑。孟珙继续追，武仙继续打败仗。最后武仙所有的部队全部被消灭，只有武仙自己逃了出去。

孟珙发扬连续作战连续胜利的作风，全歼金国最后的十万大军。更重要的是打破了金国西逃入蜀的梦想。

还得靠孟珙

在孟珙取得连胜的同时，他的领导史嵩之也包围了唐州。唐州再次上演了一次人吃人的惨剧。金国守将乌库哩黑汉率先杀了自己的小老婆，然后让士兵们分享。大家看到老大都这么毫不手软地杀自己喜爱的美女来吃了，便都向他学习，纷纷举起大刀，有老婆的杀老婆，有孩子的杀孩子。一时之间，这些鲜活的生命，都成了守城指战员的盘中餐。

后来，很多人看不过眼了，妇女儿童吃完之后，还能吃什么？都说不如投降吧。

乌库哩黑汉能答应吗？他连自己的老婆都杀来给大家吃了，哪能投降？

但人家不管了。有人不再征求他的意见了，直接开门来把宋军放进来。

乌库哩黑汉被俘。史嵩之叫他投降。他不投降。被杀！

金兵的另一个主帅富察更惨。他天天在那里号召大家向乌库哩黑汉学习，为了国家，要大胆杀人来吃。现在杀人不是犯法，是在为国立功。吃人不是魔鬼，是为保卫祖国。大家听了他的话，努力去杀人来吃，最后连他也被杀了，被士兵们吃下去。于是，这家伙制造了中国军事史上的一个唯一——唯一被部下杀来煮着吃的将军！

这时，金国的蔡州也已经万分危急。因为他们的粮食也吃得差不多了。于是，完颜守绪派人去跟宋朝谈判，请宋朝给他们发点救济粮。但宋朝能给吗？他们要是能给，还会派史嵩之和孟珙去把他们打得这么惨吗？

完颜守绪只得继续在蔡州守着。他们这才知道，国之将亡，不管你逃到哪里都不安全。有人提醒他，今天是重阳了啊。

是的，重阳节是节日，可这一年来，他们忽略的节日还少吗？从春节到现在，他们都在逃命的路上，命都管不着了，还管什么节日。

但完颜守绪还是在节度使大厅里举行了一次拜天的仪式，发表了一场很悲情的演说。他演讲完毕后，宣布赐给每人一杯酒。可酒还没有喝，巡逻兵已经跑过来报告："蒙古兵已经杀到城下了。"

如果是往时，完颜守绪肯定又会一片慌乱，不知所措，但这时他没有慌乱，而是望着大家。大家一看，都大喊大叫着，要出去杀敌。于是，完颜守绪派兵出城，居然把蒙古兵打败。这支被打败的蒙古兵的将领是塔察儿。塔察儿没有想到金兵还有战斗力，只得又退回城东。完颜守绪再进攻，又把塔察儿尔打得大败。塔察尔很想不通，为什么金兵突然狠起来。于是，高挂免战牌，只是把蔡州死死围住。

塔察儿由于连败两阵，信心也打了折扣，又怕粮食不够吃，就派人去找史弥远，请宋朝出兵共同攻打蔡州，并顺便支援点粮草。

宋朝派孟珙和江海带着二万部队以及三十万石米隆重而来，投入攻打蔡州的战斗当中。

塔察儿一看，非常高兴，信心又大幅上涨，下令士兵们加班加点制造攻城器具。士兵们看到友军前来，声势突然间浩大了很多，也增强了信心。大家都卖力地去砍木头，制造工具。城里的人都听到城外伐木的声音。蔡州城中的居民这些年来，经历了无数场战斗，对这些伐木的声音是很有经验的。他们根本不用看，就知道敌人这是在做攻城器械。于是，全城都慌乱起来。不少人都想跑过去打开城门投降算了，反正看这个样子，蔡州迟早会守不住的。既然最终也守不住，倒不如现在投降。

完颜仲德就不断地出来做思想工作，勉励大家努力守城，只要大家都尽心尽力，胜利是会属于我们的。大家的情绪又逐步稳定下来。

这时，宋朝又发生了一件大事。这件大事就是史弥远死了。

史弥远死时，宋朝没有再出现大乱。宋理宗宣布亲自理政，没有出现权力重新洗牌的事情。

近来在史弥远的主导下，蒙宋达成了联手灭金的协议。这时宋理宗再问赵氏兄弟，现在蒙古跟金国打得很厉害，蒙古天天派人来跟我们讲和，要我们跟他们联手，可不可以答应他们？

赵氏兄弟认为，现在咱们的边防军力量还是很薄弱的，所以可以暂时答应他们。但我们必须有长远打算。也许一年之内跟蒙古兵不会有接触，但可以断言，两年之后，我们跟他们就会开打。只要我们做好准备，即使以后蒙古兵背信弃义，过来打我们，我们也可以接招。我们到淮东后，立马做好野战的准备工作，筑好工事，经营好屯田。一句话：随时准备打仗！

宋理宗一拍大腿，太有道理了。以前史弥远为什么不能说这些呢？

史弥远当然不会说这些。他要是会说这些，他还是史弥远吗？而且他会说他也不说！

蒙古兵得到宋朝的援助，攻城更卖力了。蔡州城里的粮食越吃越少。不但口粮越来越少，就是士兵数量也不断减少。后来，只要是男的，都上前线；再后来，女的也穿上男装上前线。完颜守绪亲自出来，鼓励大家守住蔡州。现在守住蔡州就等于守住了国家。

最后，金兵知道，敌人可以花无限的时间来包围他们，而他们的时间已经很有限了。他们不得不冲出来。

而这一切，早在孟珙的意料之中。他看到敌人从东门冲出来之后，并没有去迎击，而是果断地截断他们的退路。冲出来的金兵打不过蒙古兵，退路又被人家断了，最后就只好向孟珙投降。

孟珙从这些降兵那里了解到城里的情况。于是，他把塔察儿找来，要求两军务必做好分工协作，把蔡州城包围得天衣无缝，而且两军只打金兵，不要产生一丁点摩擦！

一百年前，宋朝曾跟金国联手打过灭辽战争，但那时各打各的，而且金兵根本不把宋兵放在眼里，打过之后，地盘和战利品基本都归金国。现在孟珙却很严肃地跟蒙古主将事先把这事解决好了。

塔察儿派张柔攻城。但张柔攻到城下时，被金兵猛烈阻击，两名士兵在张柔面前被金兵钩走，张柔也被射了几箭。孟珙带着先锋部队把张柔救了回来。

这场攻守战，从十月一直打到十二月，孟珙终于逼近了柴潭，在那里建了一个营寨，然后下令夺取柴潭楼，金兵当然不会让他们顺利得手，派兵来争夺，但被宋兵打败。宋兵拿下了柴潭楼。

柴潭就成为孟珙进攻的下一个目标。柴潭是蔡州最重要的保障。此潭高出汝水五六丈，城上还设有弩机。而且还传说潭下有龙，向来神秘得有些可怕。所以，士兵们都不敢太过靠近。

孟珙大声说:“我们不要相信什么传说。那些只是传说，没什么可怕。至于弩机，虽然能连发，看起来很吓人。其实这个装置只能远射，对近距离无效。他们靠此潭为险，咱们把水放干，看他们怎么办。”

于是，不再攻城，大家操起家伙去破坏堤坝。潭水果然全部流入汝水，没有看到龙，而只是看到了潭底的泥土。最后，孟珙下令把柴火和芦苇都填上去，柴潭上面没有潭只有柴了。

蒙古军也决开了练水，渡过河来，一起围攻外城。蔡州的外城很脆弱，两军一打，便立刻被攻破。两军逼到了土城。

此时，金国上下都知道，灭亡的时刻已经来临。但他们仍然不投降。他们居然把老人和小孩全部杀掉，用人肉来熬油，制成人油炮，要用来对付敌人。

孟珙派了几个道士进城，劝他们不要搞这种没有人道的事。但金兵能听吗？他们熬好人油之后，派元帅富珠哩洛中索带五百精兵，乘着夜间出来，扛着浸满人油的蒿草出来，准备烧死侵略者。

但他们很不幸，还没有到达指定位置就被蒙古兵发现了。蒙古兵这时很讲策略，看到金兵出来后，并没有声张，而是在高处设下埋伏，还设置了弩机，只等金兵夜袭队的出现，用火一点，强弓就发射。金国夜袭队想不到自己这个秘密行动暴露了，身边的战友不断被射死在地，只片刻之间，就损失了一大半。最后元帅也转身逃跑了。其他成员都一哄而散。

宋蒙两军步步进逼，城内金兵的空间越来越狭窄。完颜守绪知道，女真王朝的最后时刻已经到了，除非现在神仙降临才可以挽救他们于垂死之际。

他对近侍们发表了一场演说。这又是一场没有新意的演讲。内容无非就是自己当了这么多年的皇帝，并没有犯过什么错误，可现在却成了亡国之君。亡国之君最后的待遇就是成为阶下囚，任由别人侮辱，最典型的就是赵佶父子。不过，亲爱的兄弟们，你们放心，朕是不会让自己沦落到那个地步的。他脱下了皇帝的制服，穿上平民服装，想带兵出城，然后逃跑。可是现在他能出得了城吗？才跑了没几步，就被宋军一阵截杀，只得又回到城里。他把自己的马也杀了，用来慰劳战士们。可这匹马也救不了他的命。

转眼又到了新年。

蔡州城里的人已经饿得两眼昏花。

城外，孟珙则与蒙古元帅们摆着大桌，猛吃猛喝，后来，城里听不得这些声音的人都拖着皮包骨的身体出来投降。不用问都知道，现在城里的惨状。

人食人，又是免不了。

大部分人都有了投降的想法。

孟珙指挥各路大军，扛着云梯来到城下……

蒙古兵则在城西凿开了五个门洞，打进城中，和金兵展开激战，一直打到傍晚，然后大叫："我们先回去吃饭，等吃饱了明天再来。"

金兵们听到这样的话，撞墙的心情都有了。

完颜守绪最后也顶不住了，他真的不想当这个亡国之君。他不想当，那就只好把它转让出去。他没有儿子，所以根本不怕给自己添麻烦。转让给谁呢？他决定转让给完颜承麟。完颜承麟就是完颜白撒的弟弟。你老哥爱玩权术，现在让你当皇帝。

完颜承麟不敢接受。但完颜守绪一定要他当。他没有办法，只得接过这个目前全世界最痛苦的职务。

当完颜承麟宣布即位时，孟珙的军队已经冲到南门，到金字楼，架好了云梯，并发布命令：各路部队都听好，只要闻得鼓声响起，就进攻！

大家杀上城头，与城头的金兵展开激战。

而此时，完颜承麟的即位大典还在进行中。

完颜承麟绝对是个悲剧人物，刚刚穿上皇帝的新装，才宣布就职，就得出来带着大家上战场。他当皇帝等于在赴国难！

宋军已经四面围来。

孟珙呼叫江海和塔察儿杀进城中，与金兵作最后一战。完颜仲德带着一千名金兵与敌军巷战。完颜守绪则来到幽兰轩，用一根绳子自缢。

完颜仲德知道后，便大声对他的部下说："皇上已驾崩。咱们金国也已经完了，咱们不用再打了。我不能死在乱军之中，所以，我决定跳进汝水。你们好自为之吧。"说完，一跃而起，跳进了汝水。

几百名金兵看到完颜仲德跳水自尽，也都跟着跳进水里。

这时是正月初十。汝河冰冷，其寒彻骨！

完颜承麟退到子城，听说完颜守绪已自杀，便带着百官到宫中痛哭，现在他们只能痛哭了！

他们痛哭之后，就给老皇帝搞了个祭祀仪式。可是祭祀仪式才到一半，蔡州城就宣告被攻破。于是，他们只好把完颜守绪火化。孟珙冲了过来，他们抓到了张天纲，问张天纲完颜守绪在哪里？

张天纲指着火堆说，他临死时就提出一个要求，把他烧成灰。

于是孟珙和蒙古军就分完颜守绪的骨灰，以及所有的财物。

他们再去找完颜承麟，但完颜承麟已被乱军打死。

曾经的超级大国金朝就此退出历史舞台。

第八章
大宋还是有人的

宋军不过如此

蒙古国虽然跟孟珙瓜分了完颜守绪的骨灰，但窝阔台却不愿意跟南宋分割灭金的胜利果实。

灭金之后，史嵩之就发布通告，陈、蔡西北地区划归蒙古，其他参战将领还师原来的防地。

刚刚灭了世仇，宋朝这边一片欢腾。当然，赵范和赵葵还是很清醒的，请朝廷乘机占领中原，坚守黄河、占据潼关，收复三京。但宋朝偏安很久，到现在已经习惯于不进取的生活状态了，因此虽然理宗觉得有道理，但反对的声音太大。反对的理由基本就是：中原一带经过这么多年的战乱，现在已经没有多少人口了，已经一片荒芜。蒙古国现在正强大，我们要是出兵，他们也会出兵，我们能打得过他们吗？为了夺取那些空城，我们这么做太不值得了。再说啊，千里奔袭，是需要粮草的，我们的后勤难以保障啊。

两人只得又回到原地。

这对于蒙古是个大大的利好政策。

蒙古国取得胜利之后，就把俘虏押回北方。可才到半路，这些在中原生活习惯了的人，实在不愿去大草原。因此，俘虏逃跑的事天天发生。没几天，就逃了七八成。窝阔台很恼火，下了一道诏书，凡是收留逃跑俘虏并给他们提供资助的人，杀全家。

大家看到这个血腥的诏书后，果然不再给逃跑的俘虏提供帮助。这些逃跑俘虏没有了帮助，大多都饿死路边。

耶律楚材急忙对窝阔台说，河南现在已经划归我们了。那里的人民都已经是陛下的人民了。他们还能逃到哪里去呢？为什么因为一个俘虏而杀死十多个甚至上百个无辜群众呢？

窝阔台一听，这才知道，自己太缺乏大国领导人的视野了，一心只把大草原当成自己的国家，没有想到河南一带也是大蒙古帝国的版图，那里的人民也是自己的人民。这才下令取消这一禁令。

我们由此可知，在蒙古帝国的最高领导人的内心世界里，除了大蒙古草原之外，他们不在乎任何土地和人民。他们虽然攻打并拥有过最大的国土面积，但他们只是把那些土地当成一个松散的附属地而已。

窝阔台还是不错的，能够听从耶律楚材的建议。他的幸运也是蒙古人的幸运，能得到耶律楚材这样的手下。

窝阔台虽然欠缺大视野，但耶律楚材却具有这样的战略眼光。

窝阔台虽然没有完整的大视野，但蒙古部落首长的天性还是根深蒂固的。这些部落首长的天性就是打仗，只要手里有一定的力气就跟周边的部落打，从不停歇。就像铁木真，成年以来，不是打仗就是在打仗的路上。谁跟他们接壤谁倒霉。他们打别人的目的就是扩大草场，让他们的马群更加浩浩荡荡一点，而不是要人口越多越好，因此他们打完仗之后，除了一些技术人才和女人之外，别的都挥刀砍下去。直到中原一带投降过去的文官们，不断地向铁木真他们灌输民本思想，他们挥屠刀的次数才逐渐地减少，砍杀的规模也逐步降低，才放弃了把中原变成他们牧场的根本思想。

只要他们征战的传统思想还在，他们就会出征，就会打仗。

在宋朝还在为派不派兵乘虚进中原而争论时，窝阔台也开了个大会。

这个大会的议题就是继续向南，向南。

窝阔台大声对大臣说："先帝成吉思汗开创我们的事业，已经四十多年了。现在跟我们接壤的国家都已经被我们打服了。只有南方的宋朝还在跟我们对抗，阻碍我们的发展。所以，我要亲自出征，把他们打败。"

塔斯说："我们一家几代人都深受国恩，现在正是报答陛下的时候。所以，请陛下派我带兵过去灭宋。小小南宋，哪用得着大汗亲征？"

窝阔台大喜，说："我相信你一定能完成这个光荣而艰巨的任务。"

塔斯就是木华黎的孙子。他爷爷死后，由他老爸接班，主持灭金大业。后来铁木真去世，他老爸回去奔丧。他老爸打仗很牛，感情也很丰富，最后因大汗的逝世悲伤而死，于是塔斯就成了王。

在窝阔台决定宣布伐宋的时候，双方边境已经发生了摩擦。

当时，虽然宋朝中央还在把自己的软弱不断地表现着，但赵葵却很急。宋廷要求泸州知州全子才去接收汴京。可全子才向来就是个缩头派，拖了很久才懒洋洋地来到汴京，之后就毫无作为。赵葵一看就恼火了，带着自己的人马来到汴京，把全子才猛批了一顿：按你这个速度，什么时候才可以进到潼关、占领洛阳？

全子才却傻笑着说，粮饷还没有准备好。

赵葵说，等你有了粮饷，就没有了潼关和洛阳。蒙古人跑那么远来，他更没有粮饷。他马上作出部署，派徐敏子带一万三千人向西挺进，杨谊带一支部队作后援。赵葵很着急，部署也没有错，但组织分配给他的这些手下却太差了。

徐敏子的部下张迪很快就开到洛阳城下。他们在城外叫喊了大半天，城里根本没有回应，好像洛阳已变成无人城一样。直到晚上，才有几百人出来投降。徐敏子和张迪带兵进城，宣布洛阳回归大宋怀抱。

这也太容易了吧？

哪知，苦头接着来。

先是有报，蒙古国塔斯带着骑兵南下，离此地已不远；接着又报，因汴水堤坝突然发生决口，导致大水泛滥，粮草无法供应过来。而现在他们收到的是空城，还在金国统治时期，居民们就已经没有口粮了。现在这么多兵过来，就更找不到吃的了。宋军没有办法，只得靠吃野菜过日子。

杨谊的部队才来到洛阳东面三十里的地方，就碰上了蒙古塔察儿部的前锋刘亨安部。

刘亨安也是个猛人，一看到宋军，直接挺着长枪，杀向宋军。这些宋军本来就不怎么积极打仗，看到敌人突然杀到，就都抢路逃跑。在逃跑的过程中，很多人都落到水里。杨谊只身逃跑。

洛阳城中的宋兵知道后，士气立马下跌。

塔察儿就这样来到了洛阳城下，直接叫门。

其实，这支蒙古兵的战斗力也一般。你也知道，前几个月，在攻打蔡州的时候，他们常常不胜，幸亏有孟珙，否则，蔡州可能到现在还是危而不倒。

徐敏子出城应战。双方不分胜负。最后，徐敏子认为没有了口粮，这仗不能再打了。洛阳城里已经穷得一塌糊涂，守着没有什么意义，还是把这个破地方留给蒙古兵吧。

于是，徐敏子主动退了回来。

不光徐敏子退走，就是他的后援赵葵也很郁闷。因为史嵩之也是个不积极进取的代表人物之一，所以在物资的运送上拖拖拉拉，造成赵葵部队的粮食也很紧张。

全子才望着赵葵不说话。

这时蒙古兵又决开黄河，造成了一场人为自然灾害，淹死了很多没有准备的宋军。

赵葵有这样的队友，也只得一声长叹了。最后，他收回了自己的雄心，回师老地方。在这场进取与收缩的争论中，宋朝的进取派完败。

窝阔台很高兴，觉得宋朝也不过如此。

他在出兵初期就取得压倒性的优势，并要把这个优势保持下去。当然，还要在政治上占据道德的制高点。他又派五檝作为代表团的团长出访宋朝，强烈谴责宋朝违背盟约，把宋朝骂了大半天。

宋理宗确实也很讲理，彻底降低姿态，派几个人跑到和林向窝阔台道歉。

窝阔台一看，看来这个宋朝还真好欺负。他认为，只派塔斯一路南下，规模一点不大，便又下令他的儿子阔端和阔出带兵向蜀汉地区进发。

东路大军继续南下，攻打唐州。

唐州的守将就是全子才。全子才不怕赵家兄弟，但很怕蒙古兵。蒙古兵的前锋还没有冲到城下，全子才就已经溜走了，而且军队以及军用物资一样不带，全留在那里。他口口声声说粮饷不够，所以不能北进。现在手里大量的粮饷全交给了蒙古兵。

蒙古兵击溃全子才之后，再找宋军打。他们以为，只要碰到宋兵就等于碰到了胜利。哪知，这次他们碰到了赵范，双方一打，就被赵范打得无法前进，只好退回。

当然，赵范的这场胜利，并不能为宋朝扭转局势。塔斯率领的主力不费什么气力就拿下了枣阳。阔出再次发威，进攻襄阳和邓州，也是接连得手。

曹友闻至死方休

根据窝阔台的部署，阔端带一支部队向蜀地进发。阔端的第一个目标就是沔州。

宋朝沔州的老大叫高稼。他的防御意识也是很强的，早在蒙古兵还没有南下时，他就召集了些因为战争而流亡的人组成军队。因此前来依附他的人很多。所以，蒙古兵在跟他交战中，基本都不胜。

当阔端的大军入川时，高稼也知道这次蒙古军将不同于以往。以往跟他发生摩擦的，都是蒙古级别不高的将领。现在前来攻打他的是蒙古皇帝的儿子。再加上东面战场，宋军不断被痛扁的消息频频传来。从这些迹象看，这次蒙古伐宋的决心是很大的，下的成本也很高。所以，高稼必须认真对待。很多人都说，蒙古军太无敌，现在又是皇子级别的大将亲自出马，咱们还是先避一避，退到大安。

高稼大声对他的领导赵彦呐说：“现在这个形势，只可前进，坚决不能后退。我们就应当进兵守住险要的地方，不惜牺牲性命来保卫四川。敌人也会怕我们的。如果把战线收缩回内地，就会给敌人创造长驱直入的条件。那样一来，四川就不再是我们的四川了。”

赵彦呐也大声说：“好！你这个话很合我意。”

可他说了这个话没几天，大家就看不到他的影子了。只有高稼未走。

蒙古大军很快开到沔州境内。沔州虽然是一个州府，但却没有城墙，只依山为险，拼命抵抗蒙古军的进攻。高稼跑到山上，插满旗帜，大擂战鼓，用来迷惑敌人。

这时，赵彦呐已经到达置口，他的帐前总管和彦威觉得老大丢下高稼一个人在那里死拼，有点太无耻了，就叫杨俊和何璘带兵回沔州。

他们还没有做好布置，蒙古兵就冲了上来。

何璘看到蒙古兵很多，来势凶猛，也不告知别人一声，就独自逃跑了，留下了一个大大的缺口。蒙古兵从这个缺口杀进沔州。大家一看，沔州城破了，叫高稼抓紧时间逃跑，再晚就来不及了。可高稼却不逃，仍然站在原地，保持着指挥战斗的姿势。蒙古军冲上来，把他砍了。

阔端继续前进，很快就在青野与赵彦呐对垒。阔端把赵彦呐死死围困，如果拿下赵彦呐，入川之路就可以打通。阔端没有想到，号称天险的蜀道，居然就这么容易进入。

如果只有赵彦呐，阔端就会大功告成，可惜还有曹友闻。曹友闻现在就在离青野不远的地方，听说赵彦呐被包围了，如果不去救，赵彦呐肯定完蛋。他要是完蛋，青野就会跟着完蛋。青野一失守，则四川就等于没有了门户。于是，他带着部队拼命去救青野。

阔端没有料到这一招，被曹友闻半夜袭击，居然吃了个败仗，青野之围就这样被解决了。他很不高兴，下令汪世显打大安。曹友闻这家伙好像驰援友军上了瘾一样，听说大安危急，又带着部队拼命跟过去守卫。

他刚刚跑到那里，连指挥部都还没有建成，汪世显的军队就杀了上来。

曹友闻果断带着部队迎战。

双方面对面大战，最后居然将汪世显打了个大败。

阔端连败两场，而且对方就一个中级军官，手中也没有多少兵力，这才知道，往时能打胜仗，不是宋军不厉害，而是宋将太无能。只要找到个会打仗的对手，蒙古兵也会接连打败仗。他不敢再在这边玩下去了，下令撤兵！

曹友闻顺势守住仙人关。这才是真正的入川要道。

蒙古西路军就这样暂告一段落。

东路却得到一个意外的收获。

这个收获谁也想不到，因为是从赵范那里获得的。

赵范现在是宋朝那边少有的牛人，自从独当一面开始，就很少打败仗。前一段时间刚刚把蒙古兵打败了一次。现在他是京湖制置使，是独当一面的封疆大吏。本来，他跟他的哥哥赵葵是著名的进取派人物，只要跟他聊天，他的主题永远是向北挺进，最后的底线都是直插潼关，全面占领河南一带。可是这些天来，他们兄弟的这些主张，硬是被以史嵩之为首的议和派反对，最后使得他的部署全部完蛋。他也有点不爽了。

此时，他的办公地点在襄阳。他手下的部队也有两大部分，一部分是北方人，称北军，一部分是南方人，称南军。他的目光向来在北方那片土地，因此他特别注重北军。现在由于进取的行动遭到挫折，心里也很郁闷，也就彻底放松起来。他天天跟一帮北军手下喝酒玩乐，什么事务也不理。最后南北两军闹起了矛盾，他再出来管理时，居然管不住了。北军的王旻、李伯渊等人气不过，就烧了襄阳城的城郭和仓库，然后带着所部向蒙古投降。然后南军的李虎又接着大抢一顿，把襄阳抢得干干净净。

襄阳自当年岳飞收复之后，一直在宋朝的手里，经营到现在，早已成为西部边防最为重要的城市，现在却被烧成一片灰烬。赵范由此被免掉所有职务。

襄阳就这样破败，蒙古一下得到一大批民众、财物、粮食以及军械。

而且赵范经此一击，个人的锐气也就此被磨掉，蒙古兵少了一个劲敌。

襄阳事变发生后，阔端觉得自己再不做出点成绩来，就太丢脸了。于是，他再次进行动员，率大军第二次入川。

阔端这时面对的仍然是曹友闻。这是个很难缠的家伙，但这个难缠的家伙也有弱项，他的弱项就是官不够大，手下的兵不多，他的上级领导不够狠。

综合这些条件，打赢他还是有可能的。

曹友闻听说敌人又来了，而且数量远比以前多，足足有五十万。

很多人都怕，但曹友闻不能怕。他对他的弟弟曹万说："国家安危，就看我们这次战斗了。现在敌众我寡，再怎么狠打，也打不过人家。只有据险守卫，然后设下埋伏，或许可以过关。"

阔端来到武休关，先打败了李显忠，夺取武休。

赵彦呐请曹友闻带兵到大安，集中力量保卫置口，但曹友闻不同意，理由是：那里地势太平坦，利于骑兵作战，而我们的部队人数又少于敌军。我们在那里跟蒙古人决战，跟自寻死路有什么差别？

赵彦呐没有听从曹友闻的意见。曹友闻也不理赵彦呐的安排。于是，两个人各打各的仗。

曹友闻认定埋伏是唯一的出路，因此就先派他的两个弟弟曹万和曹友谅到鸡冠山上多插旗，向蒙古军表示自己在那里坚守到底的决心。然后带着一万多人乘夜渡江，前往流溪埋伏，约定点火为号，突然出击。

蒙古兵果然如期到来。

曹万率部与蒙古死战，直至身上多处受伤，觉得时机已到，就下令点火。

曹友闻看到火光后，就按照原来的计划，亲自带着三千精兵迅速冲到隘下，然后派刘虎带五百人冲击敌人的先锋。但敌人太多，效果不大。曹友闻把三百骑兵再埋伏在路边，叫刘虎继续冲击敌军。

一切按他设计的脚本进行。

哪知，突然下起雨来。

大家都说："雨太大了，这仗没办法打了，等雨停了再出击吧。"

曹友闻大喝："敌军已知道我们在这里埋伏了。我们还能停下来吗？"

于是，他下令伏军出击。由于是冬天，这一带的士兵都穿着棉衣和皮袄，而不披铠甲。这时下起大雨，棉衣尽湿，动作很不方便，部队的战斗力大为减弱。蒙古兵四面包围过来。

曹友闻只得长叹："天意如此，我只有牺牲了。"于是，跟着他的弟弟一起拼命砍杀，直至被人家砍死。

阔端看到这个难缠的家伙终于死了，这才松了一口气。

其他人看到曹友闻这么强悍的人都战死了，他们那点水平能打得过蒙古军吗？于是，阔端顺利进入四川，比当年邓艾进川还要容易得多。

阔端又叫安笃尔跑到吐蕃，给吐蕃部落首领封了官，然后叫他们配合攻取龙州，再前来跟他会师，去攻打成都。成都是个大城，但因为没有曹友闻这样的猛人驻守，阔端打起来也很顺手，只一轮攻击就宣布破城。

阔端还想继续打下去，但他突然接到一个消息，就是他的兄弟阔出突然死去。

他没有办法，只得放弃成都，回去了。

宋朝靠蒙古皇子的死亡，让四川的全面沦陷又缓了一步。

安丰城下的比拼

淮西方面，蒙古两路大军在进攻，这是议和派代表人物史嵩之的地盘。先是昆布哈连续攻下光州等三个州，这三个州的守将都弃城而去。昆布哈把三个州的粮草器械都集中起来，再去攻打黄州，还派游骑向合肥进攻。

宋理宗坐不住了，派史嵩之赶快去收复光州，叫赵葵赶快去支援合肥。

而特穆尔岱也不闲着，带着部队猛攻江陵。

几个地方同时开打，史嵩之也急了。他这才知道，议和只是议议而已，是议不出和平的。他急忙叫孟珙去救江陵。

孟珙这时手里也没有多少兵力，但江陵必须要救。

特穆尔岱虽然知道孟珙是个多年来少有的猛人，但他也不怕。他以为孟珙只能打败金兵，打蒙古兵还是远远不够的，因此也不怎么放在心上。

孟珙派张顺作先锋，自己带主力紧随其后。

孟珙的脑子很发达，想到了一个计策：每个士兵都准备几套不同颜色的服装，每支部队都准备几面不同的旗帜，然后转换着使用，在一条路上循环往返，日夜不停。而且晚上还要举着火把奔跑，让队伍拉到几十里长，看上去像有无数人马前来一样。

特穆尔岱看到后，再回头看看自己的兵力，稍一对比，就有点恐慌了。

孟珙要的就是这个效果，他果断派张顺出战，并亲自前往部署，一阵冲杀。特穆尔岱抵抗不住，连续丢了二十二座军营，连原先俘虏的两万人也被孟珙夺走。

孟珙虽然挡住了特穆尔岱的进攻，但蒙古其他几路部队的进展还是顺风顺水。因为宋朝只有一个孟珙。

孟珙救得了江陵，却救不了汴京、救不了光州……

塔斯轻松地进了汴京。这里曾是宋朝的首都，又曾是金国的都城，现在划归蒙古国的版图。

昆布哈还在围攻光州。他攻这个地方已经几个月了，而且还有史天泽助阵。

史天泽并不比他的哥哥差。他在这次战斗中，总是冲在最前面，即使大家累了，他仍然大砍大杀，最后拿下光州，再拿下复州，然后再打黄州。

然而在黄州，史天泽碰到硬骨头了。这个硬骨头就是孟珙。两下一接触，高下立判，史天泽被打得连连后退。幸亏孟珙这时的部队不多，而且需要他去救援的地方太多了，似乎哪个地方都需要他一样。

史天泽和昆布哈打不过孟珙，便带着部队转攻安丰。

哪知，安丰也有硬骨头。

这块硬骨头叫杜杲。

杜杲是标准的官二代，他的老爸当过江西提点刑事狱。他靠着老爸的关系最后成为江淮制置使李珏的属下。

杜杲虽然是官二代，又靠关系成为国家干部，但绝对不是花花公子。嘉定十二年（1219 年），金兵围攻滁州时，他奉命带兵去救援。在与金兵的激战中，他的脸被射了两箭，血流满脸，看上去很恐怖。但他仍然受伤不下火线，继续指挥战斗。大家看到老大都这么拼命了，因此都玩命地打，终于把金兵打退。这一仗，他让大家知道，不是所有靠关系的人都是低能儿。于是，他被提拔为江山县丞。从这些事例就知道杜杲打仗肯定是一把好手。他虽然此前也反对赵范他们的激进，但他知道，讲和也只是拖延时间的一种无奈手段而已。蒙古兵肯定会打过来的。

因此，杜杲早前就做好了准备。

他先把军民都转移到淮城，然后在四周设了一个埋伏圈。

史天泽带着部队杀上来时，打死他也没有想到，这样一个地方也会有埋伏。当他的部队进入埋伏圈时，宋兵大喊大叫着杀上来。蒙古兵一下都蒙了。结果当然大败而逃。因为杜杲的部队不多，虽然成功设伏，但并没有得以重创敌人。

史天泽不服，又卷土重来。

这一次，史天泽用火炮攻城。他专门瞄准城楼开炮。

杜杲早有准备，哪个地方被火烧毁，他就立刻补上。补得多了，杜杲突然来了灵感，居然发明了一种用实木架起的移动木楼，十分高大，可以直接放在护城壕沟边，上面开有小窗，可以从小窗上放箭。楼与楼之间都用横木连接，士兵完全可以在上面健步如飞，调动起兵力来，十分灵活。而且这种木楼比城楼更加坚固，制作又十分简易。他一下就做了几百个，布置成防线，哪个楼被炮打了，马上就换上一个。弄得史天泽不得不叫停了火攻。当然，他只是叫停了火攻，并没有停止进攻。他组织了一支敢死队，奋不顾身地攻城。这些敢死队员都身穿十多层牛皮做成的厚甲，连头部都包住，只露出两只眼睛。

杜杲又临时发明了一种小箭，然后组织一批神箭手，专门用小箭射这些敢死队员的眼睛。

史天泽哭笑不得。天下居然有这样的弓箭。但敢死队员的眼睛一被射，哪还能攻城？

这个办法不行，史天泽就又想了一个办法，就是运来大量的石头，在安丰护城河上直接填出二十七道坝桥。这是个很笨的办法。但蒙古军经常用这个笨办法取得胜利。现在史天泽祭出这个战术，看看杜杲还有什么招。很多办法看起来笨，但实用。

杜杲知道，这个不能取巧了。他下令士兵们冲出去，拼死也要夺取那二十七道坝桥，然后死死守住。

史天泽愤怒了，继续死磕。他自从当蒙古兵的高级将领到现在，从没吃过这么大的亏。现在居然被杜杲搞得束手束脚，实在太没面子了。

史天泽只顾自己的面子，却没有想到，杜杲并不是一个人在战斗。宋朝的援军已经开到。

这支援军的带头大哥叫吕文德。吕文德的名字像个秀才，其实他是个不折不扣的肌肉男。他当兵前，靠卖柴火维持生活。有一次，他丢了一只鞋在街上，被赵葵看到了。赵葵看到这只鞋足足有一尺八寸，不由得傻了眼，认定穿鞋人绝对是个暴力型的男人，于是就去找他。当赵葵来到吕文德的住处时，吕文德正好打猎回来。他背着虎鹿各一只进门。赵葵当晚就让他当了自己的手下。吕文德当兵之后，多次立功，不断被提拔，现任池州都统制。

这次他跟很多部队一起跑来支援杜杲。其他的部队都还在后面，他第一个到达。吕文德一到战场，直接突破蒙古兵的包围，然后杀进城中。

城里的宋兵看到援军到了，士气立刻大涨。吕文德又告知城中的守军，外面还有很多援军将陆续到达。他们完全可以跟蒙古人直接对抗。

而史天泽和昆布哈对这些仍然没有知觉。这两人战斗经验丰富，长期打着胜仗，历来轻视宋兵。虽然攻黄州不利，攻安丰也不利，但他们仍然认为，只要再坚持，就可以取得完全的胜利。在蒙古人的字典里，根本没有宋兵的位置。

两人心中长存这个共识，于是就在这个城下，不断改变着进攻的方式。他们认为，手里掌握着这么多攻城战术，总有一款会适合打安丰的。

然而他们用尽了所有的力气，用尽了所有的经验，安丰的城头仍然是大宋的旗帜。他们的人数比杜杲的手下多了差不多十倍，而城下死伤的人数却比宋多了很多倍。

不过，他们的决心还像开始时那样坚挺。

但宋兵的决心这时比他们更大。

士气飙升之后，杜杲和吕文德决定直接向蒙古军冲击，因为他们的援军也到达了。这两个人都是不怕死的猛人，带着城里所有的部队杀出，果然一路凶狠。

昆布哈想不到城里的这支宋兵被围困多日之后，还是这么生猛，更让他们想不到的是，宋军几支援军同时到达，内外夹击。他们抵抗不住了。

最后，昆布哈和史天泽只得宣布退出战场，代价是死了一万七千人。

蒙古国南下之后，从没有在战场上出现过规模如此巨大的死亡事例。

然而他们却在安丰城下，在一个不出名的将领手下尝到了这个苦果。

他们坚决不服气。一个文弱的宋朝，外加两个文弱的名字——杜杲、吕文德，居然把他们打得这么难看。

他们再打。

嘉熙二年（1238 年）秋天，他们再来。

这次蒙古的带头大哥是察罕。

为什么不是塔斯？

因为塔斯死了。塔斯打仗猛，喝酒也猛，猛到什么程度？猛到窝阔台也为他提心吊胆的地步。你知道，窝阔台也是个酒鬼加色鬼。耶律楚材常常劝他不要把力气往这两方面发展了。但窝阔台不听。耶律楚材仍然干涉，拿着一只酒槽放在窝阔台的面前，说："陛下你看看，连这个铁器都被酒腐蚀到这个地步，人的五脏六腑难道比铁更坚硬？"窝阔台仍然不听。窝阔台不听，并不是表示他不知道酒的害处。他跟所有的人一样，知道酒喝多会伤身体，喝得越多，后果越严重。比如他在塔斯南征回到和林之后，举行了一次宴会。在这个宴会上，他看到塔斯喝得大醉，就当场说："塔斯已经被酒害得神魂消失了，他的生命不会长久的。"他说这话之后不久，塔斯就真的死了。于是，就由察罕当了主帅。在蒙古人心目中，谁当主帅都可以取胜，何况这次出征的军队特别多，号称八十万。

蒙古部队出征时，一路浩浩荡荡。旌旗猎猎，在肃杀的秋风中，更显凛冽神威。

这么多的部队出来打，当然不会去打安丰。安丰太小，而且杜杲已经不在那里了。杜杲取得安丰大捷后，被提拔当了淮西制置副使兼知庐州。他新的办公地点，就是庐州。

蒙古军进攻的目标也是庐州。

察罕这次的战略构想是很大气的，很有些当年铁木真借唐、邓取汴京的味道。他的意图是攻取庐州，然后占领巢湖，以巢湖为基地训练水军，然后渡过长江。只要长江天险一破，后面的事，就很简单了。

察罕及所有的蒙古兵都信心泛滥。他们没有理由不信心泛滥。上次昆布哈失败，是因为准备不足，而且是在黄州失利之后才转攻安丰的。本来就前途暗淡，不被全歼已经是万分侥幸了。现在他们已经做好了打胜仗的准备。

蒙古军开到庐州城下，没有直接攻城。而是按既定方针，又开工了个重大项目工程，在城外筑了一道六十里的土墙，外加挖了两条壕沟，想以此切断宋军的外援。上次他们就是因为被内外夹攻才被打败的。更重要的是，这次他们的攻城器械比上次多了无数倍。

可杜杲并不怕。蒙古军的土墙刚刚竣工验收完毕，他派出部队，一夜之间将之全部毁掉。于是，他下令炮击城墙。但杜杲对蒙古兵的炮击是很有经验的，便又祭起木楼大法。而且他还对木楼进行了升级，在木楼上也设炮台，跟蒙古军对射，玩起了炮战。

木楼比察罕的炮点高很多，居高临下，一开始就大占上风。

察罕只得再筑大坝，大坝比城墙还要高。

察罕想看看，杜杲还有什么办法？

杜杲仍然有办法。他下令士兵们把仓库里的油拿出来，浇在柴草上，然后堆到坝下燃烧。居然把堤坝上的士兵全部烧跑。察罕突然发现城中竖起一个高塔，足有七层。要命的是，他发现塔上也装有炮台，杜杲一声令下，火光大闪，大块炮石砸在坝上，杀伤力十分巨大。坝上的士兵都被吓坏了，纷纷逃走。

杜杲等的就是这个时候。他令旗一挥，早已做好准备的吕文德率军冲出。蒙古兵哪想得到杜杲的战术居然这么厉害？一时被打得手忙脚乱，败逃而去。杜杲追出十里这才收兵。

察罕这才知道，不是宋兵不好惹，而是杜杲不好惹。有这样的将领守着，你不服都不行。虽然脸面丢尽，但他还是下令撤兵回去，再不撤估计就不是丢脸的问题，而是丢脑袋的问题了。

杜杲的这场胜利，打破了蒙古的一个巨大的战略构想。对于宋朝而言，其意义说有多大就有多大。于是，宋廷把杜杲再提拔一级，成为淮西制置使。

打仗似乎也有规律，你一仗打不得好，会接着有几个仗都打不好。

孟珙更难缠

蒙古兵在杜杲这边连吃败仗的时候，在孟珙那边也吃了几个大亏。

同样是去年十月，窝阔台派口温不花带着张柔率兵再进攻黄州。很多人都不知道口温不花是谁。告诉你，他就是铁木真弟弟别里古台的次子。张柔到现在仍然不服孟珙。孟珙对他曾有救命之恩，他也深知孟珙很生猛，但他对自己的实力还是很有信心的。这次虽然是口温不花作为主将，但他在军中发挥的作用是相当大的。

他们选择黄州作为打破长江防线的突破口是有根据的。这里的长江江面很窄，这个理由就足够了。张柔的大军一开到那里，立刻大肆掳掠船只。

史蒿之虽然是顽强的主和派，但他接到蒙古兵进攻黄州的消息后，也急了起来，在第一时间派孟珙前来救急。千万不能让黄州落入敌手。只有这样，才有求和的本钱啊。虽说是求和，但谁都知道，和平不是求出来的，而是看实力拼出来的。

张柔抢到很多船只，然后顺着长江而来。

此时，孟珙的船队也正好开到。两个老朋友就在江面上相遇。

双方都不手软：打仗是国家大事，恩怨是个人小事。

孟珙用艨艟猛撞张柔的船阵。张柔抵挡不住。孟珙杀出一条血路，直接进入已经被包围的黄州。

黄州城里的宋军刚刚被蒙古兵打得大败，现在还在吓得发抖。这时看到援兵到了，而且还是孟珙来到，士气大振，都大叫："吾父来矣！"由此可以看到宋军士气高涨的程度。

到了现在，大家都知道，孟珙手下可用的士兵远少于口温不花和张柔，而且孟珙又进入被围困的黄州，跟自动进入绝地没有两样。

张柔虽然被孟珙撞破了很多船，心里很疼很不爽，但看到老朋友进入绝境，也很高兴。

黄州原来是孟珙的老根据地，城防设施他比谁都清楚，而现在的情况他更是比谁都清楚。他进城之后，每天都跑到城头，督促大家做好防御工作。谁畏敌就砍谁。有四十几个士兵不信，被当场砍下脑袋。

宋军终于稳住了。

当然，光靠砍自己士兵来稳住阵脚，是保卫不了黄州的。要真正稳住阵脚，必须砍死很多敌人，取得一场战斗的胜利。胜利才是稳住阵脚的最有效的方式。

连张柔也没有想到，孟珙居然会在这样的情况下主动出击。

但张柔不得不佩服孟珙选取出击的地点。

孟珙选择作战的地点是江面。

这是蒙古兵绝对的短板。当年曹操的水军还见过大水，尚且被周瑜打得全军覆没。蒙古兵对水的认识只有比曹操更差。结果，蒙古水军被打得大乱，不得不退到回长江北岸。张柔用心搜来的几百艘船只，又全部如数赠送给老朋友了。至此，蒙古训练水军打过长江去的大目标宣告破产。

水里打不过孟珙，那就在陆地上玩吧。大目标实现不了，就去实现小目标。

口温不花下令在黄州东堤开辟新的战场。只要把东堤搞定，就可以切断黄州与水军的联系。没有了水军，孟珙就没有撒手锏，就会失败。于是，小目标仍然会转换成大目标。

孟珙能让他们得逞吗？他们能想到的，孟珙当然也能想得到。

他选派了一批精壮的士兵，组成敢死队，冲上去，大砍大杀，又把东堤夺了回去。

口温不花也有些急了。他突然发现，他的兵力远多于孟珙，但仍然不够用。于是，便不断地增加兵力。此时，由于西边开战，南边又开打，蒙古后方的兵力已经没有多少。于是，他们便抽调西域部队不断地前来增援。他相信，只要他如此坚持不懈地进攻下去，黄州就会一天比一天危急，最后就会被他打破。

他的想法好像很不错。但他忘记了，他面对的是孟珙。

孟珙不是一个墨守成规的老实人。

他这次的任务是防守，但如果就这样待在城里天天挡着别人的进攻，这样的防守叫消极防守。消极防守的结果就是金国在蔡州城里的结果。他把部队分成七路，趁着夜里，悄悄出城，向蒙古兵的七座营寨发动夜袭战，结果六路获得成功。只有进攻张柔的那一路失败了。张柔松了一口气，总算是没有丢脸。

这次夜袭，蒙古兵虽然没有受到很大的损失，但军心却大乱起来。

口温不花和张柔觉得自己怎么老是这么被动，打到现在还没有取得一场胜利。他们不再玩花样了，直接大炮轰城。

但当时大炮的威力并不是很大，除了声势很隆重外，破坏力却很有限。他们猛轰几顿，把黄州城楼全部轰了一遍，但孟珙很快又补上。刚打下几个缺口，士兵还没有爬到一半，宋兵又把缺口死死地堵住。蒙古兵只能看到城头，无法爬上城头。

张柔又想到一个办法，既然面上不能打败你，那就搞地下工程。他下令士兵们挖地道，把地道挖到城里。

张柔只想到地道战的妙处，却没有想到这么个大工程，隐蔽性很差。孟珙看到蒙古兵在挖土方，马上就意识到对方要玩地道战。他目测了蒙古兵挖地道的方位，然后在城内相应的位置再筑起一道城墙，并在那里预先挖个大坑，还给这个大坑起了个很宏伟的名字：万人坑。

这一切，口温不花不知道，张柔也不知道。他们只想到自己挖人家的墙脚，却没有想到孟珙也在给他们挖坑。

当蒙古兵宣布地道工程竣工时，口温不花下令地道战开始。

大批蒙古兵进入地道，向城里冲过去。他们以为，只要冲到城里，便可以大砍大杀，然后在城中开饭，大吃大喝之后，睡觉。他们也很累了。

最先进地道的蒙古兵在走过一段黑暗的道路之后，看到前头大放光明，内心世界顿时被胜利在望的心情占满。

当他们以奔向光明的速度跑到地道口时，他们又有了一个崭新的发现：屹立在他们面前的居然是一堵更加坚硬的城墙。他们握着大刀，立马傻眼。这叫他们怎么过去啊？

然而，这还不是最后的发现。最后的发现是，他们城墙的前面，也是他们的脚尖前，还有一个又大又深的大坑。他们怕掉进坑里，想往后退。但后面的人都挤过来，于是，统统被挤进大坑。城外的指挥官对这些情况统统不知道，看到士兵们不断地进去，以为前面的指战员都已经冲进城里，在举刀砍人了。于是，把一队又一队的战士赶进城里。

在蒙古兵不断地挤进来填坑的同时，孟珙当然没有让城里的宋兵闲着。他下令大家不断地往万人坑里扔石头和檑木。这些东西落下去，谁砸不死算谁命大。

过了很久，张柔才觉得不对劲了。都这么久了，城里怎么没有喊杀声传来？这也太反常了。于是，他下令撤回来。这才知道，先前进去的子弟兵，全掉进了坑里。

口温不花和张柔这才知道，打仗兵力多固然重要，但智商更重要。他们承认他们的智商比不过孟珙，然后收拾部队撤兵。据说，这次大战，口温不花带来的部队死伤了七八成，说是损失惨重一点不夸张。孟珙因为这次胜利，被任为京西湖北制置使，成为抗蒙战场上的主帅。

入川受挫

蒙古军退走了，孟珙并没有给自己放假。他必须再拿下襄阳。

读过《三国演义》的人都知道，襄樊至少自三国时代起就是军事重镇，当年关羽在那一带搞了个水淹七军，吓得曹丞相差点迁都。而到了两宋时期，这个地方就更加重要了。尤其是北宋灭亡之后，这一带就成了金宋交兵的前线，成为双方必争之地。金兵刚开始向汴京进攻时，李刚就看出襄樊的重要性，几次向钦宗提出加强对襄樊的防守。可是钦宗就是不听。不听的结果就是全面陷入被动。后来，李刚又向高宗建议，以襄阳为中心，配合地理形势，布下重兵，作为西北最坚固的屏障。可是高宗也不采纳。

岳飞更是认为襄樊必须掌握在宋朝的手里。

宋室南渡之后，襄樊一带成为刘豫的地盘。岳飞于绍兴五年（1135年）出兵攻打襄阳，大败刘豫，一举把襄阳收回。岳飞比谁都知道襄樊的重要性。他夺回这片地皮后，立刻上书，请求批准他在这里实施屯田计划，并给当地民众适当的补助，便于长期经营，作为抗金的重要根据地。他也把这个地方当成他北伐的大本营，让手下最生猛的大将张宪负责镇守。后来，即使岳飞被害死，他的政策却一直得到延续，襄樊一直是京西路的首府所在地。后来，这个地区虽然一度陷于敌手，但不久又回归南宋。

金国灭亡后，这片地皮又成为宋蒙对峙的最前线，而且现在还落到蒙古人的手里。

孟珙祖上几代人都曾在岳飞手下干过，在某种程度上可以说，他是岳飞的传人。因此，他对襄阳战略地位的认知，绝对不比岳飞差。

他先派刘俊和刘全出击，连续三败蒙古兵，收复了信阳郡。

此时，蒙古的襄阳守将叫刘廷美。他原来是个地方军阀，无门无派。宋蒙两国在襄樊一带拼了一场之后，襄阳变成了空城，他就钻了过去。他占领了襄阳之后，看到蒙古国厉害，就成了蒙古的僚属。现在看到宋军的形势又大好起来，便又决定弃暗投明，投向大宋的怀抱，与宋军的都统江海取得秘密联系，要搞个里应外合，夹击襄阳的蒙军，拿下襄阳。

这次他们的保密工作做得很好，襄阳城里的蒙古守军一点不知道。他们按事先的约定，同时发难，顺利消灭了襄阳的蒙古军，宣布占领襄阳。由于刘廷美的带头作用，襄樊一带的其他的武装都纷纷高举宋朝的大旗，蔡州、息州和光化军这些曾经挂过蒙古国旗帜的地方又成为大宋的地盘。宋军就收复了整个襄樊地区。

襄樊易守这么大的事，为什么蒙古方面的反应这么冷淡？

一来蒙古政权向来不把一城的得失看得很重。这些地方连年打仗被战争折磨得不成样子，又是个不容易坚守的地方。孟珙到了襄阳之后，就向宋朝朝廷写了一个奏折：“取襄不难而守为难，非将士不勇也，非车马器械不精也，实在乎事力之不给尔。襄、樊为朝廷根本，今百战而得之，当加经理，如护元气，非甲兵十万，不足分守。与其抽兵于敌来之后，孰若保全此胜？上兵伐谋，此不争之争也。”由此可知，当时襄阳实在不好守，所以蒙古也不想花太多的精力在这里与宋朝较劲。因为，当时他们正在进行第二次西征，力量实在安排不过来。

二来他们在这一带不但没有占到一丝一毫的便宜，反而连败几场，而且一场比一场难看，完全可以算自立国以来最大的败仗。窝阔台不得不对整个局势进行了一次全面的评估。

蒙古军打到现在，不管在大草原上，还是在西征时期，或者是在灭金的过程中，基本都是从胜利走向胜利，直到现在他们才算是碰上了对手。他们也许现在才明白，为什么宋朝这么多年，被这个势力猛打又被那个势力狠揍，却始终保持着那个文弱的形象而不倒，一是其综合能力还是很强的；二是不管在哪个时期，他们总有几个牛人在拼命地顶着，没有让天塌下来。

而在这个时期，他们更产生了像孟珙和杜杲这样的超级牛人。这些牛人即使放到任何历史时期，都是超级人才。

过了不久，窝阔台又调整了进攻的策略。江淮一带是宋朝的重要防御之地，以前金国打了多年都没有突破过。那就来个避实击虚，继续从西部打过去。

于是，蒙古再组织一次超大规模的军队，向四川进发。那边没有什么鬼才军事家。前些时候虽然碰到几个家伙，但最后全被收拾了。

这次窝阔台出的兵力仍然号称八十万。

直接责任人是塔尔海。

窝阔台只记得四川没有牛人，但他没有想到那些牛人是会跑动的。

孟珙很快就摸清了窝阔台的部署，在塔尔海还在急行军路上时，就算好了塔尔海的行军线路：由施、黔一带直插湘湖，最终目标仍然是突破长江防线，只是改走弯道而已。孟珙派两千人守峡州，一千人守归州，再派他的弟弟孟瑛带精兵驻扎在松滋，以声夔州。

蒙古大军很快就开到，大步进入四川。这些年来，宋朝在四川的防御是很薄弱的。蒙古国只要想获得点胜利的喜悦，就去打四川。这时，塔尔海的大军进展也极其神速，没几天就推进到了川东，接着攻破开州，进抵万州。

宋朝的四川守将很急，派兵于长江南岸，准备拦住蒙古军，不让他们上岸。哪知，塔尔海还是很讲策略的。他故意在万州长江北岸摆了大量的船只，好像他们要大规模渡过长江一样。但却叫汪世显带着一支人马偷偷跑到上游，埋伏下来。这个动作做好以后，他高调宣布，全军渡过长江去。宋兵一看，出动了几百艘战船前来拦击。

哪知，江面的战斗还没有展开，汪显世的部队已快速渡河，然后从上游冲击宋朝的船队。当然，如果是孟珙在现场指挥，这个冲击基本无效。

但当时宋朝的指挥官不是孟珙。他一看到敌人原来还有埋伏，而且是顺流而下，就怕了起来，乱了方寸。汪世显的部队瞬间把宋朝的水师冲击得七零八落，大败而逃。

宋兵一路溃逃，汪世显一路追击。蒙古主力则横渡长江，沿岸向夔门逼来。

孟珙还在路上，眼见事态危急，便下令各路兵马抵抗蒙古兵。而此时，蒙军已占领了夔州。

占领了夔州的蒙古军很快就发现，自己的兵力虽然很多，气势很足，沿途没有受到什么抵抗，但是时时刻刻遭到袭扰，没过一天正常的好日子。他们感到很反常，却又找不到原因。

不久，蒙古军接连得到败报，先是在清平突然遭遇刘义，被打了个大败。正在观望当中，孟珙的哥哥孟璟突然发起攻击，在归州西大桠与蒙古大军决战。蒙古军再大败一场，急忙退回夔州。之前所获的很多战利品又全部交割给孟璟。

塔尔海以为退回去就安全了。而且这些天虽然失败再失败，但敌人的部队人数并不多，只要摸清情况，再发动反击，最后的胜利仍然是蒙古军的。蒙古军没有理由再败下去了。

而此时，让塔尔海气恼的是，到现在为止，他们列为头号劲敌的孟珙还没有出现。他正在带着主力部队向西移动，准备迎接更大的战斗。

现在跟塔海尔这支十多万大军对抗的只是孟珙手下的几千人啊。这几千人好像都不累一样，天天跟他们打，而且一打就取得胜利。他们带着十多万号称天下无敌的军队，居然有力无处使，只在那里被动挨打。

几千人都玩不下，等孟珙那批更生猛的主力开到，他们还能回去吗？

塔尔海想到这里，就宣布回去！

于是，夔州又被收复。十多万蒙古大军，被几千宋军硬生生地打回去。

很丢脸。但这脸是丢给孟珙的，仍然不算丢脸。

本来，在窝阔台的心目中，宋朝的四川是个软肋。哪知，经过这一次的战斗，硬是把孟珙逼到这个地方当第一把手，嘉熙四年（1240年）九月，宋理宗发布了个任命文件：授孟珙宁武军节度使、四川宣抚使兼知夔州。孟珙来到新单位后，发现这个地方的形势不是一般的差，于是迅速召集麻城、巴河、安乐矶等地的老兵，建立了一支新的军队：宁武军。同时，他整顿了当地官场的纪律。宋朝此前对于守土不力将领的处分很宽松，所以，守川将领都没有责任心。幸亏蒙古人觉得四川不好守，攻打了几次，又主动退回去。否则，此时的四川已经是蒙古人的天府之国了。孟珙知道再这样下去，除了他们几兄弟外，其他人都不会用心守土。他发布了一系列的命令，不许失弃寸土。谁不遵守就杀谁。开州的梁栋向来是个老油条，以为孟珙出台这个命令，也就是出台而已，不会拿他怎么样的。他觉得开州既离前线太近，又没什么油水可捞，就说这里缺粮了，不守了。

孟珙一看，立刻下令把个敢于擅离职守的人抓起来，然后砍头。

大家一看，这才知道孟大人原来不是玩笑，而是玩真的。

当然，他也不是什么事都从严从重的。当时，四川制置使跟副手彭大雅谁都不服谁，矛盾由小到大，最后闹到互相向朝廷实名举报的地步。你想一想，这样的搭档能形成合力去打仗吗？只怕敌人还没有打来，他们就先把自己打残了。孟珙给两人分别写信，说你们两位就是紧密合作，都难以打过蒙古兵。现在却是一边跟蒙古人打一边玩窝里斗，这怎么行呢？两人看了信之后，都觉得脸面发红，表示以后一定要团结友爱，不再玩窝里斗了。

如此一来，四川的防御体系逐步走上正轨，最后成为全宋最强硬的地方。直到南宋灭亡后，四川才无奈地落入蒙古人的手中。

塔尔海败了就败了，但张柔仍然觉得这个脸丢不起。毕竟他们带的是全世界最牛的军队。怎么能被孟珙打成为个样子？在黄州打不过他，到了四川仍然打不过他。

张柔继续带着部队分路南下，实行屯田政策。张柔确实有雄才大略，知道老是这样打不赢又回北方，大家会很累的，何不就地种田，把地方治理跟军事准备结合起来。他在开荒垦田的同时，还在邓州、顺阳砍树，准备制造战船。

宋朝其他将领看到他这样，让部队放下兵器去种田当木工，都觉得张柔终于温和得多了，便放心睡大觉。

可孟珙立马知道问题很严重，要是让张柔这么搞，以后就没法跟他打了，于是派出游击队，不断地骚扰他。张柔的部队被孟珙搞得很郁闷，这才知道在孟珙待着是行不通了，只得不了了之。

这个时期，蒙古兵虽然几面出击，但因为恰巧宋朝又出了几个牛人，因此，南下的步伐就慢了很多。

而窝阔台也走到了生命的尽头。